日本大学付属高等学校等

基礎学力到達度テスト 問題と詳解

〈2024年度版〉

国語

収録問題　令和２～令和５年度
3年生 4月/9月

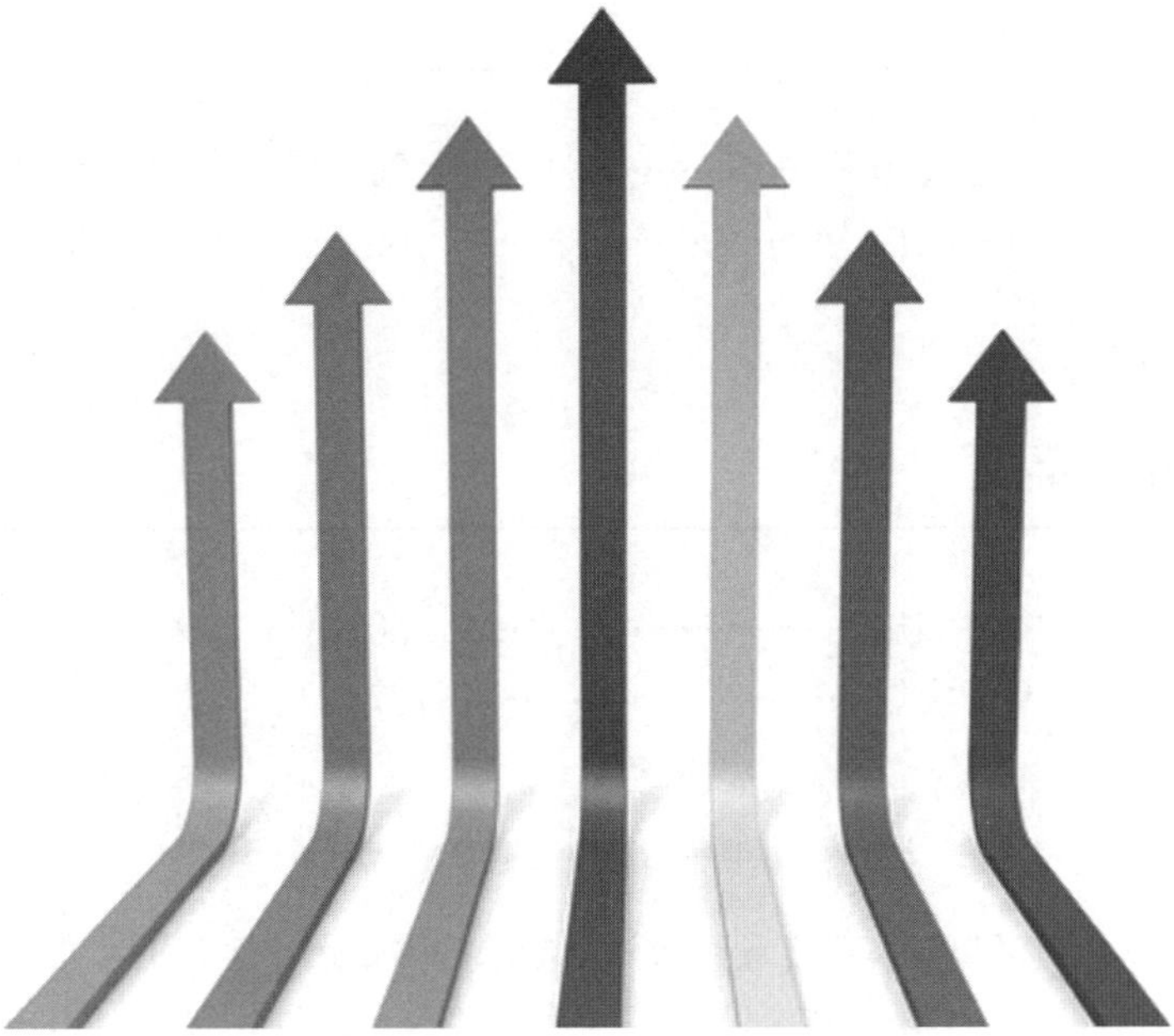

清水書院

目　次

令和２年度

	問題	解答と解説
９月実施	4	22

令和２年度は，４月のテストが実施されませんでした。

令和３年度

４月実施	34	68
９月実施	50	77

令和４年度

４月実施	90	124
９月実施	106	136

令和５年度

４月実施	150	185
９月実施	167	197

デジタルドリル「ノウン」のご利用方法は巻末の綴じ込みをご覧ください。

令和２年度

基礎学力到達度テスト
問題と詳解

令和二年度　九月実施

一　次の各問いについて、最も適切なものを一つ選びなさい。

問1　次の中で、熟語の読みが間違っているものとして、最も適切なものを一つ選びなさい。

1　辛酸（しんさん）　2　辣腕（かつわん）
3　羨望（せんぼう）　4　拘束（こうそく）

問2　次の文中の傍線部が文意に合う四字熟語になるように、空欄部に当てはまる漢字として、最も適切なものを一つ選びなさい。

＊正義の味方が悪者を倒す（　　）善懲悪の物語。

1　完　2　官　3　感　4　勧

問3　次の文中の空欄部に当てはまる語として、最も適切なものを一つ選びなさい。

＊ネット上の無責任な情報に振り回されるなんて、愚の（　　）だ。

1　一徹　2　修羅　3　無双　4　骨頂

問4　次の文中の傍線部の語の意味として、最も適切なものを一つ選びなさい。

＊論理展開の基本は、演繹《えんえき》と帰納である。

1　一般的な法則を立てて、それを個別の事例に当てはめて考える推論の方法。
2　いくつかの事柄から共通点を探り、当てはまる法則を見つけ出す推論の方法。
3　はじめに、ある事柄を説明する仮説を立て、そこから論理を展開する推論の方法。
4　それぞれの事柄の異なる点に着目し、新しい発想を求める推論の方法。

問5　次の文中の空欄部に当てはまる語として、最も適切なものを一つ選びなさい。

＊自分の望むとおりに話し合いを進めるためには（　　）を取る必要がある。

1　クリエイティブ　2　アクティブ
3　イニシアティブ　4　ネイティブ

問6　次の文中の傍線部の類義語として、最も適切なものを一つ選びなさい。

＊納得してもらえそうな条件を提示して、反対派を懐柔する。

1　革新　2　籠絡　3　追放　4　摘発

問7　自然主義文学の代表的作家として、最も適切なものを一つ選びなさい。

1　島崎藤村《しまざきとうそん》　2　夏目漱石《なつめそうせき》
3　志賀直哉《しがなおや》　4　芥川龍《あくたがわりゅう》之《の》介《すけ》

二　次の文章を読んで、あとの問いに答えなさい。（設問の都合上、一部省略した箇所がある。なお、行頭の1～17は段落番号である。）

1　柳田国男*が民俗学に向かった時期、「怪談」が流行し、また、「妖怪」のブームがあった。しかし、彼が民俗学に向かい、「山人《やまびと》」に関心を抱いたのは、そのためではない。また、それは先住民が山に残っているという観点からだけでもなかった。彼は一九〇〇年に大学を卒業したあと、農商務省・法務省の役人として、実際に「山」にかかわったのである。

2　この時期に妖怪のブームを起こしたのは、柳田ではない。『妖怪学』を書いた井上円了《えんりょう》*である。近年、井上円了といえば、妖怪の研究者で、漫画家水木しげるの大先輩のような人だと考えられている。しかし、彼は明治初期には、井上哲次郎と並ぶ哲学者であった。そして、彼が「妖怪学」という講座を開いたのは、哲学を民衆に説く方便として、である。妖怪といっても、お化けの類《たぐい》ではなく、今なら人が幻想と呼ぶものに相当する。例えば、国家は共同幻想だというかわりに、国家は妖怪だというようなものだ。

3　とはいえ、円了はいわゆる妖怪を徹底的に調査し、文学的装飾なしにそれを記録した。現在、日本の漫画・小説などで引用される妖怪はほとんど、円了の著作にもとづいている。彼は、妖怪が幻想であることを人々に説いてまわった。その意味で、彼は啓蒙《けいもう》主義者であった。しかし、妖怪を全面的に斥《しりぞ》けたのではない。

4　彼の考えでは、妖怪にはいくつかの種類がある。いわゆる妖怪は仮象*であり、自然科学によって真相を解明できる。しかし、そのような仮象が除かれたあとに、人は真の妖怪（真怪）に出会う。それは、この自然世界そのもの、カントでいえば物自体である。実は、円了は、明治の浄土真宗から出てきた宗教改革者だった。そして、彼は仏教的認識を、哲学として、さらに、それを妖怪学として語ろうとしたのである。彼は大学を出た後、どこにも属さず、自分で学校（後に東洋大学）を創設した。型破りの人物であり、むしろ彼自身が妖怪であった、といえる。

5　円了が妖怪を捜し回ったのはなぜか。妖怪が真の仏教的認識（真怪）をⓐサマタげるからだ。しかし、真の仏教的認識をサマタげているのは、現に存在する寺院仏教である。それこそが否定すべき妖怪なのだ。つまり、円了の妖怪論は、仏教における宗教改革にほかならなかった。ところが、(1)彼の意図を超えて、妖怪論がブームとなったわけである。

6　一方、柳田国男は円了の妖怪論を嫌った。それは妖怪についての見方が違ったからである。ただ、ある意味で、類似したことを考えていたともいえる。円了は、妖怪を真の仏教的認識（真怪）から堕落した形態だと見なした。一方、柳田の見方では、妖怪とは、かつて神的な存在であったのに、仏教のような宗教が到来したために追われてⓑレイラクした存在である。

7　柳田はそのような考えを、ハイネ*の『流刑の神々』から学んだといっている。《我々が青年時代の愛読書ハインリッヒ・ハイネの『諸神流竄記《りゅうざんき》』などは、今からもう百年以上も前の著述であったが、夙《つと》にその中には今日大いに発達すべかりし学問の芽生《めばえ》を見せている》（「青年と学問」『柳田國《くに》男《お》全集27』ちくま文庫）。ハイネの考えでは、ヨーロッパのゲルマン世界にキリスト教が入ってきたために、森に遁《のが》れた従来の神々が妖怪になった。柳田はそれを日本に応用して、『一つ目小僧』を書いた。つまり、「一つ目小僧」などの妖怪は、仏教に追われて隠れた古来の神々だというのである。

8　柳田は各地で山人を探索しようとしたが、見出《みいだ》したのは、天狗《てんぐ》や妖怪のような伝承だけであった。ゆえに、それらは村人の「共同幻想」として片づけられた。しかし、柳田はそこにこそ、山人、あるいは固有信仰を見ようとしたのである。

9　山人を追求する過程で、彼は「山の人生」、すなわち、山地に生きる民の生態について、より詳細な知識を得た。例えば、『山の人生』では、マタギ*やサンカ、焼畑《やきはた》農民、その他の漂泊民について書かれている。むろん、彼らは山人ではない。したがって、(2)柳田は彼らを、山人と区別して山民と呼んだ。なお、音声上紛らわしいので、以後、山民を山地民と呼ぶことにする。

10 私の考えでは、山人は原遊動民であり、山地民はいちど平地に定住した後に遊動民となった人たちである。山人と山地民の違いは、彼らの平地民に対する関係において明瞭になる。山地民はかつて平地に定住したことがあるだけでなく、また、その後も何らかのかたちで平地と関係する。そして、彼らの平地民に対する態度はアンビヴァレント（両価的）である。すなわち、敵対性と同時に依存性、軽蔑と羨望が混在する。

11 一方、山人は平地民によって、しばしば天狗や仙人として表象される。それは畏怖すべきものではあるが、敵視されるようなものではない。彼らは平地民に対して、特に善意がないとしても、悪意もない。要するに、山人は自足的であり、平地民に対して根本的に無関心なのだ。ゆえに、山人に出会うことは至難である。

12 柳田はまた、山人を探る手がかりを、日本の植民地統治下にあった台湾の原住民に求めた。彼らはもともと中国・東南アジアの山岳地帯から移動してきて、一度平地に定住した人たちである。彼らが大陸から侵入してきた漢族に追われて山に遁れたのは、一六世紀である。したがって、柳田はついに山人の存在を確認できなかったが、山地民の中に、その痕跡を見出した。

13 例えば、彼が農商務省の役人として調査のために訪れた宮崎県椎葉村《しいばそん》で見た焼畑・狩猟民がそうだ。彼らはすでに農業技術をもっている。それは、彼らがかつて平地にいたことを証《あか》すものである。彼らはたえず平地民と交易している。このように、山地民は、平地民と深い関係をもつ点で、原遊動民である山人とは違っている。だが、山地民も遊動性をもっており、そのことが、(3)平地の定住民にないような社会的特質を与えている。

14 椎葉村で柳田が驚いたのは、《彼等《かれら》の土地に対する思想が、平地に於《お》ける我々の思想と異《ことな》って居る》ことである。柳田にとって貴重だったのは、彼らの中に残っている「思想」である。柳田は農政学者として協同組合について理論的に考えてきたが、ここに、「協同自助」の実践を見出した。それは「ユートピヤ」の実現であり、「一の奇蹟《きせき》」であった。「富の均分というが如《ごと》き社会主義の理想」が実現されていたからだ。

15 彼らの場合、共同所有と生産における「協同自助」は、焼畑と狩猟に従事するということ、つまり遊動的な生活形態から来るものである。そこに、遊動的な山人の名残《なご》りが濃厚にあるといえる。柳田に感銘を与えたのは、そのことである。彼が「山人」について書き始めたのは、椎葉村を訪れたあとである。したがって、彼が「山人」に関心を抱くようになったのは、妖怪や天狗のような怪異譚《たん》のためではない。柳田が驚いたのは、農民の協同組合を要とする彼の農政理論において目指していたものが、現にそこにあったからだ。

16 それから間もなく執筆した『遠野物語』の序文に、柳田はこう記した。《国内の山村にして遠野よりさらに物深き所にはまた無数の山神山人《やまのかみやまひと》の伝説あるべし。願わくは之《これ》を語りて平地人を戦慄せしめよ》。この激越な序文は、椎葉村での認識から来ている。したがって、これは、当時ブームとなった妖怪、すなわち、お化けの類によって平地民を戦慄させることではありえない。妖怪といっても、それは、マルクス*が『共産党宣言』の冒頭で書いたような妖怪である。「一つの妖怪がヨーロッパをさまよっている――共産主義の妖怪が。旧ヨーロッパのあらゆる権力が、この妖怪を退治するために神聖な同盟を結んでいる」。

17 ちなみに、つぎのような事実がある。マルクスはハイネと一八四三年から二年ほど、亡命先のパリで親しくつきあった。ハイネが『流刑の神々』（一八五三年）を構想したのは、この時期である。また、一八四八年にマルクスはエンゲルス*とともに『共産党宣言』を刊行した。その意味では、

(4)二つの異なる「妖怪」は同じ源泉をもつといってもよい。

（柄谷行人『世界史の実験』）

（注）

＊柳田国男＝日本の民俗学者。一八七五～一九六二。

＊井上圓了＝日本の仏教哲学者。一八五八～一九一九。

＊仮象＝主観的にだけ存在して客観的実在性のないもの。

＊ハイネ＝ドイツの詩人・作家。一七九七～一八五六。

＊サンカ＝本州山地に生活するとされる非定住民。独自な漂泊の民族とする説がある。

＊マルクス＝ドイツの思想家・経済学者。社会主義・労働運動の学問的基盤を築いた。一八一八～一八八三。

＊エンゲルス＝ドイツの社会思想家。マルクスと協力し、国際的な労働運動を指導した。一八二〇～一八九五。

問8　波線部ⓐのカタカナと同じ漢字を使うものとして、最も適切なものを一つ選びなさい。

1　ボウフ処置を施す。
2　電波の受信をボウガイする。
3　タボウな日々を送る。
4　ボウセキ工場で働く。

問9　波線部ⓑのカタカナと同じ漢字を使うものとして、最も適切なものを一つ選びなさい。

1　レイサイ企業の支援策。
2　選手をゲキレイする。
3　遊園地のユウレイ屋敷。
4　ホウレイ違反を指摘する。

問10　柳田国男と井上圓了に関する本文中の叙述を説明したものとして、適切でないものを一つ選びなさい。

1　圓了は妖怪を人々への説明の手段とした、一種の啓蒙主義者である。
2　柳田は妖怪を、日本古来の信仰を知るための手がかりだと考えた。
3　柳田と圓了の思想は、妖怪を否定しようとした点で共通する。
4　圓了による妖怪ブームの頃に、柳田は民俗学の研究を始めた。

問11　傍線部⑴「彼の意図」の内容として、最も適切なものを一つ選びなさい。

1　近代化しつつあった社会の風潮を捉え、科学的な手法を用いて妖怪は迷信だと説くことで、人目を引き付けて小さな流行を巻き起こそうとすること。
2　寺院仏教の宗教哲学を民衆に受け入れさせるため、妖怪という興味を誘いやすい題材を用いて説明することで、人々の宗教観を変革しようとすること。
3　妖怪をいくつかの種類に分類するなど、科学的に調査・記録して迷信を打ち消し、近代化した社会が宗教に頼らなくてもいいようにしようとすること。
4　いわゆる妖怪という仮象を科学によって解明することで、寺院仏教が人々の真の仏教的認識をさまたげている宗教界の状況を変えようとすること。

問12　傍線部(2)「柳田は彼らを、山人と区別して山民と呼んだ」とあるが、そのようにした理由は何か。最も適切なものを一つ選びなさい。

1　山人が原遊動民であるのに対し、山民は、平地に定住した後で再び山に入った山人のことであり、様々な形で平地と関わりをもつことにより、遊動民としての性質を完全に失っていると考えたため。

2　山地に生きる山民は、かつて平地に定住したことがあったり、山にもどった後も平地との関わりが続いたりしていて、柳田が想定した原遊動民としての山人とは異なる面があるため。

3　山人が平地民に対して特に悪意も善意ももたず自足的である一方で、山地に生きる山民は、平地民に対して両価的で複雑な感情を抱いており、同じように扱われることを両者が望まないため。

4　山人が、しばしば天狗や仙人として表象されるような幻想的な存在でその痕跡を見つけることも難しいのに対し、山民は実際に目の前にいる現実的な存在なので価値がないと考えたため。

問13　傍線部(3)「平地の定住民にないような社会的特質」とは、具体的にどのようなことか。最も適切なものを一つ選びなさい。

1　平地での生活と山地での生活を繰り返していること。

2　農業の高い技術をもち、交易からも富を得ていること。

3　遊動的・自足的であり、平地民に対して根本的に無関心であること。

4　共同所有と協同自助により社会主義の理想が実現されていること。

問14　傍線部(4)「二つの異なる『妖怪』は同じ源泉をもつといってもよい」とはどういうことか。その説明として、最も適切なものを一つ選びなさい。

1　マルクスが主張した共産主義という妖怪と、柳田国男が自己の理想を実践する人々にみた一種の妖怪という捉え方とは、ともにそのもとをたどれば、柳田に影響を与えたハイネがマルクスと交流した頃に育んだ構想を共有する可能性があるということ。

2　マルクスが考察した共産主義という妖怪と、柳田国男が井上圓了に影響を受けて研究した妖怪とは、原始状態にある人々への共通の関心に基づいて理想社会を構想する点において、相互によく似た動機による研究の成果である可能性があるということ。

3　マルクスが研究した共産主義という妖怪と、柳田国男が見出した、平地民に対して攻撃的な態度をとる山人という妖怪とは、今日の社会からみて極めて異質な思想であるという点で、同じ出発点を共有している可能性があるということ。

4　マルクスが述べた共産主義という妖怪と、柳田国男が遊動民の生態に見出した妖怪のような不思議な生活様式とは、ハイネが構想した富の共同所有と協同自助に基づく社会という、共通のアイデアから生まれたものである可能性があるということ。

問15　本文の表現についての説明として、適切でないものを一つ選びなさい。

1　第④段落の「むしろ彼自身が妖怪であった」という比喩表現は、井上圓了の自在な発想や行動力が非凡なものであったということを表している。

2　第⑥段落は、最初の「一方」を含む文と次の文では井上圓了と柳田国男の考え方の相違点を示しているが、後の「一方」の前後では両者を対比しつつ類似点を指摘している。

3　第⑮段落と第⑯段落の「したがって」に続く部分は、いずれも第①段落の内容を受けて、柳田国男が妖怪に関心をもった理由を直接的に示している。

4　第⑰段落は「ちなみに」という形で事実を付け加え、第⑦段落と第⑯段落で挙げた、ハイネやマルクスと、柳田国男の思想との関連を示唆している。

問16　本文における筆者の主張として、最も適切なものを一つ選びなさい。

1　井上圓了は、単に柳田国男と対比的な人物であるだけでなく、妖怪ブームを作りだし、妖怪という存在を哲学的に探究しようとした点で、柳田以上に重要な人物である。

2　ハイネは、堕落した神が妖怪であるという思想によって、柳田国男に大きな影響を与えるとともに、マルクスにも影響を与え、それが、やがて共産主義の生み出される直接の源泉になった。

3　柳田国男が民俗学に向かったのは、単なる妖怪への興味からではなく、実際に体験した山地民社会の特質が、協同自助を基盤とする彼の農政理論に合うと考えたからである。

4　マルクスの考えた共産主義という妖怪は、天狗や妖怪の伝承を追い続けた柳田国男が見出した、村人の共同幻想としてわずかに残っていた山人の社会と奇妙に類似していた。

三 次の文章を読んで、あとの問いに答えなさい。（設問の都合上、一部省略した箇所がある。）

> 海軍兵学校出身の軍人だった守屋《もりや》恭吾《きょうご》は、ある事情から国外に失踪し、二十年ぶりに戦後の日本に帰ってきた。この文章は、死んだと思っていた父の恭吾が生きていたことを知った娘の伴子《ともこ》が、写真で見た父の顔を頼りに、恭吾に会いにきた場面である。

裏手へ回って、苔《こけ》の蒸した岩から水が滴り湧いているのを小さい井戸に溜《た》めてあるところへ出た。

「将軍の茶の湯の水だというんだな。ほんとうか嘘《うそ》か知らない」

恭吾は、こう告げた。優しい目もとである。

「学校を出て、何をしておられるのです」

「洋裁……と、雑誌の編集を手伝っております」

「そんなに若くて！」

と、恭吾は驚いたように見まもった。

「それァ、まあ、偉いですな。私の知っていた時代の日本のお嬢さんたちとは違ってしまった。私は長い間、外国でばかり暮らして来たので、浦島太郎が帰って来たようなもので、何を見ても烈《はげ》しい変わりように一々驚いて歩いている。特に、あなた方のような若い人達《たち》が、男にしろ女にしろ、どんなことを考えているのか、見当がつかない」

と、笑ってから、尋ねた。

「こんなことを伺っては失礼になるのだろうが、あなたなどは、どういうお宅のお嬢さんなのだろうな」

「内……ですか」

「お父さまは、何をしておいでです」

「職業でございますか」

「そう」

伴子は、ふと、(1)何かに押し出されたような心持ちになって、はっきりと言った。

「父は、海軍でございました。もと」

「海軍？」

と、恭吾は目を上げて伴子の顔を見て、

「それは」

と、呟《つぶや》いた。

籠《こも》っていた意味はわからなかったが、響きは深く、調子は複雑な色合いを帯びていて、伴子の胸に軽い動揺を呼び醒《さま》した。父親は、何かを感じたのであろうか。言葉は切れていた。夏の午後の静けさがあたりを支配していた。

竜門の滝、鯉魚石《りぎょせき》と立札《たてふだ》に示して、岩組《いわぐみ》に滝とはいえない水の落ちているところがある。その前に、ふたりは出ていたのである。楓《かえで》が枝を差し伸べて明るい影を地面に落としていた。

「それで」

と、ゆっくり恭吾は言った。

「お父さまはご健在なのですな」

自分の父親と信じている男の顔を、伴子は大きな目で見まもり、強く頷《うなず》いて見せた。故意にそうしたように自分も感じたことである。その一歩手前に、崩れるように何もかも打ち明けてしまいそうになっている烈しい感情がすれすれのところまで昂《たか》まって来ていた。

伴子が見て、恭吾は姿勢を正して、平静の容貌でいた。立派な紳士というのか、あるいは若少の者をいたわる心遣いか、目もおだやかだし、礼儀も失わず見事に平均の取れた静かな心が、最初から感じられていたのである。

「それは、よかった」

と、恭吾はそのまま言った。

「どうも、人が死に過ぎた」

ふいと、伴子は、自分も知らずに抑え切れない微笑を浮かべた。意地の悪いような心持ちがどこかに潜んでいた。自分の前にいる行儀が平静で体格も堂々とした父親が、その静かな故に、おかしくて、かわいそうな弱いもののような気がして来るのだった。まだ伴子と知らないんだわ。そう思ったばかりに、伴子は、軀《からだ》までほてって来そうに妙に気持ちが明るくなり、顔色も輝き出した。

何か言いたそうに彼女は唇を動かした。そして、父親に向けている瞳はいたずらを企てている小さい子供の目のように*不逞《ふてい》で、無邪気で、きらきらしたものに変わって来ていた。

父親は何も知らずに言い出した。

「私も海軍にいたことがある。あなたぐらいのお嬢さんのある方だと、*兵学校もあまり違っておらんはずのように思うが」

伴子は不意にそれを遮った。

「お父さま」

と、素直に、すらすらと口に出して、

「あたし、伴子なんです」

恭吾は伴子を見返していた。無言のままである。

伴子の深い感動は自分の軀から揺さぶり出したものであった。明るい心は拡《ひろ》がり出したらもう制止出来なかった。父親がⓐ怪訝《けげん》らしく自分を見まもっているのでさえ、手を取って、いたわりたいような心持ちが働いて来た。少しずつ父親は気がついて来たようである。

「伴子なんです」

と、繰り返して言い、

「おわかりになりません？」

恭吾は、目がうるんで来ていたが、姿勢も表情もみだれず、伴子が見ても(2)静かなのが美しいくらいであった。

「ひとを驚かさぬことだ」

と、おだやかな声で、低く言った。恭吾は、伴子を見詰めたままであった。その目の色が、止めどなく深くなって行くように見えただけである。

唇が微《かす》かに慄《ふる》えた。

(3)「知らないとはね」

と、呟き、その刹那*に、恭吾の頬に、影が走った。なつかしむ前に悲しく、ⓑやるせない思いや、この世に生きている淋《さび》しさが、一時に心にのしかかって来たのを、強い自制で歯止めをかけて動かさなかったのである。父親が我が子の前で、喜劇の役をした。恭吾はこう考えた。

「かわいそうなことをしたな」

と、彼は、太く言った。

「本当に何も知らなかったのだよ。仕方がなかったと思って堪忍してもらわねばならぬ」

夢中で伴子は強く頭を振って見せた。パーマネントを掛けた豊かな髪から、光が散るように見え、顔は相変わらず輝いていた。

「伴子には、すぐに、お父さまとわかりましたわ。ほんとうの、ひと目で」

「歩こう」

と、父親は言い出した。また、いつも、心に始末の出来ない感情が湧き立って来ると、外国にいる間もそうしたもので、その習慣が機械のように不意に出たのだ。軀を動かすことであった。運動で、感情を振り落とすことであった。

「俺が親に見えるかね？」

と、この父親は強く尋ねた。

娘は素直に笑った。

「ええ」

と、頷いて見せて、

「今は、はっきりと、伴子のお父さまですわ」

「そうかね」

「お父さまは、伴子を、どうごらんになって？　よその子とお思いになったのでしょう」
(4)恭吾は躊躇《ちゅうちょ》した後に、
「そうだ」

と、言い切った。

「そうだとも、俺の知っている伴子は、四つだった。小さい子供だった」

細い坂道の敷石を踏みながら、(5)彼は目をつぶった。

「育ったものだな」

と、言った。


（大佛次郎『帰郷』）

（注）　＊不逞＝勝手気ままにふるまうこと。
＊兵学校＝軍人を養成するための教育機関。特に、海軍兵学校のこと。
＊刹那＝瞬間。

問17　波線部ⓐ「怪訝らしく」の本文中の意味として、最も適切なものを一つ選びなさい。

1　興味をもった様子で
2　事情がわからない様子で
3　おびえている様子で
4　あきれ果てている様子で

問18　波線部ⓑ「やるせない」の本文中の意味として、最も適切なものを一つ選びなさい。

1　どうしようもなく切ない
2　どうしてもやる気が出ない
3　どうしようもなくつまらない
4　どうしても止めることができない

問19　傍線部⑴「何かに押し出されたような心持ち」とは、どのような心情か。その説明として、最も適切なものを一つ選びなさい。

1　娘として、父親の職業に誇りをもっていることを伝えたい心情。
2　早く父親に、自分が娘であることを打ち明けてしまいたい心情。
3　自分が娘であることを知らない父親を、からかってみたい心情。
4　父親に会うまでの苦労を、娘としてわかってほしい心情。

問20　傍線部⑵「静かなのが美しい」とは恭吾のどういう様子に対する思いか。その説明として、最も適切なものを一つ選びなさい。

1　寡黙で姿勢の正しい姿がなぜかなつかしく感じられる様子。
2　動揺に必死に耐えている姿が悲痛なものに感じられる様子。
3　冷静さを保ち続けている姿が見事だと感じられる様子。
4　淋しさを見せまいとする姿がいとおしく感じられる様子。

問21　傍線部⑶「知らない」とは、誰が、どんなことを知らないのか。その説明として、最も適切なものを一つ選びなさい。

1　伴子が、父親にどのように思われているかを知らない。
2　伴子が、目の前の人物が自分の父親であることを知らない。
3　恭吾が、娘にどのように思われているかを知らない。
4　恭吾が、目の前の人物が自分の娘であることを知らない。

問22　傍線部⑷「恭吾は躊躇した」とあるが、なぜ躊躇したと考えられるか。その理由として、最も適切なものを一つ選びなさい。

1　伴子が自分の娘であることは、実はうすうす勘づいていたが、自分を驚かせることができたと喜んでいる伴子に本当のことを言ったら、伴子をがっかりさせるのではないかと気づかったから。
2　伴子に娘だと言われたとき、自分に少しも似ていないと思ったことに後ろめたさを感じつつも、だからといって伴子が自分の娘かどうか疑っていると思われるのは本意ではなかったから。
3　伴子の言うとおり、最初はまさか伴子が自分の娘であるとは思いもしなかったが、そのことを正直に言ってしまっては、伴子の気持ちを傷つけるのではないかと感じたから。
4　伴子が娘だと知って、これからは本当の親子としての関係を築いていきたいと願ったが、幼い頃と比べてあまりにも顔立ちが変わってしまった伴子の姿を前にして、不安を抱いたから。

問23　傍線部(5)「彼は目をつぶった」とあるが、この時「彼」は何を感じていたと考えられるか。その説明として、最も適切なものを一つ選びなさい。

1　娘と別れてから二十年の間、娘の成長する姿を一度も見ることができなかった自分自身に対する激しい憤り。
2　娘と別れてから二十年もたってしまったが、別れる他に方法はなかったのだと自分を許す気持ち。
3　娘と別れてから二十年にわたり、異国で何も考えずに楽しく過ごしてきた自分の愚かさへの自嘲の念。
4　娘と別れてから二十年という、取り返しのつかない長い時間が過ぎてしまったことへの深い悔恨と悲しみ。

問24　本文に描かれた伴子の性格を表す語として、適切でないものを一つ選びなさい。

1　臆病
2　健気《けなげ》
3　純真
4　聡明《そうめい》

問25　本文では、恭吾はどのような人物として描かれているか。その説明として、最も適切なものを一つ選びなさい。

1　久しぶりに再会した娘へのあふれる思いを、静かな口調の中に込めながら、父親としての威厳を保とうと気にする人物。
2　どのような状況でも、姿勢や表情を乱すことがほとんどなく、自制心を働かせて感情を抑えることのできる人物。
3　あふれるような愛情をもちながら、それを表に出すことは恥ずかしいと考える、少し内気なところのある人物。
4　あわただしい世の中の動きに流されることなく、自分の生き方を決して変えようとしない、強い信念をもった人物。

問26　本文の内容と表現の特徴を説明したものとして、最も適切なものを一つ選びなさい。

1　二十年ぶりの父と娘の再会の場面である。ようやく出会えた喜びに胸を躍らせる二人の心情が、豊かな自然描写との対比によって、読む者の心に、すがすがしい感動を伴って広がってくる。
2　二十年ぶりの父と娘の再会がもたらすこの上ない幸福感が、全体を覆っている。それは娘の輝く顔と、父親のおだやかな顔に象徴的に表されて、読む者の心に静かに染みてくる。
3　二十年ぶりの父と娘の再会なのに、二人の感情はすれ違っている。そうした状況をかみ合わない会話で表すことによって、人の世の切なさを、読む者の心に訴えかけてくる。
4　二十年ぶりの父と娘の再会の場面での会話は、感情の高ぶりが抑えられ淡々としている。しかし、二人の様子の丁寧な描写によって、お互いに対する思いが読む者の心に強く伝わってくる。

四 **次の文章を読んで、あとの問いに答えなさい。**

小野小町がわかくて色を好みし時、もてなしありさまたぐひなかりけり。「壮衰記」*といふものには、三皇五帝*の妃《きさき》も、漢王・周公の妻もいまだ(1)このおごりをなさずと書きたり。かかれば、衣には錦繍《きんしう》*のたぐひを重ね、食には海陸の珍をととのへ、身には蘭麝《らんじや》*を薫じ、口には和歌を詠じて、よろづの男をばいやしくのみⓐ思ひくたし、(2)女御・后《きさき》に心をかけたりしほどに、十七にて母をうしなひ、十九にて父におくれ、二十一にて兄にわかれ、二十三にて弟を先立てしかば、単孤無頼《たんこぶらい》のひとり人になりて、たのむかたなかりき。いみじかりつるさかえ日ごとにおとろへ、(3)花やかなりし貌《かたち》としどしにすたれつつ、心をかけたるたぐひも疎くのみなりしかば、家は破れて月ばかりむなしくすみ、庭はあれて蓬《よもぎ》のみⓑいたづらにしげし。かくまでにⓒなりにければ、*文屋康秀《ふんやのやすひで》が三河《みかは》の*掾《じよう》にて下りけるに誘はⓓれて、

侘《わ》びぬれば身をうきくさのねをたえてさそふ水あらばいなんとぞ思ふ

とよみて、次第におちぶれ行くほどに、はてには野山にぞさそらひける。人間の有様、これにて知るべし。

（『古今著聞集』）

（注）
* 「壮衰記」＝『玉造小町壮衰書』を指す。
* 三皇五帝＝古代中国の伝説上の八人の帝王。
* 錦繍＝錦と、刺繍《ししゆう》をした織物。
* 蘭麝＝蘭の花の香りと麝香《じやこう》の香り。転じて、よい香りのこと。
* 文屋康秀＝平安時代前期の官人・歌人。六歌仙の一人。
* 掾＝国司の三等官。

問27　波線部ⓐ「思ひくたし」の本文中の意味として、最も適切なものを一つ選びなさい。

1　心の中で反論し　　2　心の中で見下し
3　心の中で盛り上げ　　4　心の中で嘆き

問28　波線部ⓑ「いたづらに」の本文中の意味として、最も適切なものを一つ選びなさい。

1　悪ふざけのように　　2　ひたすら
3　いたる所に　　4　甲斐《かい》もなく

問29　波線部ⓒ「なりにければ」の品詞分解として、最も適切なものを一つ選びなさい。

1　助動詞＋助詞＋助動詞＋助詞
2　助動詞＋助動詞＋助動詞＋助詞
3　動詞＋助動詞＋助動詞＋助詞
4　動詞＋助詞＋助動詞＋助詞

問30　波線部ⓓの助動詞「れ」の文法的意味として、最も適切なものを一つ選びなさい。

1　自発
2　尊敬
3　受身
4　可能

問31　傍線部(1)「このおごり」とあるが、これはどのようなことを指すか。最も適切なものを一つ選びなさい。

1　小野小町の抜きん出た美しさ。
2　小野小町ほどのぜいたくや思い上がり。
3　小野小町の社交的で明るい性格。
4　小野小町ほどの物への執着の強さ。

問32　傍線部(2)「女御・后に心をかけたりし」とあるが、これはどういうことか。最も適切なものを一つ選びなさい。

1　帝の女官として活躍したいと思っていたということ。
2　帝の妃になるには資格を欠いていたということ。
3　帝の母親に取り入ろうとしていたということ。
4　帝の妃になるのを目標にしていたということ。

問33　傍線部(3)「花やかなりし貌としどしにすたれつつ」の解釈として、最も適切なものを一つ選びなさい。

1　派手だった生活も年をとって維持できず
2　新しかった衣装も時を経て古びて
3　美しかった容色も年々輝きを失って
4　にぎやかだった評判もこのごろは忘れられ

問34　本文の内容に合致するものとして、最も適切なものを一つ選びなさい。

1　小野小町は、晩年には野山をさすらうほどまでに落ちぶれた。
2　小野小町は、美しく和歌の才能があったので女御になった。
3　小野小町の両親と兄弟は、落ちぶれてさびしく暮らしていた。
4　小野小町は文屋康秀と共に三河へ下り、そこで亡くなった。

問35　本文中の和歌「侘びぬれば身をうきくさのねをたえてさそふ水あらばいなんとぞ思ふ」に用いられている表現技法として、最も適切なものを一つ選びなさい。

1　枕詞　　2　序詞　　3　掛詞　　4　本歌取り

問36　『古今著聞集』と異なるジャンルの作品として、最も適切なものを一つ選びなさい。

1　『十訓抄《じっきんしょう》』　　2　『無名抄《むみょうしょう》』

3　『今昔物語集』　　4　『宇治拾遺物語』

五

戦国時代末期、最強国となった秦《しん》は、北方の軍事大国趙《ちょう》を攻略するために、趙に様々な難題を突きつけた。この時、趙の官吏であった繆賢《びゅうけん》は、秦への使者として彼の家来である藺相如《りんしょうじょ》を、王に推薦した。次の漢文は、繆賢が藺相如を推薦する理由を述べた部分である。これを読んで、あとの問いに答えなさい。（設問の都合上、返り点・送り仮名を省略した箇所がある。）

*宦者《ノ》令繆《びう》賢《けん》曰《いハク》、「臣《ノ》*舎人*藺《りん》相《しやう》如《じよ》可《シト》使《ヒス》。」*王問《フ》、「何《ヲ》以《もつテカ》知《ルト》之《ヲ》。」対《こたヘテ》曰《ハク》、「臣嘗《かつテ》有《リ》罪。(1)窃計欲亡走燕。(2)臣《ノ》舎人相如止《メテ》臣《ヲ》曰《ヘラク》、『君何《ヲ》以《テカ》知《ルト》燕《えん》王《ヲ》。』臣語《リテ》曰《ヘラク》、『臣嘗《テ》従《ヒ》大王《ニ》与燕王会《セリ》*境上《ニ》。燕王私ⓐ握《リテ》臣《ガ》手《ヲ》曰《ヘラク》、願《ハクハ》*結《バント》友《ヲ》。以《テ》此《これヲ》知《ル》之《これヲ》。故《ニ》欲《スト》往《ゆカント》。』相如謂《いヒテ》臣《ニ》曰《ヘラク》、『夫ⓑ趙《ハ》彊《つよクシテ》而燕《ハ》弱《シ》。而《しかうシテ》君*幸《セラル》於趙王《ニ》。故《ニ》燕王欲《スルナリ》結《バント》於君《ニ》。今君乃《すなはチ》亡《にゲテ》趙《ヲ》走《ル》燕《ニ》。燕《ハ》畏《ルレバ》趙《ヲ》、其《ノ》*勢《ヒ》必《ズ》不敢《あヘテ》留《とどメ》君《ヲ》。而《シテ》束《つかネテ》君《ヲ》帰《サン》趙《ニ》矣。(3)君不如、*肉袒*伏斧質請罪。則《すなはチ》幸《ヒニ》得《ント》脱《スルヲ》矣。』臣従《フ》其《ノ》計《ニ》。大王《モ》亦《まタ》幸《ヒニ》赦《ゆるセリ》臣《ヲ》。(4)臣窃以為、其人勇士有智《ち》謀《ぼう》。宜《よろシク》可《シト》使《ヒセシム》。」

（『史記』）

（注）　＊宦者令＝宦官の長官。「宦官」は、宮廷の奥に仕える官人。
＊舎人＝貴人のそばに仕える家来。
＊藺相如＝趙の名臣。生没年未詳。趙の宝である「和氏《かし》の璧《へき》」を持って使者として秦に行き、璧を無事に持ち帰ったという「完璧」の故事で知られる。
＊王＝趙の第七代君主である恵文王。
＊境上＝趙と燕の国境付近。「上」は、あたりの意。
＊結友＝友人として交わりを結ぶ。
＊幸＝「幸《かう》す」は、寵愛《ちょうあい》する、の意。
＊其勢＝そのなりゆきとして。
＊肉袒＝罰として打たれる覚悟を示すために、衣服を脱いで肩をあらわにすること。
＊伏斧質＝処刑台に伏す。

問37　波線部ⓐ「私」と同じ意味で「私」を用いている熟語として、最も適切なものを一つ選びなさい。

1　私怨　　2　私淑　　3　公私　　4　無私

問38　波線部ⓑ「夫」の送り仮名を含む読み方として、最も適切なものを一つ選びなさい。

1　おっとの　　2　かな　　3　かの　　4　それ

問39　傍線部(1)「窃計欲亡走燕」の返り点の付け方と書き下し文の組み合わせとして、最も適切なものを一つ選びなさい。

1　窃 計 欲三 亡二走 燕一。
窃《ひそ》かに計り燕に亡《に》げ走らんと欲す。

2　窃 計 欲レ 亡二走 燕一。
窃かに計り燕に亡げ走らしめんと欲す。

3　窃 計レ 欲 亡二走 燕一。
窃かに欲を計り燕に亡げ走る。

4　窃 計レ 欲 亡二走 燕一。
窃かに欲を計り燕に亡げ走らしむ。

問40　傍線部(2)「臣舎人相如止臣」とあるが、藺相如が繆賢を制止した理由は何か。その説明として、最も適切なものを一つ選びなさい。

1　趙が強く燕が弱いという情勢を考えると、繆賢が燕に亡命すると趙・燕両国の力のバランスが崩れかねず、繆賢の亡命は趙の国益を損ねることになると判断したから。

2　燕が繆賢の亡命を受け入れると、同盟国の趙を裏切ることになり、燕にとって不利益しかないはずなので、燕王の誘いは実は罠《わな》であり、亡命すべきではないと判断したから。

3　燕王が繆賢と交わりを結びたいと言ったのは、趙が強く燕が弱い上に、繆賢が趙王に寵愛されているからであり、燕に亡命しても繆賢にとって良い結果は得られないと判断したから。

4　燕王が繆賢と親しくしたいと言ったのは、繆賢の背後にいる趙王の存在を意識してのことで、燕王が繆賢の人物を評価して暗に亡命を呼びかけたものではないと判断したから。

問41　傍線部(3)「君不如、肉袒伏斧質請罪」とあるが、藺相如は繆賢にどのように提案しているのか。その説明として、最も適切なものを一つ選びなさい。

1　趙王にいかなる厳罰を言いわたされても、心から納得するまで罪を認めるべきではない。

2　己の罪に対する罰を受けた後、初志を貫いて燕に亡命し、燕王に助けを求めるのがよい。

3　いかなる罰もいとわないという強い意志をもち、趙を脱出して燕以外の国に亡命するのがよい。

4　どのような罰を受けても構わないという態度を示し、趙王に罪の許しを願うのがよい。

問42　傍線部(4)「臣窃以為、其人勇士有智謀」の現代語訳として、最も適切なものを一つ選びなさい。

1　私は内心、藺相如を勇士で智謀《ちぼう》にもたけた者と考えている。

2　私の家臣が、藺相如を勇士で智謀にもたけた人物とほめている。

3　私は実は藺相如のような、勇士で智謀にもたけた者を探している。

4　藺相如は、我こそは勇士であり智謀にもたけていると自負している。

問43　繆賢が藺相如を秦への使者として推薦した理由は何か。その説明として、最も適切なものを一つ選びなさい。

1　繆賢はかつて藺相如の助けで、燕王の信頼を得ることができた経験から、秦との交渉においても藺相如の能力が遺憾なく発揮されると信じたから。

2　繆賢はかつて燕に捕らえられた際、藺相如の行動で命拾いした経験から、藺相如ならば秦への使者としての任務を確実に果たせると直感したから。

3　繆賢は以前、藺相如の適切な助言によって救われた経験から、藺相如ならば秦への使者に立っても難局を乗り切るに違いないと確信したから。

4　繆賢は以前、藺相如の捨て身の行動によって窮地を脱した経験から、藺相如ならば秦との難しい交渉を間違いなく有利に進められると判断したから。

九月実施　解答と解説

一　語彙

〔解説〕

問1　熟語の読み

正解は2。設問は「間違っているもの」を選ぶものになっているので、読み間違えないようにすること。2「辣腕」は、「らつわん」と読む。意味は物事を処理する能力が優れていること。用例は「辣腕をふるう」。1「辛酸《しんさん》」は、精神的につらいことや苦しいこと。慣用句として「辛酸を嘗《な》める」。3「羨望《せんぼう》」はうらやましく思うこと。用例は「羨望の的《まと》」。4「拘束」は、権力・規則などによって行動、意志の自由を制限すること。用例は「身柄を拘束する」。

問2　四字熟語

正解は4。①直前の部分から、傍線部の意味は「正義の味方が悪者を倒す」である。②傍線部の四字熟語が「（　）善懲悪」である。以上2点より、正解は「勧善懲悪」となる。

問3　慣用表現

正解は4。「ネット上の無責任な情報に振り回される」＝「愚の（　）」になることを踏まえて解答する。この関係が成り立つのは、「愚の（骨頂）」となる4である。「愚の骨頂」の辞書での意味は、「この上なく愚かなこと」。

問4　論理用語

正解は1。「演繹（法）」は、一般的な前提から、それを経験に頼らずに論理によって個別の事例に当てはめて考える推論の方法である。例えば、「人は必ず死ぬ」という一般的な前提をたてて、「人は必ず死ぬ→ソクラテスは人である→ソクラテスは必ず死ぬ」というように論理を展開させる。「演繹」の対義語として「帰納（法）」がある。こちらは、2の「いくつかの事柄から共通点を探り、当てはまる法則を見つけ出す推論の方法」をいう。

問5　カタカナ語

正解は3。問題文より、「（　）」は「自分の望むとおりに話し合いを進めるために」必要なものである。以上より、3「イニシアティブ」がふさわしい。意味は「率先して行動し、物事をある方向へ導く力。主導権。」。1「クリエイティブ」は「創造的。独創的」。2「アクティブ」は「能動的。活動的」。4「ネイティブ」は「生まれながらの」という意味。

問6　類義語

正解は2。「懐柔《かいじゅう》」は「巧みに手なずけ従わせること」という意味。類義語として「他人をうまく手なずけて、自分の思いのままに操ること」という意味の2「篭絡《ろうらく》」が正解となる。読み方も難しいので、注意が必要である。1「革新」は、「古い制度などを改めて新しいものにすること」、3「追放」は「社会や組織・集団などから追い払うこと」。4「摘発」は「悪事を暴いて公にすること」という意味である。

問7　近代日本文学史

正解は1。自然主義文学は現実をあるがままに写しとることを目標とする立場であり、日本では明治時代後期に伝わり、告白小説・私小説という形で広がった。1「島崎藤村」は自然主義文学の代表的な作家であり、詩人から作家に転身した。代表作として『破戒』『春』『夜明け前』などがある。その他の自然主義の作家としては、田山花袋《たやまかたい》などが有名である。2「夏目漱石」は余裕派の作家。3「志賀直哉」は白樺派の作家、4「芥川龍之介」は新思潮派の作家。

二 評論

〔出典〕柄谷行人《からたにこうじん》『世界史の実験』（岩波新書・二〇一九年刊）。

柄谷行人（一九四一〜）は兵庫県生まれ。東京大学大学院人文科学研究科英文科修士課程修了。夏目漱石を主題とした「〈意識〉と〈自然〉─漱石試論」で第12回群像新人文学賞評論部門を受賞。以後、文芸評論家、哲学者として多くの著作を残している。本文は第二部「山人から見る世界史」の2「何か妖怪」の全文にあたる。

〔解説〕

問8　漢字

正解は2。波線部ⓐは「妨げる」。意味は「他に支障が起こるようにする。邪魔する」。同じ「妨」を使う選択肢は2「妨害」。意味は「邪魔をすること」。誤答1は「防腐」。意味は「微生物を殺し、またその繁殖を妨げるような条件を与えて腐敗を防ぐこと」。3は「多忙」。意味は「仕事が多くて忙しいこと」。4は「紡績」。意味は「糸をつむぐこと。繊維を加工して糸にすること」。

問9　漢字

正解は1。波線部ⓑは「零落」。ここでの意味は「おちぶれること」。同じ「零」を使う選択肢は1「零細」。意味は「規模が非常に小さいさま」。誤答2は「激励」。意味は「はげまし元気づけること。奮起させること」。3は「幽霊」。意味は「死者の霊魂。死者が成仏できないのでこの世に現す姿。妖怪」。4は「法令」。意味は「法律および命令の総称。広義の法律を指すこともある」。

問10　内容把握

本文前半第1〜8段落の内容を正確に読み取る必要がある。正解は3。適切でない部分は、「妖怪を否定しようとした点で共通する」である。第3段落で圓了は「妖怪が幻想であることを人々に説いてまわった」が、「妖怪を全面的に斥けたのではない」と書かれている。また、柳田については第6段落で「圓了の妖怪論を嫌った」とあるが、これは妖怪に対する柳田と圓了の見解の相違を示した表現であり、柳田が妖怪自体を否定していたとは言えない。誤答1は、第2段落に「彼が『妖怪学』という講座を開いたのは、哲学を民衆に説く方便として、である」、第3段落に「その意味で、彼は啓蒙主義者であった」とあり適切。2は、第6段落に「柳田の見方では、妖怪とは、かつて神的な存在であったのに、仏教のような宗教が到来したために追われて零落した存在である」、第8段落に「柳田はそこにこそ、山人、あるいは固有信仰を見ようとしたのである」とあり適切。4は、第1段落に「柳田国男が民俗学に向かった時期、『怪談』が流行し、また、『妖怪』のブームがあった」、第2段落に「この時期に妖怪のブームを起こしたのは、柳田ではない。『妖怪学』を書いた井上圓了である」とあり適切。

問11　内容把握

傍線部(1)が含まれる第5段落に注目する。正解は4。「真の仏教的認識をさまたげているのは、…寺院仏教である」。「圓了の妖怪論は、仏教における宗教改革にほかならなかった」とあり適切。誤答1は、「人目を引き付けて小さな流行を巻き起こそうとする」が不適切。傍線部(1)を含む一文に、「意図を超えて、妖怪論がブームとなった」とある。2は、「寺院仏教の宗教哲学を民衆に受け入れさせるため」が不適切。「寺院仏教」は圓了にとって「否定すべき妖怪」、つまり宗教改革の対象であった。3は、「近代化した社会が宗教に頼らなくてもいいように」が不適切。圓了が「仏教における宗教改革」によって目指したのは「真の仏教的認識」であり、宗教を不要なものと考えていたわけではない。

問12　理由把握

本文後半第10〜13段落の内容を把握して正答を導く。正解は2。第10段落に「山人は原遊動民であり、山地民はいちど平地に定住した後に遊動民となった人たち」、「山地民はかつて平地に定住したことがあるだけでなく、また、その後も何らかのかたちで平地と関係する」とあり適切。誤答1は「遊動民としての性質を完全に失っている」が不適切。前述した第10段落に加えて、第13段落には「山地民も遊動性をもっており」と書かれている。3は、「同じように扱われることを両者が望まないため」が不適切。「両者」（山人・山地民）とも自分たちの扱われ方に対する心情は本文中に記載がない。4は、「山民は実際に目の前にいる存在なので価値がないと考えた」が不適切。山人と山地民を対比して価値の有無を論じた箇所は本文中に存在しない。第10段落には「アンビヴァレント（両価的）」という語があるが、それは山地民の平地民への態度の説明である。

問13　内容把握

第13段落以降の内容から考える。正解は4。まず、傍線部(3)の直前に「山地民も遊動性をもっており、そのことが」とあるので、「平地の定住民にないような社会的特質」とは「遊動性」だとわかる。「遊動性」に着目すると、第15段落に「共同所有と生産における『協同自助』は、…つまり遊動的な生活形態から来るものである」とある。「協同自助」については第14段落の後半に、「『協同自助』の実践を見出した。」「『富の均分というが如き社会主義の理想』が実現されていた」とあるので、以上より選択肢の内容と合致する。誤答1は、「平地…と山地での生活を繰り返している」のではない。第10段落に「山地民はいちど平地に定住した後に遊動民となった人たち」とあり不適切。2は、第13段落に「すでに農業技術をもっている」「たえず平地民と交易している」と書かれてはいるが、「平地の定住民にないような社会的特質」とは言えないので不適切。3は、第11段落に「山人」の性質として書かれた内容なので不適切。

問14　内容把握

正解は1。マルクスが主張した「妖怪」だが、第16段落に「共産主義の妖怪」とある。柳田の考えた「妖怪」は、遡って第6段落からの展開にも目を向けたい。柳田はハイネの『流刑の神々』から着想を得て、「山人、あるいは固有信仰を見ようとし」、その結果、「山地民の社会の中に『富の均分というが如き社会主義の理想』」の実現を見出した。それは第15段落「彼の農政理論において目指していたもの」であった。また、傍線部(4)の直前に「その意味では」と指示語がある。これは第17段落のハイネとマルクスに親交があり、近い時期に『流刑の神々』が構想され、『共産党宣言』が刊行された内容を指す。つまり、傍線部(4)の「同じ源泉をもつといってもよい」とは、ハイネとマルクスの交流によって萌芽した構想の影響を、マルクスと柳田が「妖怪」を考える際に各々受けた可能性があるという意味となり選択肢は適切。誤答2は、「柳田国男が井上圓了に影響を受けて研究した」とは断言できない。また、「よく似た動機による」とあるが、「同じ源泉をもつ」の説明としては不適切。3は、「平地民に対して攻撃的な態度をとる山人」は本文中に記載がない。後半も「今日の社会からみて」は本文中になく、「異質な思想であるという点で、同じ出発点を共有している」も「同じ源泉をもつ」の説明として不適切。4は、「ハイネが構想した富の共同所有と協同自助に基づく社会」とあるが、この点が本文中に記載がなく不適切。

問15　表現

正解は3。第15段落の説明については適切であるが、第16段落の「したがって」に続く部分は、柳田が「妖怪」に興味をもった直接的な理由ではなく、柳田の考えた「妖怪」がどのようなものかを示しているので不適切。誤答1は、第4段落に「どこにも属さず、自分で学校を創設した。型破りの人物」とあり適切。2は、第6段落の最初の「一方」の前後は、「圓了の妖怪論」を柳田が「嫌った」という相違点を示す。後の「一方」の前後では、「ある意味で、類似していたことを考えていたともいえる」とあるように、圓了と柳田の妖怪に対する考え方の似通った点を指摘していて適切。4は、第[7]段落でハイネ、第[16]段落でマルクスの思想に触れつつ、第[17]段落にて両者の交流によって萌芽した構想と柳田の思想を関連付けるような指摘がなされており適切。

問16　本文合致

正解は3。第[15]段落に「彼が『山人』に関心を抱くようになったのは、妖怪や天狗のような怪異譚のためではない。…農民の協同組合を要とする彼の農政理論において目指していたものが、現にそこにあったからだ」とあり適切。誤答1は、圓了を「柳田以上に重要な人物」としている点が不適切。本文中で圓了は柳田の思想を明確にするための対比として登場している。2は、ハイネの考えとして「堕落した神が妖怪である」とあるのが不適切。第[7]段落に「ハイネの考えでは、ヨーロッパのゲルマン世界にキリスト教が入ってきたために、森に遁れた従来の神々が妖怪になった」とある。4は、「天狗や妖怪の伝承を追い続けた柳田国男が見出した…山人の社会」が不適切。第[8]段落に「山人を探索しようとしたが、見出したのは、天狗や妖怪のような伝承だけであった」とあり、関係が逆になっている。

三　小説

〔出典〕大佛次郎《おさらぎじろう》『帰郷』（小学館P＋D BOOKS、二〇一八年刊）。

大佛次郎（一八九七～一九七三）は神奈川県生まれの小説家。大衆文学、歴史小説、現代小説、ノンフィクション、新作歌舞伎や童話など、幅広く手がけた。一九六四年、文化勲章受章。主な作品に、「鞍馬天狗《くらまてんぐ》」「赤穂浪士《あこうろうし》」など。

〔解説〕

問17　語句の意味

正解は2。「怪訝」という言葉は、「そんな事が実際にあるのかというように不思議がる様子」という意味である。恭吾はいきなり、目の前の「お嬢さん」に「伴子なんです」、つまり、あなたの娘ですと告げられ、状況を把握できずにいたと考えられる。

問18　語句の意味

正解は1。「やるせない」という言葉は、「苦しさ、悲しさを紛らすものが何もなくて、どうしようもない気持ち」という意味である。娘の伴子の成長について、「本当に何も知らなかった」自分に対し、切なさを抱いたと考えられる。

問19　心情把握

正解は2。伴子は、恭吾に父の職業について問われ、その後、意を決して「はっきりと」、「父は、海軍でございました」と告げている。「何かに押し出されたような心持ち」の「何か」とは、娘であるという事実を告白するきっかけととらえることができる。1の「誇り」、3の「からかい」、4の「苦労への理解」は、それぞれ該当する描写がないので適切ではない。

問20　心情把握

正解は3。恭吾は、伴子に「娘だ」と告げられても、目をうるませはしたものの「姿勢も表情も」みだれることがなかった。この様子を見て「美しい」と感じたのである。1の「なつかしさ」を感じている描写はなく、2の「必死に耐えている」様子は恭吾には見られないし、4の「淋しさ」と確定するほどの感情は読み取れないので、いずれも適切ではない。

問21　内容把握

正解は4。恭吾は、「本当に何も知らなかったのだよ」と言っているが、これは、恭吾自身が「知らなかった」ということである。

これに対し、伴子は「すぐに、お父さまとわかりましたわ」とある。

問22　理由説明

正解は3。恭吾が答えに躊躇するのは、伴子の「よその子とお思いになったのでしょう」という問いかけに対してである。事実、その通りなのだが、正直伝えてしまっては伴子を傷つけるかも知れない。それに、伴子は「すぐに、お父さまとわかりましたわ」と言っているし、父親である自分がすぐに気がつかなかったことへの引け目もあり、答えに詰まったと考えられる。1は「うすうす勘づいていた」が不適切。恭吾は全く気がついていない。2の「自分に少しも似ていない」という描写はない。4の「これからは本当の親子としての関係を築いていきたい」という願いも、現在の伴子の姿に対して「不安」を抱いたという描写はない。

問23　心情把握

正解は4。恭吾は、「俺の知っている伴子は、四つだった。小さい子供だった」と言って、目をつぶっており、長い時間の流れに思いをはせていると推察される。その後、「育ったものだな」という言葉には、その時間を親子として共有できなかったことへの悲しみが感じられる。1の「激しい憤り」までの気持ちは読み取れない。2の「許す気持ち」というような、一種の「自己弁護」をするような人物とは言えない。3の「何も考えずに楽しく過ごしてきた」というような描写はない。いずれも適切ではない。

問24　内容把握

正解は1。伴子は、「写真で見た父親の顔を頼りに」恭吾に会いに来ている。このような行動力からしても、「臆病」とは言えないので、適切ではない。2の「健気」は、「年少にも関わらず、困難な事に勇敢に立ち向かう様子」という意味で、伴子は写真を頼りに一人で恭吾のもとにやって来ており、また、自分に気がつかない父親に対しても、落ち着いて告白している。3の「純真」は、「人を疑ったりするような気持ちが全くない様子」という意味で、伴子は恭吾を、「はっきりと、伴子のお父さまですわ」と、無邪気に慕っている。4の「聡明」は、「物事や人情などに対する判断力・洞察力にすぐれた様子」という意味で、「立派な紳士」「若少の者をいたわる心遣い」など、二十年ぶりに会った父親がどのような人物かを見極めようとする様子がうかがわれる。2〜4はいずれも適切である。

問25　内容把握

正解は2。恭吾は、伴子が自分の娘だとわかってからも、自制心を働かせて取り乱すような様子は一切見せない。ここに、恭吾という人物が最も端的に表れている。1の「あふれる思い」や「威厳を保とうと気にする」描写は見られない。3の「あふれるような愛情」を「表に出すこと」を恥ずかしがるような内気さは読み取れない。4の「強い信念」というような頑固さをうかがわせる描写はない。いずれも適切ではない。

問26　内容把握

正解は4。「会話」として感情の高ぶりを表してはいないが、伴子の「夢中で伴子は強く頭を振って見せた」や、恭吾の「心に始末の出来ない感情が湧き立って来る」など、二人の強い感情を示す描写が散見できる。1の「豊かな自然描写」とあるが、二人の心情と対比されているような描写はなく、効果的とは言えない。2の「幸福感」という言葉について、「なつかしむ前に悲しく、やるせない思い」などの表現から、「幸福感」と一括りにすることはできない。3の「感情のすれ違い」や「かみ合わない会話」という表現はなく、お互いに恭吾＝父、伴子＝娘として、再会の喜びを愛情深く感じ合っている。いずれも適切ではない。

四 古文

〔出典〕『古今著聞集』鎌倉時代の世俗説話集。橘成季《たちばなのなりすえ》編著。七百余編の話は、神祇・政道忠臣・和歌などの三十編に分類されている。

〔現代語訳〕

小野小町が年若く、男性との交際が多かった頃、その振る舞いや様子は、他に比べようもないほどであった。「壮衰記」という書には、古代中国の伝説の八人の帝王である三皇五帝の妃も、漢王・周公の妻もまだこのような思い上がりやぜいたくをしなかったと書いてある。こういうことだから、衣には錦繡と同じようなものを重ねて着て、食事には海や陸の珍味をきちんと揃えて、自分の身には蘭麝の香をたいて良い香りがするようにし、口では和歌を詠んで、多くの男をみすぼらしいとだけ心の中で見下し、女御・后に思いをはせているうちに、十七歳の時に母親を亡くし、十九歳で父親に先立たれ、二十一歳で兄に死に別れ、二十三歳で弟に先立たれたので、家族もなく頼る人もいない一人身になって、あてにする人もいなくなってしまった。とても華やかだった生活も日ごとに衰えていき、明るく美しい容貌も年々に衰えていきながら、心を寄せていたような人たちとも疎遠となってしまったので、家は荒廃し、月だけがむなしく澄んで輝き、庭は荒れて蓬だけがむなしく生い茂っていた。このようにまでなってしまったので、文屋康秀が三河の国司の三等官として下向した時に誘われて、

　落ちぶれてしまったので、つらいわが身は、浮草のように根がなくなるように、誰からも音沙汰がなくなり、誘い水のように誘ってくれる人がいたならば、この場所を去ってどこへでも行こうと思います

と詠んで、次第にみじめな状態になっていくうちに、最後は野山でさまようようになってしまった。人間の境遇は、このような話によって理解するのがよいだろう。

〔解説〕

問27 語句の意味

正解は2。「くだす」を「腐す」と考えるのはなかなか難しい。直前の「多くの男をみすぼらしいとだけ」という部分から解答を判断するとよい。

問28 語句の意味

正解は4。「いたづらに」は形容動詞「いたづらなり」の連用形。古文の最重要語で、意味は「つまらない、むなしい」「無駄だ、無意味だ」である。ここから判断する。

問29 品詞分解

正解は3。「なりにければ」を品詞ごとにわけると「なり／に／けれ／ば」となる。直前の「かくまでに」が「このようにまで」という意味になるので「なり」は動詞と考えることができる。「にき」「にけり」と見たら「に」は完了の助動詞であるということも古文の文法の基本である。これらのことから、動詞＋助動詞と並んでいると考えることができる。

問30 文法的意味

正解は3。助動詞「る」の意味を判別する問題。「自発」の場合は直前に心の動きに関係する言葉があることが多い。「尊敬」の場合は、その文の主語の身分が高い場合。「受身」の場合は、前に「人物名＋に」の組み合わせがあることが多い。「可能」の場合は、下に打消や反語表現を伴うことが多い。これらのことをふまえて文を読み直すと、ここは文屋康秀が三河の国司として下向する時に、小野小町は文屋康秀にと読めるので「受身」と判断できる。

問31 内容把握

正解は2。傍線部⑴に「このおごり」とあり、さらに直前に「妃

も」「妻も」「いまだ…なさず」という部分と重ねて考えると、小野小町の「おごり」と考えられる。小野小町の様子が「もてなしありさまたぐひなかりけり」、つまり「その振る舞いや様子は、他に比べようもないほど」という状態であったことから考えて判断できる。

問32　心情把握

正解は4。「女御・后」は天皇の妻のことを指す。小野小町がそれを「心をかけたりし」、つまり「気にしていた」ということから考える。

問33　本文解釈

正解は3。「貌」から考えられる熟語は「容貌《ようぼう》」。「としどしに」を「年々に」と思いつけば簡単に正答にたどり着くが、そうでなくても「すたれつつ」の「すたれ」が「廃れる」に結び付けば、「容貌」が「廃れる」と解釈できる。

問34　内容合致

正解は1。2は本文に「女御」になりたかったとは書いてあるが、なったとは書いていないので不適切。3は小野小町の両親と兄弟は亡くなっていて、落ちぶれたのではないから不適切。4は小野小町はたしかに三河に下ったが、そこで亡くなったとは書いていないので不適切となる。

問35　和歌の修辞法

正解は3。「掛詞」は一つの語に二つ以上の意味を持たせる。訳すときには、その両方の意味を訳す。「詫びぬれば…」の歌の「身をうきくさの」の部分の「うき」に「浮く」と「憂き」の二つの意味が掛けられていて、「わが身がつらい」という意味と「浮き草」という意味があると解釈できる。ちなみに、この和歌には「浮草」と「水」の部分に「縁語」という技法も使われている。1の「枕詞」は特定の語の前に置き、語調を整えたり、情緒を添えたりする技法、通常は五文字である。それ自体に意味はない。2の「序詞」は「枕詞」と同じように特定の語の前に置かれて一定の語句を導くが、その部分に意味はある。字数や表現に制限はないとされる。4の「本歌取り」は有名な古歌の一部分を自作の和歌に取り入れる手法。元の歌を背景として用いることで、歌にふくらみ、深さを持たせる。

問36　文学史

正解は2。『十訓抄』、『今昔物語集』『宇治拾遺物語』はいずれも『古今著聞集』と同じ説話集。『無名抄』だけは歌論書。説話集は教科書や問題集でもよく見かける出典である。古文では頻出ジャンルの文学史についてまとめておくとよい。

五　漢文

〔出典〕『史記』。中国の歴史書。全一三〇巻。前漢の司馬遷（前一四五～前八六?）撰。

司馬遷は武帝に仕え、父の職をついで太子令となった。李陵が匈奴に下ったのを弁護して宮刑に処せられたが、強い意志をもって父の志を受け継ぎ、伝説時代から前漢の武帝にいたるまでの歴史書を完成させた。これが『史記』である。『史記』の構成は、本紀《ほんぎ》（歴代の帝王の事績）十二巻、世家《せいか》（諸侯の事績）三十巻、列伝（個人の伝記）七十巻、表（年表）十巻、書（諸制度の記録）八巻からなる。本紀と列伝を柱とする歴史の著述方法は「紀伝体」と呼ばれ、それまでの年月の順を追って事実を記す「編年体」に変わり、『史記』以降の正史（国家が編纂した正式な歴史書）に踏襲された。

本文は、『史記』列伝第二十一に位置する「廉頗《れんぱ》藺相如列伝」より引用している。戦国時代、趙の使者として秦に赴き、勇気と智謀で趙の名誉と国益を守り抜いた藺相如と、確執の末に彼と「刎頸《ふんけい》の交わり」を結んだ廉頗将軍の伝記。当時最も勢いのあった秦が、趙の宝である「和氏の璧《かしのへき》」と、秦の十五の城とを交換してほしいと申し入れきた（この故事から、「和氏の璧」は「連城の璧」とも呼ばれる）。秦に璧を渡すと横取りされる恐れがあるが、だからと言って渡さなければ秦の軍隊に攻められるかもしれない。このような状況で秦への使者に立つ人物を探すが、誰もが尻込みするばかり。この時に、宦官の長官であった繆賢が、自分の家来の藺相如ならば使者にふさわしいと推薦するのが、本文の箇所である。

〔書き下し文〕（漢字の読み仮名は現代仮名遣いで表記した）

宦者《かんじゃ》の令繆賢《れいびゅうけん》曰《い》はく、「臣《しん》の舎人藺相如《しゃじんりんしょうじょ》使《つか》ひすべし」と。王問《おうと》ふ、「何《なに》を以《もっ》てか之《これ》を知《し》る」と。対《こた》へて曰《い》はく、「臣嘗《しんかつ》て罪有《つみあ》り。窃《ひそ》かに計《はか》り燕《えん》に亡《に》げ走《はし》らんと欲《ほっ》す。臣《しん》の舎人相如臣《しゃじんしょうじょしん》を止《とど》めて曰《い》へらく、『君何《きみなに》を以《もっ》てか燕王《えんおう》を知《し》る』と。臣語《しんかた》りて曰《い》へらく、『臣嘗《しんかつ》て大《だい》王《おう》に従《したが》ひ燕王《えんおう》と境上《きょうじょう》に会《かい》せり。燕王私《えんおうひそ》かに臣《しん》が手《て》を握《にぎ》りて曰《い》へらく、願《ねが》はくは友《ゆう》を結《むす》ばんと。此《これ》を以《もっ》て之《これ》を知《し》る。故《ゆえ》に往《ゆ》かんと欲《ほっ》す』と。相如臣《しょうじょしん》に謂《い》ひて曰《い》へらく、『夫《そ》れ趙《ちょう》は彊《つよ》くして燕《えん》は弱《よわ》し。而《しこう》して君趙王《きみちょうおう》に幸《こう》せらる。故《ゆえ》に燕王君《えんおうきみ》に結《むす》ばんと欲《ほっ》するなり。今《いま》君乃《きみすなわ》ち趙《ちょう》を亡《に》げて燕《えん》に走《はし》る。燕《えん》は趙《ちょう》を畏《おそ》るれば、其《そ》の勢《いきお》ひ必《かなら》ず敢《あ》へて君《きみ》を留《とど》めず。而《しこう》して君《きみ》を束《つか》ねて趙《ちょう》に帰《かえ》さん。君如《きみし》かず、肉袒《にくたん》して斧質《ふしつ》に伏《ふ》して罪《つみ》を請《こ》はんには。則《すなわ》ち幸《さいわ》ひに脱《だっ》するを得《え》ん』と。臣其《しんそ》の計《けい》に従《したが》ふ。大王《だいおう》も亦《ま》た幸《さいわ》ひに臣《しん》を赦《ゆる》せり。臣窃《しんひそ》かに以為《おも》へらく、其《そ》の人勇士《ひとゆうし》にして智謀有《ちぼうあ》りと。宜《よろ》しく使《つか》ひせしむべし」と。

〔現代語訳〕

宦官《かんがん》の長官である繆賢が、「私の家来の藺相如なら、使者として適任です」と言った。恵文王は（繆賢に）「どうしてそのように判断したのか」と尋ねた。（繆賢は、）「私は以前、罪を犯しました。（そして）燕に亡命しようとひそかに企てました。（すると）私の家来の相如が私を引き止め、『あなた様は、どうして燕王を知っておられるのか』と言いました。私は『私は以前、大王のお供をして燕王と国境付近で会った。燕王はこっそりと私の手を握って、願わくは友人として交わりを結びたいと言った。そうしたことで知っているのだ。だから燕に行こうと思う』と言いました。相如は私に、『そもそも趙は強国で燕は弱国です。そして、あなた様は趙王に寵愛されていました。だから燕王があなた様と交わりを結びたいと思ったのです。今あなた様が趙から逃げて燕に亡命したとしましょう。燕は趙を恐れていますから、そのなりゆきとして決してあなた様をかくまいはしないでしょう。それどころかあなた様を縛って趙に送り返すでしょう。あなた様はそんなことより、衣服を脱いで処刑台に伏し、趙王に処罰を願い出る方がよろしいでしょう。そうすれば、あるいは幸いに罪を免れるかもしれません』と言いました。私はその言葉に従いました。大王もまた幸いに私をお許しくださいました。私は内心、藺相如を勇士で智謀にもたけた者と考えています。（藺相如ならば）使者として適任でございます」とお答えした。

〔解説〕

問37　多義語の意味

正解は2。「私」の主な読み方は、①わたくし：（「公」に対する）個人。②わたくしス：自分のものにする。③ひそカニ＝こっそりと。内緒で。一人称の人称代名詞「わたし」に「私」という漢字を用いるのは日本語独特の用法であり、漢文の「私」にはそのような用法はない。

次に該当する文の構図を確認すると、「燕王（主語）私握（動詞）臣手（目的語）」となる。「私」が動詞「握」の直前にあることから、「私→握」という修飾語と被修飾語の関係にあることがわかる。最初に挙げた「私」の主な読み方の中で動詞を修飾できる機能があるのは、「ひそカニ」のみである。設問の箇所は、下心のある燕王が、こっそりと繆賢の手を握り、「友達になりたい」とささやく場面である。

以上を踏まえて、選択肢を検討する。1「私怨」は、個人的なうらみ（①の意味）。2「私淑」は、直接に教えを受けていない人を、ひそかに師に仰ぐこと（③の意味。正解）。3「公私」は公事と私事（①の意味）。4「無私」は私心がないこと（①の意味）。実際にこの問題を解く際は、「1私怨」か「2私淑」で迷うと思われる。なぜなら、「私淑」は広義には「個人的に尊敬して慕う」という解釈も可能だからだ。但し、辞書の用例では「ひそかニ」のニュアンスが明示されている。「1私怨」に関しては、複数辞書の定義がすべて「個人的な怨み」であり、「ひそかニ」のニュアンスの用例は確認されなかった。以上より、「ひそかニ〜」の字義が適用できる選択肢は「2私淑」のみとなる。

問38　多義語の読み

正解は4。「夫」も問37の「私」と同じく多くの読み方がある。漢文の問題でもよく出題される語である。最初に、主な読み方と意味を確認しておく。①フ＝男。成人男子。「丈夫《じょうふ》（＝一人前の男）」。②フ＝おっと。「夫妻」。③そレ＝〔文頭で〕そもそも。さて。④かノ＝あの。⑤かな・や・か＝〔文末で、詠嘆〕…だなあ。文を確認すると、『夫趙彊而燕弱』とある。「夫」は文頭にあることから、⑤は除外できる。さらに、「男である趙」「夫である趙」は意味をなさないので、①と②も不適切。④は文章としては成立しているが、話者の藺相如が「かの趙（あの趙）」と語るのは、藺相如が趙の人であることを考えると不自然であり、④の読み方も不適切。③の「そレ」は、構文上も文脈上も適切であることから、正解は4に確定できる。なお、「夫」は弁説の冒頭だけではなく論が核心にさしかかった時にも使われる語であることも覚えておくと、漢文の学習の助けになる。

問39　返り点と書き下し文の組み合わせ

正解は1。最初に、書き下し文について選択肢を見ると、「窃」はすべて冒頭で「ひそかニ」と読ませている。また「亡」は、すべての選択肢で「にゲ」と読ませている。次に、前後の文のつながりを確認する。「繆賢が以前罪を犯した→『窃計欲亡走燕』→藺相如が繆賢を引き止める」となることから、傍線部⑴の内容は、「罪を犯した繆賢が（趙を捨てて）燕に逃げようとした」であろうと推測できる。

さらに「欲」の意味を確認する。「欲」の読みと主な意味は、以下の通りである。①ほっス＝ほしがる。望む。「欲求」「貪欲」。②ヨク＝欲しいと思う心。「欲望」「欲情」「私利私欲」。③（「…セント欲ス」の形で）ほっス＝㋐（意志）…したいと思う。…しようと思う。㋑（状態）今にも…しそうだ。㋒…でありたい。傍線部⑴の「欲」は「逃げようとした」ことから③㋐に当てはまり、「燕に亡げ走らんと欲す」と読む1が正解の最有力候補となる。最後に返り点を確認する。二点の上にすぐ三点が来ているので疑問に思う人もいるかもしれないが、二点の横にハイフンがあるため、問題ない。以上より、1と確定できる。

2は「走らしめん」と使役の「しむ」を添えて読んでいる点が不適切。これだと、繆賢が誰かを燕に亡命させることになってしまう。3と4は「欲」の解釈が不適切。「欲を計る」と読むと「欲を数える」や「欲のよしあしを考える」という意味になり、文脈に合わない。

問40　理由説明

正解は3。藺相如が繆賢の亡命を制止した理由を問う問題だが、藺相如は繆賢の燕への亡命は適切ではないと考えている。理由は次の二点である。①燕王は、「趙王に愛されている」繆賢にすり寄っていたにすぎない。②「趙は強国で燕は弱国」という情勢下では、燕王が繆賢を保護するとは考えられない。燕王は趙の力を恐れて繆賢を送り返すに違いない。この二点を満たすのが3となる。1は、「趙・燕両国の力のバランスが崩れかねず」、「繆賢の亡命は趙の国益を損ねることになる」が不適切。2は、「燕王の誘いは実は罠であり」が不適切。4は、燕王が「亡命を呼びかけた」が不適切となる。

問41　内容把握

正解は4。傍線部⑶「君不如、肉袒伏斧質請罪」の「不如」から、この文は比較の文であることがわかる。「AはBに如かず」と訓読し、「AよりはBする方がいい」という意味になる。但し、傍線部⑶では「A」の部分が省略されているので、「B」にあたるものだけ考えればよい。「肉袒」「伏斧質」の意味は注を参照すること。これらの目的は、許しを請うことである。次の「請罪」も同様である。つまり、傍線部⑶は「(Aするよりは)衣服を脱いで処刑台に伏し、趙王に処罰を願い出る方がよい」と解釈でき、正解を確定させることができる。ちなみにAにあたる部分は「燕への亡命」。「A燕への亡命」と「B罪を認め許しを請うこと」の得失を比較した形となる。1は、「罪を認めるべきではない」が不適切。2は、「燕に亡命し、燕王に助けを求めるのがよい」が不適切。3は、「趙を脱出して燕以外の国に亡命するのがよい」が不適切となる。

問42　現代語訳

正解は1。まず、前半部分「臣窃以為」について考える。「臣」は男性が用いる謙遜の自称（一人称）で、ここでは繆賢が自分のことを「臣」と言っている。「窃」はここでは「内々に。内心」の意。目上の人に述べる際に、「公言ははばかりますが、失礼ながら」というニュアンスで用いる。「以為」は「以為（おも）へらく〜と」と訓読し、「思っていることには〜（だと思う）。考えていることには〜」という意味で用いられる。ここまでで「臣窃以為」＝「私は内心思っている」となる。では何を「以為」なのか。その内容が後半の「其人勇士有智謀」となる。「其人」はこの会話が藺相如を推薦する内容であることから、藺相如を指す。それがわかれば、「以為」の内容は「藺相如が勇士で智謀にたけた者だ」と訳することができ、正解を1と確定できる。選択肢2・4は、「臣」の指すものが誤っている。3は「以為へらく」を「探している」と捉えた点が不適切である。

問43　理由説明

正解は3。繆賢が恵文王に語った内容を踏まえ、藺相如がどのような人物であるかを捉える必要がある。本文全体の内容が理解できていないと解けない問題である。藺相如の助言に救われた経験をもとに藺相如の賢明さについて述べた3が正解となる。1は、「燕王の信頼を得ることができた」に該当する記述がない。2は、「燕に捕らえられた際、藺相如の行動で命拾いした」に該当する記述がない。4は、「藺相如の捨て身の行動によって窮地を脱した」に該当する記述がない。

国語　9月実施　正解と配点

（60分，100点満点）

問題番号		正解	配点	合計
一	1	2	2	14
	2	4	2	
	3	4	2	
	4	1	2	
	5	3	2	
	6	2	2	
	7	1	2	
二	8	2	2	26
	9	1	2	
	10	3	3	
	11	4	3	
	12	2	3	
	13	4	3	
	14	1	3	
	15	3	3	
	16	3	4	
三	17	2	2	20
	18	1	2	
	19	2	2	
	20	3	2	
	21	4	2	
	22	3	2	
	23	4	2	
	24	1	2	
	25	2	2	
	26	4	2	

問題番号		正解	配点	合計
四	27	2	2	25
	28	4	2	
	29	3	2	
	30	3	2	
	31	2	3	
	32	4	3	
	33	3	3	
	34	1	3	
	35	3	3	
	36	2	2	
五	37	2	2	15
	38	4	2	
	39	1	2	
	40	3	2	
	41	4	2	
	42	1	2	
	43	3	3	

令和３年度

基礎学力到達度テスト
問題と詳解

令和三年度　四月実施

一　次の各問いに答えなさい。

問1　次の中から、傍線部「化」の読みが「化粧」と同じである熟語を一つ選びなさい。

1　化合　　2　感化　　3　激化　　4　化身

問2　「金字塔」の意味として、最も適切なものを一つ選びなさい。

1　金色に輝く建造物　　2　きわめて貴重な書物
3　後世まで残る優れた業績　　4　気高く清らかな精神

問3　次の四字熟語のうち、二つの□の中に同じ漢数字が入るものを一つ選びなさい。

1　再□再□　　2　唯□無□　　3　□苦□苦　　4　□朝□夕

問4　次の故事成語の空欄部に当てはまる言葉として、最も適切なものを一つ選びなさい。

＊渇しても盗泉の水を□ず

1　知ら　　2　笑わ　　3　与え　　4　飲ま

問5　「ジェンダー」の意味として、最も適切なものを一つ選びなさい。

1　文化的・社会的な性差
2　紳士的なふるまい
3　世代による価値観の相違
4　多様性の尊重

問6　次の空欄部に当てはまる慣用表現として、最も適切なものを一つ選びなさい。

＊彼は事件の真相を聞いていたはずだが、□にいた。

1　肌身離さず　　2　おくびにも出さず
3　歯に衣《きぬ》着せず　　4　間髪をいれず

問7　次の会話の傍線部を敬語表現に直したものとして、最も適切なものを一つ選びなさい。

A「明日はご在宅ですか。」
B「明日は外出いたします。」
A「それでは別の日にお宅へ行きます。」

1　いらっしゃいます　　2　お行きになります
3　伺います　　4　おいでになります

問8　次の中で、川端康成の作品でないものを一つ選びなさい。

1　『雪国』　　2　『潮騒《しおさい》』　　3　『伊豆の踊《おど》子《こ》』　　4　『千羽鶴』

問9　月の異称の組み合わせとして、最も適切なものを一つ選びなさい。

1　一月――卯月《うづき》　　2　三月――如月《きさらぎ》
3　五月――弥生　　4　七月――文月《ふづき》

問10　紀友則と同時代に活躍した歌人として、最も適切なものを一つ選びなさい。

1　額田王　　2　西行法師　　3　大伴家持　　4　小野小町

二　次の文章を読んで、あとの問いに答えなさい（設問の都合で変更した部分がある）。

　人間は誰でも多かれ少なかれ知識欲を持っている。その限りにおいては食欲などと同様に、いちじるしい普遍性を持っている。各人の求める知識の内容はしかし、千差万別である。というよりもむしろ知識の内容は初めから限定され得ない。それどころか(1)何か自分の知らないことであればこそ、知りたいという欲求が生ずるのである。米だということがわかっているから安心して食べるのとは大変な違いである。毎日同じ飯を食べるのとは反対に、次々と新しい知識が要求されるのである。それにまた各人が社会生活を営む上に、果《はた》してどれだけの知識が必要かを判定することも困難である。食糧の場合ならば、各人がどんな種類のものを食べているにしても、例えば一日千五百キロカロリーはぜひ必要だという大体の標準はきめられる。知識の場合にはカロリーに相当する普遍的な単位がないから、一日にどれだけの知識を摂取すべきかの目安も立たない。それが果して栄養価を持つかどうかを的確に評価することもむつかしい。たとえ十分な栄養価を持った知識であっても、どれだけ消化され吸収され得るかは、摂取する人の素養や態度によってははなはだしく違ってくるであろう。極端にいえば、同じ知識が場合によって、毒にも薬にもなるとさえいい得るのである。

　知識を摂取する仕方にもいろいろある。大別すれば学校教育、談話やラジオを聞くこと、新聞・雑誌・単行本を読むこと等となるであろう。もっと広く考えれば、私どもが毎日の生活においてさまざまな経験を積んでゆくこと自身が、すべていわゆる生きた知識の獲得過程にほかならぬものといえるであろう。これらの中で最も知識の内容が限定され、かつ獲得の仕方が画一化されているのは、まず学校教育である。全国の小学校の児童たちは皆同じ教科書で教えられる。上級の学校へ進むにしたがってだんだんとコースが分《わか》れてゆきはするが、それぞれの課目の内容は大体きまったものである。この他の方法によって摂取される知識は、多かれ少なかれ当人の自由選択に任されているが、その中でもラジオや新聞は内容が相当程度まで画一化されており、知識を取《とり》入れる側の自由選択による開きは少ない。雑誌・書籍・講演・談話となるにしたがって、特殊性が著しくなり、選択の余地が拡大する。例えば一カ月の間に各人の読む新聞や雑誌や書籍の組《くみ》合《あわ》せは、幾千幾万通りでもあり得る。同じ新聞や雑誌でもどの部分を読むかの違いまで考慮するなら、日本中の人が摂取する知識の内容は、一人一人全部違うといってよいであろう。このように(2)相表裏する共通性および個人差の直接原因としては、例えば自分の手近に、ある種類の新聞や雑誌しか見出《みいだ》し得ないという外的な条件も考えられるし、また長年の習慣で特定の定期刊行物を読みつづけている場合もあるであろう。あるいはまた世間の評判や、著者の他の著作を読んだ経験などから、ある新刊書をⓐコウ読するということも多いであろう。いずれにしても相当程度の教育を受けた人なら、いったん刺激された知識獲得の欲望は、容易に消失してしまうことはないであろう。

　*ずっと昔、人間は知恵の木の実を食べたために楽園を追われたといわれる。この「知恵」と今日私どもの求めている「知識」の間にはもちろん共通するものがある。前者がだんだん分化発達して後者になったのだといえるかも知れない。どちらも古くから使われている言葉で、はっきり区別することはもとより困難である。それにしても私どもには、(3)両者の間にある質的な違いが明らかに感ぜられるのである。知識が外部から摂取されるものであるのに対して、知恵はむしろその人の内部から自ら生《うま》れ出てくるものを主体としている。前者が未知なるものへ向《むか》っての――多くの場合意識的な――自己拡大によって獲得されてゆくのに対して、後者は自己の生活体験を通じてほとんど無意識の中に出来上がるともいわれる。それは遺伝的、本能的なものの発現であるともいわれるであろう。犬には犬の知恵が

あり、蜂には蜂の知恵があるという場合、このような意味に解するほかないであろう。

◆古代から中世にわたって人々はこのような知恵を尊重してきた。特に東洋においてはその人の新たに獲得した知識よりも、その人に自《おのずか》ら具《そな》わった知恵がこの上もなく貴重なものと考えられてきた。この傾向は知能の場合ばかりでなく、技能の場合にも認められる。画一的なコースによって誰でも習得することのできる技術よりも、特定の素質を恵まれた人が、長年にわたる修業の結果として身につけることのできた芸に、より高い評価がなされるのである。このように知能の場合にも技能の場合にも、より類例の少ない能力に、そして到達のより困難な境地に、より高い評価が認められたのは、もとより当然のことでもあろう。

しかし人間の知性といわれるものが、他の動物の知恵と区別されるゆえんは、何よりもまず自己の外なるものと自分自身の二つが、同時的なしかも異質的な存在であることの明瞭な意識の成立に見出されるであろう。それは知恵であると同時に知識でもある。それは一方では新しい知識を追求し獲得する可能性としての知恵であり、他方では知識の修得と蓄積によって一応でき上がった状態としての知恵でもある。人間全体の進歩に伴って、各人の持ち得る知恵もだんだん豊富になり精細になってゆく。現在までに人類の蓄積し得た知識の厖大《ぼうだい》な体系は、しかし、個人個人の分有であるより以上に、人類全体の共有物でもある。書籍その他の出版物による知識の大量的複製、図書館・研究室等の完備による知識の集中整理によって、今後もこの傾向はますますいちじるしくなってゆくであろう。

かくして共有される知識の全体は、個人が修得すべく質的にも量的にもあまりにも豊富すぎるのである。学者にとって大切なことは、その極《ご》く一部でもよいから確実な、そして精細な知識を持ち、さらにその方面において、新しい知識を見出し、人類の図書館に何物かを付け加えることにある。かかる人間活動の原動力となるのは、やはり昔から人間に具わった知恵以外のものではないかも知れぬ。しかしこの両者はもとより分離し得るものではない。獲得された知識がやがて知恵と溶けあって一体となり、後者の成長、脱皮を⑥ソク進するのである。そしてこのように不断に拡大してゆく知性によって、初めて人類の共有物たる多種多様な知識の集積の整理や見通しや体系化が可能なのである。

そればかりではない。私どもが古来漠然と知恵の名で呼んできたところのものも、外部世界に対する知識と予期以上の共通性を持っていることが、漸次明らかになってきた。私どもが最初内なるものと考えていた肉体もまた、自然の一部として対象化し得るのである。それはいわば外なる自然に対する内なる自然である。この二つの自然はつねに交流しているのみならず、同一の素材を持ち、同一の法則にしたがっているのである。二つの自然のもっとも複雑な仕方での相互作用の行われる中心が人間にほかならぬ。そして人間の知恵の特質はこの二つの自然の連続性と同時に、自己を通じて両者が相互作用を行《おこ》なっていることを自覚し、かつそれらを探求し得るところにあるであろう。人間精神といわれるものの一つの特質がここに見出されるのであり、この方向に向っての探求を通じて人間性自身の進化も行われるであろう。

（湯川秀樹『詩と科学』）

（注）＊ずっと昔、～といわれる＝旧約聖書のなかにある話。神によって作られた人間のアダム（男）とエバ（女）が、食べてはいけないと神に言われていた知恵の木の実を食べてしまった。すると、自分たちが裸であることに気づき、恥ずかしくなってイチジクの葉で体をかくした。これが知恵の初めであるが、神の言いつけを守らなかったため、その怒りに触れて二人は楽園を追放されたという。

問11　波線部ⓐのカタカナと同じ漢字を使うものとして、最も適切なものを一つ選びなさい。

1　現状をコウテイ的に見る。　　2　文房具をコウニュウする。

3　先生のコウギを聴く。　　4　原稿をコウエツする。

問12　波線部ⓑのカタカナと同じ漢字を使うものとして、最も適切なものを一つ選びなさい。

1　説明をホソクする。　　2　敵をホソクする。

3　返金をサイソクする。　　4　ソクザに返答する。

問13　傍線部⑴「何か自分の知らないことであればこそ、知りたいという欲求が生ずるのである」とあるが、人が求める知識とはどういうものか。その説明として、最も適切なものを一つ選びなさい。

1　何のために必要かが判定できないので、安心して受け入れることが難しく、あいまいで不安なもの。

2　万人が同様に知りたいと思うことなので、受け入れる人の素養や態度によって評価が変わることはないもの。

3　何が知りたいかによって内容はさまざまで、必要の程度も人により異なるので、限定できないもの。

4　初めは自分が求めているものがわからなくても、知りたい気持ちを持ち続ければ、はっきりしてくるもの。

問14　傍線部⑵「相表裏する共通性および個人差」とあるが、これは知識の内容のどのような点を指すか。その説明として、最も適切なものを一つ選びなさい。

1　雑誌や書籍などの内容は初め画一的なものであったが、後に特殊性を持つようになって、知識を摂取する人の選択の幅が広がった点。

2　新聞・雑誌・書籍などの画一化していた内容が特殊化するに従って、摂取される知識が共通性を失って、個性的なものになった点。

3　共通の雑誌・書籍などによる知識は、画一化された共通部分の方が個人の選択に任された特殊な部分より多い点。

4　新聞・雑誌・書籍などからの知識には、画一的内容による共通性を持つものと、特殊な内容選択による個人差が現れたものがある点。

問15　傍線部⑶「両者の間にある質的な違い」とあるが、どういう違いか。「両者」に当たるものを明示して、「という違い。」に続くように、四十字以上四十五字以内で書きなさい（読点も字数に数える）。

【下書き欄】

という違い。

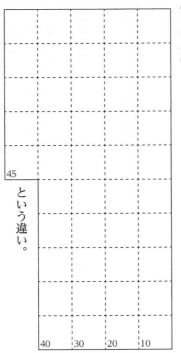

問16　◆印を付けた段落は、論の展開上、どのような働きをしているか。その説明として、最も適切なものを一つ選びなさい。

1　知恵は内部に存在する本能的なものだから動物にも存在するという前段の内容に、古来知識より知恵が重視されてきたという指摘を加え、人間の知恵と動物の知恵との優劣に論を進めている。

2　人間の持つ知識と知恵の間には動物の場合と同じように異なる点があるという前段の主張を、古来知恵の方が尊重されてきた歴史によって裏づけ、知恵が貴重である理由の解説に論を導いている。

3　知識と知恵について考察した前段の記述に、古来知識より知恵が尊重されてきた事実を補った上で、改めて人間の知恵が動物の知恵と異なる知性としての働きを持つことに論を進めている。

4　知識と知恵がそれぞれどのような歴史的過程を経て発達したかを追った前段の考察に、古来知識より知恵が重視されてきた事実を付け加えることで、人間の知性に論を導いている。

問17　本文の筆者の考えと一致するものとして、最も適切なものを一つ選びなさい。

1　知識の吸収の仕方は、学校教育や、新聞・雑誌・書籍などによって多様である上に、それぞれの内容が画一化されているから、独創的な知識を獲得することが困難で、すぐれた知恵が求められる。

2　人間の知性は本能的な動物の知恵とは異なり、すべての人間が所有する知識と凝縮された知恵で成り立っているから、学者が厖大な人類の知識を整理し体系化する上で、大いに役に立っている。

3　人間の知識と知恵は、人間全体の進歩に伴って豊富になっていくが、個人で修得できる量には限界があり、結局のところ体験を通して身についたものである動物の知恵と少しも変わらない。

4　人間は新しい知識を獲得する一方で、知識の修得と蓄積によって自己の知恵を豊かなものにしていくが、その過程で知識と知恵との一体化を意識的に進めることが人間の知性である。

三　次の文章を読んで、あとの問いに答えなさい（設問の都合で、表記を変更・省略した部分がある）。

(1)三四郎が広田の家《うち》へ来るには色々な意味がある。一つは、この人の生活その他が普通のものと変わっている。ことに自分の性情とは全く容《い》れないような所がある。そこで三四郎はどうしたらああなるだろうと云《い》う好奇心から参考の為《た》め研究に来る。次にこの人の前へ出ると呑気《のんき》になる。世の中の競争があまり苦にならない。野々宮さんも広田先生と同じく*世外《せがい》の趣はあるが、(2)世外の功名心の為めに、流俗の*嗜慾《しよく》を遠ざけているかのように思われる。だから野々宮さんを相手に二人限《ふたりぎり》で話していると、自分も早く一人前の仕事をして、*学海《がっかい》に貢献しなくては済まないような気が起《おこ》る。焦慮《いらつ》いて堪《たま》らない。そこへ行くと広田先生は太平である。先生は高等学校でただ語学を教えるだけで、ほかに何の芸もない――と云っては失礼だが、ほかに何等《なんら》の研究も公にしない。しかも泰然と取り澄ましている。そこに、この呑気の源は伏在しているのだろうと思う。

「野々宮さんは下宿なすったそうですね」

「ええ、下宿したそうです」

「家を持ったものが、また下宿をしたら不便だろうと思いますが、野々宮さんは能《よ》く……」

「ええ、そんな事には一向無頓着な方でね。あの服装を見ても分《わか》る。家庭的な人じゃない。その代《かわ》り学問にかけると非常に神経質だ」

「当分ああ遣《や》って御出《おいで》のつもりなんでしょうか」

「分らない。また突然家を持つかも知れない」

「奥さんでも御貰《おもらい》になる御考えはないんでしょうか」

「あるかも知れない。佳《い》いのを*周旋して遣り玉《たま》え」

三四郎は苦笑《にがわらい》をして、(3)余計な事を云ったと思った。すると広田さんが、

「君はどうです」と聞いた。

「私は……」

「まだ早いですね。今から細君を持っちゃあ大変だ」

「国のものは勧めますが」

「国の誰が」

「母です」

「御母《おっか》さんの云う通り持つ気になりますか」

「中々なりません」

広田さんは髭《ひげ》の下から歯を出して笑った。割合に奇麗な歯を持っている。三四郎はその時急になつかしい心持《こころもち》がした。

するとと広田先生がまた話し出した。――

「御母さんの云う事は成《なる》べく聞いて上げるが可《い》い。近頃の青年は我々時代の青年と違って自我の意識が強過ぎて不可《いけ》ない。吾々《われわれ》の書生をして居る頃には、する事為《な》す事一《いつ》として他《ひと》を離れた事はなかった。すべてが、君とか、親とか、国とか、社会とか、みんな他《ひと》本位であった。それを一口にいうと(4)教育を受けるものがことごとく*偽善家であった。その偽善が社会の変化で、とうとう張り通せなくなった結果、*漸々《ぜんぜん》自己本位を思想行為の上に輸入すると、今度は我意識が非常に発展し過ぎて仕舞《しま》った。昔《むか》しの偽善家に対して、今は*露悪家ばかりの状態にある。――君、露悪家という言葉を聞いた事がありますか」

「いいえ」

「今僕が即席に作った言葉だ。君もその露悪家のA一人《いちにん》――だかどうだか、まあ多分そうだろう。与次郎の如《ごと》きに至るとその最たるものだ。あの君の知ってる里見という女があるでしょう。あれも一種の露悪家で、それから野々宮の妹ね。あれはまた、あれなりに露悪家だから面白い。昔は殿様と親父《おやじ》だけが露悪家で済んでいたが、(5)今日では各自《めいめい》同等の権利で露悪家にな

りたがる。尤《もつと》も悪い事でも何でもない。臭いものの蓋を除《と》れば*肥桶《こえたご》で、美事な形式を剝ぐと大抵は露悪になるのは知れ切っている。形式だけ美事だって面倒なばかりだから、みんな節約して*木地だけで用を足している。甚だ痛快である。*天醜爛漫《てんしゅうらんまん》としている。所《ところ》がこの爛漫が度を越すと、露悪家同志が御互《おたがい》に不便を感じて来る。その不便が段々高じて極端に達した時利他主義がまた復活する。それがまた形式に流れて腐敗するとまた利己主義に帰参する。つまり際限はない。我々はそういう風にして暮《くら》して行くものと思えば差支《さしつかえ》ない。そうして行くうちに進歩する。英国を見給え。この両主義が昔からうまく平衡が取れている。だから動かない。だから進歩しない。*イブセンも出なければ*ニイチェも出ない。気の毒なものだ。自分だけは得意のようだが、傍《はた》から見れば堅くなって、化石しかかっている。……」

三四郎は内心感心したようなものの、(6)話が外《そ》れて飛んだ所へ曲がって、曲がりなりに太くなって行くので、少し驚いていた。すると広田さんも漸《ようや》く気が付いた。

「一体何を話していたのかな」

「結婚の話です」

「結婚？」

「ええ、私が母の云う事を聞いて……」

「うん、そうそう。なるべく御母さんの言う事を聞かなければ不可《いけ》ない」

と云ってにこにこしている。まるで子供に対するようである。三四郎は別に腹も立たなかった。

「我々が露悪家なのは、可《い》いですが、先生時代の人が偽善家なのは、どういう意味ですか」

「君、人から親切にされて愉快ですか」

「ええ、まあ愉快です」

「きっと？　僕はそうでない、大変親切にされて不愉快な事がある」

「どんな場合ですか」

「形式だけは親切に適《かな》っている。しかし親切自身が目的でない場合」

「そんな場合があるでしょうか」

「君、元日に御目出度《おめでとう》と云われて、実際御目出たい気がしますか」

「そりゃ……」

「しないだろう。それと同じく腹を抱えて笑うだの、転げかえって笑うだのと云う奴《やつ》に、一人だって実際笑ってる奴はない。親切もその通り。御役目に親切をして呉《く》れるのがある。僕が学校で教師をしているようなものでね。実際の目的は衣食にあるんだから、生徒から見たら定めて不愉快だろう。これに反して与次郎の如きは露悪党の*領袖《りょうしゅう》だけに、度々《たびたび》僕に迷惑を掛けて、始末に了《お》えぬいたずらものだが、悪気《にくげ》がない。可愛《かわい》らしい所がある。丁度亜米利加《アメリカ》人の金銭に対して露骨なのとB一般だ。それ自身が目的である。それ自身が目的である行為ほど正直なものはなくって、正直ほど厭味《いやみ》のないものは無いんだから、万事正直に出られないような我々時代の小六《こむ》ずかしい教育を受けたものはみんな気障《きざ》だ」

（夏目漱石『三四郎』）

（注）

＊世外＝世俗を離れた場所。
＊流俗＝俗世間。
＊嗜慾＝好きなことをして楽しみたいという欲望。
＊学海＝学問の世界。
＊周旋＝世話。
＊偽善家＝うわべだけ善人のように見せかける人。
＊漸々＝次第に。
＊露悪家＝自己の中の醜さや悪を隠さず、外にあらわす人。
＊肥桶＝糞尿《ふんにょう》を入れて運ぶための桶《おけ》。
＊木地＝自然なままの質。
＊天醜爛漫＝「天真爛漫」のもじり。自然のままの醜さを、はばかりなくあらわしていることをいう。
＊イプセン＝ノルウェーの劇作家。イプセン。
＊ニイチェ＝ドイツの哲学者。ニーチェ。
＊領袖＝人を率いて長となる者。

問18　波線部A「最たるもの」の本文中の意味として、最も適切なものを一つ選びなさい。

1　驚異的な存在
2　例外的な存在
3　画期的な存在
4　代表的な存在

問19　波線部B「一般だ」の本文中の意味として、最も適切なものを一つ選びなさい。

1　同様だ
2　反対だ
3　対照的だ
4　無関係だ

問20　傍線部(1)「三四郎が広田の家へ来るには色々な意味がある」とあるが、広田先生のどんなところにひかれていることがうかがえるか。その説明として、最も適切なものを一つ選びなさい。

1　広田先生の、普通と違う家のつくり。
2　広田先生の、のんびりと構えているところ。
3　広田先生の、語学の教養が深いところ。
4　広田先生の、人脈の豊かさ。

問21　傍線部(2)「世外の功名心の為めに、流俗の嗜慾を遠ざけている」とあるが、これは野々宮さんのどのような生き方を表すか。その説明として、最も適切なものを一つ選びなさい。

1　世捨て人として生きていこうと強く決意したため、俗世間がもたらす一切の欲望から自由であろうとしている生き方。
2　世界中から真面目な学者だと認められるために、俗世間のあらゆる誘惑から距離を置こうとしている生き方。
3　学問研究の世界で成果をあげることに全力を注いでいるため、つまらない欲望には目を向けないようにしている生き方。
4　俗世間の誘惑などが全くない、はるか遠くの世界で、純粋に精神の自由を得ようとしている生き方。

問22　傍線部(3)「余計な事を云ったと思った」とあるが、「余計な事」とは何か。三四郎の言葉の中から、最も適切なものを一つ選びなさい。

1　野々宮さんは下宿なすったそうですね
2　家を持ったものが、また下宿をしたら不便だろうと思いますが
3　当分ああ遣って御出のつもりなんでしょうか
4　奥さんでも御貰になる御考えはないんでしょうか

問23　傍線部⑷「教育を受けるものがことごとく偽善家であった」とあるが、これはどういう意味か。その説明として、最も適切なものを一つ選びなさい。

1　昔の青年は、親や国家や社会のために学問をすると言いながら、結局は自分のために学問をしていたということ。

2　昔の青年は、親や国家や社会に関係なく、ひたすら自分のためだけに学問をしていたということ。

3　最近の青年は、親や国家や社会に関係なく、自分の将来のためだけに学問をしているということ。

4　最近の青年は、親や国家や社会のためにと言いながら、本当は自分の成功のために学問をしているということ。

問24　傍線部⑸「今日では各自同等の権利で露悪家になりたがる。尤も悪い事でも何でもない」とあるが、露悪家になりたがることが悪い事ではないと広田先生が考える理由は何か。その説明として、最も適切なものを一つ選びなさい。

1　自己本位で行動し、利他主義を否定することは、人間が生きていく基本的条件だから。

2　人がみな自己本位の生き方を望むことが、平和な社会への近道だから。

3　自己本位で行動し、自我の意識を持つことは、人間が本来持っている姿だから。

4　人がみな自己本位で行動することこそ、近代社会の発展に欠かせないものであるから。

問25　傍線部⑹「話が外れて飛んだ所へ曲がって、曲がりなりに太くなって行く」とあるが、「曲がりなりに太くなって行く」の説明として、最も適切なものを一つ選びなさい。

1　話が本題からそれて、世界の実情を嘆く内容になっていること。

2　話がヨーロッパ社会の現状にまで広がり、考察が深まっていること。

3　話がどんどん発展して、まちがった方向に向かっていること。

4　話が難解になり、意味がわからなくなっていること。

問26　本文の内容と表現の特徴を説明したものとして、不適切なものを一つ選びなさい。

1　三人称で描かれているが、視点は主人公の三四郎に沿っている。それでいて作者は必要以上に主人公の心理に立ち入らないから、読者は三四郎の視点に立って考えることができる。

2　冒頭の描写に見られるように、作者は、簡潔で短い文を積み重ねることによって、作品に一定のスピード感を与えている。同時に、会話文を駆使して、物語を前へと進めている。

3　広田先生の言葉を通して、現代日本の風潮に対する独特な批評を展開するとともに、それに応対する主人公三四郎の人柄を、巧みに浮かび上がらせている。

4　広田先生の話の中で、すぐれた比喩表現や切れ味のよい皮肉を用いて、与次郎が代表する世間一般の節操のなさに対し、痛烈な批判を浴びせかけている。

四　次の文章は『沙石集《しゃせきしゅう》』の一節である。熊野に住む若い僧は、毎年参詣のためにやって来る地頭の娘に恋をしてしまう。僧はついに娘に会いに行くことにするが、途中で眠ってしまい、娘と結婚する夢を見る。本文はその夢の続きから始まっている。これを読んで、あとの問いに答えなさい（設問の都合で省略した部分がある）。

互ひのこころざし浅からざる程に、男子一人出《い》で来たる。父母聞きて大きに怒りて、やがて*不孝したりければ、忍びて、ゆかりありける人のもとに隠れ居て、月日を送るほどに、「(1)ただ一人女子なれば、力及ばず」とて許しつ。

この子十三と言ひける年、*元服のために鎌倉へ上りけり。さまざまの具足ども用意して、船あまたしたてて海を渡るほどに、風激しく、波［　］けるに、この子、ふなばたにのぞみて、あやまちて海へ堕《お》ち入りぬ。「あれあれ」といへども、沈みて見えず。胸ひしげて、あわて騒ぐ、と思ひて夢覚めぬ。

十三年が間のこと、明らかにⓐおぼゆ。ただ片時《へんし》の眠りの間なり。このことをつくづくと思ひ続くⓑるに、「たとひⓒ本意《ほい》遂げて、楽しみ栄へりとも、ただしばらくの夢なるべし。(2)悦《よろこ》びありとも、また悲しみあるべし、よしなし」と思ひ、帰り上りて熊野にて行ひけるとこそ。

（注）　*不孝＝勘当。娘の両親が娘と縁を切った。
*元服＝男子の成人の儀式。ここでは、その挨拶のために鎌倉幕府へ向かっている。

問27　波線部ⓐ「おぼゆ」の本文中の意味として、最も適切なものを一つ選びなさい。
1　まちがっている　　2　思い出される
3　疑っている　　4　信じられる

問28　波線部ⓑ「る」を文法的に説明したものとして、最も適切なものを一つ選びなさい。
1　助動詞の連体形　　2　形容詞の活用語尾の一部
3　形容動詞の活用語尾の一部　　4　動詞の活用語尾の一部

問29　波線部ⓒ「本意」の本文中の意味として、最も適切なものを一つ選びなさい。
1　地頭の娘と結婚したいという以前からの望み。
2　好きなことだけをして暮らしたいという本能的な思い。
3　多くの財産を築きたいという誰もが持つ欲求。
4　子どもを立派に育てたいという親としての決意。

問30　空欄部には形容詞「たかし」の活用形が入る。空欄部に入る形として最も適切なものを一つ選びなさい。
1　たかり　　2　たかかり
3　たかく　　4　たかき

問31　傍線部⑴「ただ一人女子なれば、力及ばず」とあるが、この解釈として、最も適切なものを一つ選びなさい。
1　一人娘で甘やかして育てたせいか、親の言うことを聞かず、わがままになってしまった。
2　たった一人の娘なので、いくら気に入らない相手と結婚したとはいえ、仕方のないことだ。
3　孫が男の子一人だけではなく女の子も生まれたと聞いたので、娘の力になってやりたい。
4　勘当したとはいえ、一人娘が頼ってきたので、許さないわけにはいかない。

問32　傍線部⑵「悦びありとも、また悲しみあるべし、よしなし」とあるが、この時の僧の心情の説明として、最も適切なものを一つ選びなさい。
1　人生は、楽しいことの後には悲しいことが起こるものなので、思い返してみると、いい人生だったとはいえず、つまらないものだ。
2　人生は、現実か夢か区別がつかないようなあいまいなものなので、楽しいことも本当に経験したかはわからず、むなしいものだ。
3　人生は、どんなに楽しいことだと思っても、後から必ず悲しいことに転じるので、結局本当によいことなどは起こらないものだ。
4　人生は、短い夢のようなはかないもので、楽しいこともずっとは続かないのだから、何ごとにも執着するのは意味のないことだ。

問33　本文の内容と一致するものとして、最も適切なものを一つ選びなさい。

1　僧は、娘の両親に結婚を反対されていたが、二人の間に子どもができたので、結婚を許され、祝福を受けた。

2　僧は、息子が鎌倉へ行くときに、天候が悪く船が転覆するという不吉な夢を見て、おびえた。

3　僧は、息子が海に沈んで見えなくなったために騒いだところで、目が覚めて、これが夢だと気づいた。

4　僧は、目覚めた後、娘に会いに行くのはやめ、熊野に戻って地元の人と結婚することにした。

五

次の漢文を読んで、あとの問いに答えなさい（設問の都合で返り点・送り仮名を省略した部分がある）。

＊孫《そん》叔《しゅく》敖《がう》為《た》リシトキ二＊嬰《えい》児《じ》一、出遊シテ而還リ、憂ヘテ而不レ食ラハ。其ノ母問フ二其ノ故ヲ一。泣キテ而対ⓐ曰ハク、「今日吾見ル二両頭ノ蛇ヲ一。恐ラクハ＊去ルコトレ死ヲ無カラントレ日矣。」母曰ハク、「(1)今蛇安在。」曰ハク、「吾聞ク、『見ル二両頭ノ蛇ヲ一者ハ死ス。』吾恐レテ二他人ノ又見ルヲ一、已ニ埋《うづ》ムトレ之ヲ矣。」母曰ハク、「無カレレ憂フル。汝不レ死セ。吾聞クレ之ヲ、『有ル二(2)陰徳一者ハ、天報ⓑ以テストレ福ヲ。』」人聞キレ之ヲ、(3)皆＊喩《さと》ル二其ノ為《た》ルヲレ仁也。及ビ二＊令《れい》尹《ゐん》タルニ一、(4)未レ治而国人信レ之。

（『蒙求《もうぎゅう》』）

（注）
＊孫叔敖＝春秋時代の、楚《そ》の政治家。
＊嬰児＝幼児。
＊去死無日＝近いうちに死ぬ。
＊喩＝理解する。
＊令尹＝楚の執政官。

問34　波線部ⓐ「対」の読み方として、最も適切なものを一つ選びなさい。

1　むかいて　2　たとえて　3　こたえて　4　しりぞきて

問35　波線部ⓑ「報」の本文中の意味に近い熟語として、最も適切なものを一つ選びなさい。

1　報告　2　報復　3　情報　4　報酬

問36　傍線部⑴「今蛇安在。」の書き下し文として、最も適切なものを一つ選びなさい。

1　今蛇安《いづ》くんぞ在《あ》る。
2　今蛇安《いづ》くにか在る。
3　今の蛇在を安《やす》んず。
4　今の蛇の在るを安《やす》しとす。

問37　傍線部⑵「陰徳」とは誰が、何をしたことを指すか。最も適切なものを一つ選びなさい。

1　孫叔敖が、両頭の蛇を殺して埋めたこと。
2　孫叔敖が、母の言いつけをよく聞いたこと。
3　孫叔敖の母が、孫叔敖の行為を理解してほめたこと。
4　孫叔敖の母が、孫叔敖の成長をじっと見守ったこと。

問38　傍線部⑶「皆喩其為仁也。」とあるが、誰が、何を理解したのか。その説明として、最も適切なものを一つ選びなさい。

1　孫叔敖の母が、息子の行為がすべて仁義にかなっていると理解した。
2　孫叔敖が、自分の行為がすべて仁義にかなっていると理解した。
3　人々が、孫叔敖の母が仁徳をそなえていることを理解した。
4　人々が、孫叔敖が仁徳をそなえていることを理解した。

問39　傍線部⑷「未治而国人信之。」の解釈として、最も適切なものを一つ選びなさい。

1　孫叔敖は令尹として未熟だったので、国民に信用されたいと願っていた。
2　孫叔敖の赴任地は未開の地だったが、国民は孫叔敖をかたく信じて慕った。
3　孫叔敖が令尹として政治を行わないうちから、国民は彼がよい政治を行うと信じた。
4　孫叔敖は政治家としては未経験だったが、国民を信頼して治めようと心に決めていた。

問40　本文の内容と一致するものとして、最も適切なものを一つ選びなさい。

1　孫叔敖は幼い時、母に命じられたとおりに蛇を殺して埋めたので、人々から仁徳をそなえた人として尊敬され、推されて楚の令尹の地位に就いた。
2　孫叔敖は幼い時から仁徳をそなえていたので、後に楚の令尹となってからも仁徳を用いて政治を行うと期待され、楚の民はみな彼を信じて従った。
3　孫叔敖は幼い時、蛇を殺して埋めるという残忍な性質を持っていたが、母の教えによって仁徳をそなえたので、楚の令尹となってからは楚の民に信頼された。
4　孫叔敖は蛇をこわがるような臆病な子どもだったが、母が厳しく育てたので、次第に仁徳をそなえるようになり、長じては楚の令尹となって人々に長く慕われた。

令和三年度　九月実施

一　次の各問いについて、最も適切なものを一つ選びなさい。

問1　「唆」の送り仮名を含む読み方として、最も適切なものを一つ選びなさい。

1　うながす　　2　ほどこす
3　そそのかす　　4　くつがえす

問2　次の文中の傍線部が文意に合う四字熟語になるように、空欄部に当てはまる漢字として、最も適切なものを一つ選びなさい。

＊旧（　）依然としたやり方では、今後の発展は期待できない。

1　体　　2　態　　3　対　　4　待

問3　傍線部の慣用句の使い方が正しい文として、最も適切なものを一つ選びなさい。

1　いつまで待っても約束の相手が現れないので、業を煮やして帰ってきた。
2　この間のけんかが袖を引いて、今もその友人とうまく接することができない。
3　三年生が部活動を引退し、二年生の新しいキャプテンに引導を渡すことになった。
4　書いた文章に間違っているところがないか、何度も茶々を入れて確認した。

問4　次の文が表す意味に合致する語として、最も適切なものを一つ選びなさい。

＊複数のものが互いに関係し合う中で成り立つもの。複数のもの同士を比べて、その違いが理解できる状態。

1　総合　　2　分析　　3　相対　　4　絶対

問5　次の文中の空欄部に当てはまる語として、最も適切なものを一つ選びなさい。

＊（　）を駆使した流麗な文章。

1　レクリエーション　　2　レスポンス
3　レッテル　　4　レトリック

問6　次の文中の傍線部の対義語として、最も適切なものを一つ選びなさい。

＊実践を経て明らかになった問題点を修正する。

1　処理　　2　管理　　3　理論　　4　理非

問7　作者と作品の組み合わせが間違っているものを一つ選びなさい。

1　高村光太郎《たかむらこうたろう》―『道程』　　2　萩原朔太郎《はぎわらさくたろう》―『月に吠《ほ》える』
3　三好達治《みよしたつじ》―『若菜集』　　4　中原中也《なかはらちゅうや》―『在りし日の歌』

二　次の文章を読んで、あとの問いに答えなさい。（設問の都合上、一部省略した箇所がある。）

村で暮らしている人間にとっては、動物に対する評価は今日でも複雑である。私が暮らす上野村*だけでなく、一九九〇年代に入った頃から作物の動物による被害がほとんどの山村で激しくなっている。ジャガイモ、ヤマイモ、大豆が食べられてしまうのはイノシシの仕業で、大豆はサルが食べにくることもある。サルはネギ、シイタケ、果物、ときにカボチャやスイカ、白菜なども狙ってくる。もうひとつ被害の大きい動物にシカがいる。シカは葉のあるものなら何でも食べる。イノシシのいない東北の山村以外では、ほとんどの山村でイノシシ、サル、シカが田畑を荒らしていて、村人は困りはてるようになった。

このような状況が発生しているのだから、これらの動物は村人にとっては害獣である。しかしこんな事態になってもなお、村人は動物に対して、同じ村に暮らす仲間だという意識ももっている。村という言葉は、伝統的には、人間社会を意味する言葉ではなく、自然と人間の暮らす社会をさしている。とすれば動物もまた村のメンバーであり、共同体の仲間である。

実際村人は、(1)動物をみる多様な視線を並存させてきた。ある種の動物は、ある場合では害獣である。しかしその前に村に暮らす仲間で、ところがその動物は冬の猟期には狩猟の対象にもなる。その一方で人間以上の能力をもった生き物として尊敬され、さらに神の世界への道筋を知っている霊力をもっているとあがめられることもある。こういうかたちで語られるときの神とは、自然そのものであり、自然の真理とでもいうべきものであるのだが。

このように述べていくと、人間と動物の関係が矛盾しながら重なり合っていることに気づかれるであろう。仲間だといいながら猟の対象にもする。尊敬を払いながら、害獣ともみなす。どう考えても、矛盾した関係が並存しているのである。

それを(2)人間がもたざるを得ない絶対矛盾としてとらえるのが、日本の伝統的な民衆精神だったのではないかと私は思っている。

もちろん、生きるために、ときに動物から畑を守り、ときに動物を獲《と》って食べたり皮を得たりすることは許される。なぜ許されるのかといえば、自然の生き物たちもまたそうしているからである。鳥は木や草の実を食べるし、キツネは野ネズミや野ウサギを追う。虫は草や木の葉を食べる。自然がそのような関係になっているなら、自然の一員としての人間にも同じことが許されるはずだ。

ところが人間はややこしい問題を背負わされている。それは自然の生命を採取したり、動物と対立したりする理由が、純粋な生命的な行為なのか、それとも自分の「欲」がからんだ行為なのかを明確にできない、という問題である。

たとえば狩猟によって動物を捕獲するとき、それがキツネやタカ、ワシと同じことならそれは(3)「自然の行《おこ》ない」である。ところが人間は「自然の行ない」としてそうするだけでなく、狩猟によって富を得ようという意識ももつし、ひとつの自己主張、自己表現として狩猟をおこなうというような面をも併せもつ。後者は「自然の行ない」ではなく、「自己」、あるいは「我」、「個我」をもつ「人間の行ない」である。「自己」があるから自己目的が生じ、それがときに富の増加をめざさせ、ときに自己主張や自己表現を目的意識として生じさせる。

とするとこのような「人間らしさ」は肯定できるのか。

私は「できない」と日本の民衆は考えてきたのではないかと思っている。ここでいう日本の民衆とは、自然とともに、自然のなかで暮らしてきた村の人々のことであり、都市の人々はとりあえずⓐジョガイして、私はこの言葉を、ここでは、用いている。そうしないと自然とともに生きた人々の精神を明らかにすることができないからである。

それが「自然の行ない」なら肯定できるが、「自然に反する行ない」なら肯定できない。しかしそう考えたとしてもまだ問題は起きる。なぜなら人間には、「自然の行ない」と「自然に反した行ない」との間に、区別しきれない部分があるからである。

たとえば富を蓄積したいと考えたときでも、そのことによって権力を得ようとか、ⓑユウフクな暮らしがしたいということなら、明確に自然に反するだろう。なぜなら自然の生命たちは、そんなことは考えないからである。ところが将来訪れるかもしれない苦境に備えるために、多少は富を蓄積しておこうというのならどうなるのか。自然の生き物でも、リスや野ネズミなどは、多少の食料を備蓄するし、蜂は冬を越すために蜜を貯《た》めるのである。とすると多少貯めこむのは生きるための行ないといえなくもない。

しかし、それでもなお人間がおこなう貯《たくわ》えは、自然界の生き物のそれとは違っている。ひとつに自然界の生き物は必要量しか蓄積しないが、人間はその必要量がわからないから、不安がある限り貯えを増やしつづけることになる。もうひとつは、たとえばリスや野ネズミも匿《かく》しておいた木の実などを食べきらずに、そのまま残してしまうことがある。ところがそのことによって木の実が遠くに運ばれ、木にとってはそれがむしろ有効性をもつ。つまり残すことが無駄になっていないばかりでなく、自然というつながり合う世界から、リスや野ネズミの行為は離れない。それに対して人間の同じような行為は、あくまで自己自身のため、せいぜい家族のための自己目的的行為であり、つながり合う世界が消えているのである。

それならわずかな貯えでもいけないのか。それを否定されてしまったら、生きつづけるという行為自体が人間には成り立たない。

問題はこの両者の境界線がわからないことにある。なぜそうなってしまうのか。それは人間が自己自身の生に対する不安をもっているからであり、そうであるかぎり不安が解消されなければ、自分の課題も終了することがない。不安をとおしてものを考えるから、(4)解消されるまで際限がない。しかも生に対する不安は個人的なものだから、結び合う世界をもちえないのである。

不安がその解消のための欲望を生み、それが向上心を導きだして文明の発展に寄与すると把握すれば、通俗的な人間讃歌《さんか》になる。もっともヨーロッパの思想においても、たとえば*キルケゴールは人間が人間であるがゆえに解決できない不安、神と結び合うことで超越することによってしか解消できない不安を導きだしているように、人間の本源的なものをとらえようとする人々にとっては、通俗的な人間讃歌は肯定しうるものではなかったのだが。

日本においては、自然とともに、自然の近くで暮らしていた人々にとっては、たえず自然の姿がみえているからこそ、自然のままに生きることのできない人間の問題もみえていた。しかもなぜ自然のままに生きられないのかは、人間の本性に根ざしている。その本性とは生のなかに「自己」や「我」、「個我」を内在させていることである。生を自己の生としてとらえ、そこから不安が生まれる。そしてそういう人間のあり方を凡夫の姿としてみていたのがかつての人々であった。そしてそうであるとするなら、自然は清浄である。なぜなら必要以上に自己を主張することもなく、春になれば花をつけ、秋が深まれば枯れる、ただそれだけの自然の営みを不安をいだくことなく受け入れているからである。

*百姓の暮らしをすればするほど自然の偉大さがわかる。人間は自然そのもののあり方とは違うことをする。それはときに自己への罪悪感をもたらし、ますます深い自然への尊敬を生みだす。石も土も岩も、木も草も虫も動物たちも、この自然のなかで「おのずから」のままに生きているということ、そのこと自体のなかに穢《けが》れなき清浄なものを感じとる。それを清浄なる霊性と表現してもいいし、清浄なる仏性と述べてもいい。なぜなら自然の偉大なる力を神の側から表現すれば霊性であり、仏の側から表現すれ

ば仏性だということだけだからである。日本の伝統的な民衆精神では、神(5)と仏は語り方の違いにすぎない。

とするとイノシシと村人との関係で述べた動物と人間の関係も次のような精神と結ばれていることになる。第一に動物たちは偉大なる自然の生き物である。しかし第二にその動物は猟の対象にもなるし、害獣としてみなさざるをえないときもある。この第二のケースでも、実利とか現実とかいう面だけでそれをとらえたら、はなはだしく表面的な認識になってしまうだろう。なぜなら猟の対象、害獣として動物と対面するときにも、人間の側には、そのように対象をとらえることに対する自己疑念は残るからである。

猟の対象にすることが、キツネが野ウサギを捕るのと同じような、つまり自然界のなかで生きる生命のオノズカラの営みなら、それは問題ない。しかし猟という行為のなかに、オノズカラとは異なる我欲が入っているなら、それは*肯首されるべきことではない。同じように生命的行為として純粋に田畑を守るのならよいが、田畑を守ろうという意識のなかに自然界にはない作為が富の防衛のようなかたちで入ってしまうのなら、それは生命のオノズカラのつながりとは違う行為になる。

（内山節『日本人はなぜキツネにだまされなくなったのか』）

（注）　*上野村＝群馬県の南西端に位置する多野郡にある村。
*キルケゴール＝デンマークの哲学者。有神論を基盤とする実存主義の先駆者。一八一三～一八五五。
*百姓＝農業を営む人。
*肯首＝納得して賛成すること。

問8　波線部ⓐのカタカナと同じ漢字を使うものとして、最も適切なものを一つ選びなさい。

1　警報をカイジョする。　　2　チツジョを守る。

3　ジョコウ運転をする。　　4　歴史に関するジョジュツを読む。

問9　波線部ⓑのカタカナと同じ漢字を使うものとして、最も適切なものを一つ選びなさい。

1　ユウゼンと構える。　　2　ユウワクに負ける。

3　時間のヨユウがない。　　4　ハイユウとして活躍する。

問10　傍線部(1)「動物をみる多様な視線を並存させてきた」とはどういうことか。その説明として、最も適切なものを一つ選びなさい。

1　動物は同じ共同体で暮らす一員だと考えてきたということ。

2　動物に対してさまざまなとらえ方をしてきたということ。

3　動物をあがめる人と害獣と思う人とが対立してきたということ。

4　動物に関する複雑な思想を信仰してきたということ。

問11　傍線部(2)「人間がもたざるを得ない絶対矛盾としてとらえる」とあるが、「人間がもたざるを得ない絶対矛盾」の説明として、最も適切なものを一つ選びなさい。

1　人間は理性では動物を仲間だと考えながらも、自分たちに害が及ぶ場合には敵とみなして一方的に攻撃する、動物に対して感情のみに任せた対応をしてしまうということ。

2　人間は自然の一員としての自覚があるにもかかわらず、一方では自己主張・自己表現が最重要であると考えて、意図的に自然そのものを破壊してしまうということ。

3　人間は動物との関係において生命的な目的で接するだけではなく、自身の欲にからむ目的で接することもあり、しかもどちらの目的であるかを根源的に区別できないということ。

4　人間は便利で豊かな暮らしを求めて都会に住むようになったが、もともと自然とともに暮らしてきたため、今度は自然の中に戻りたいと切望するようになるということ。

問12　傍線部(3)『自然の行ない』」とあるが、人間が「自然の行ない」ではないことをするのはなぜか。その理由として、最も適切なものを一つ選びなさい。

1　人間は内在する「自己」によって生への不安を抱くから。

2　人間は理念だけで生きていくことができない存在だから。

3　人間は動物とは違うという自尊心を内在させているから。

4　人間はそもそも自然とは共存することのない存在だから。

問13　傍線部(4)「結び合う世界をもちえないのである」とあるが、「結び合う世界」の具体例として、最も適切なものを一つ選びなさい。

1　動物と対立して生きる山村
2　食物連鎖で構成される自然
3　文明の発展を促す工業社会
4　環境保護活動を続ける集団

問14　傍線部(5)「とすると」とあるが、これは前の段落のどのような内容を受けたものか。その説明として、最も適切なものを一つ選びなさい。

1　人間のあり方に対して罪悪感を抱き、反省するなら、自然の偉大さを神の側から表現して霊性だと述べることも許される。
2　日本の農村に見られる伝統的な民衆精神においては、神や仏という区別は語り方の違いにすぎないものである。
3　農業をして暮らすと自然の偉大さが一段と感じられるのは、農業が自然の中で「おのずから」のままにふるまうことだからである。
4　人間は偉大な自然のあり方とは異なる行為をすることに罪悪感を持ち、自然の「おのずから」なる生き方に尊敬を抱く。

問15　本文の構成についての説明として、最も適切なものを一つ選びなさい。

1　個別の問題について具体例を列挙し、それらの間に共通点を見いだすことによって一般化した上で問題への対応策を論じている。
2　身の回りの出来事をきっかけとして次々と筆者の持論を展開したあと、想定される反対意見に対してさらに反論している。
3　まず現実の状況についての整理を行ったあと、その中に含まれる矛盾や問題点を取り上げて思索し、筆者の考えを重ねている。
4　抽象的なテーマを多数取り上げ、あえてそれらに結論を出さないことで、さまざまな考え方が存在することを印象づけている。

問16　本文の内容に合致するものとして、最も適切なものを一つ選びなさい。

1　村という言葉は伝統的には自然と人間の暮らす社会を意味している。だから、人間が村で暮らすためには動物の性質を十分に見きわめる必要がある。一方で、動物には害獣としての側面もあるので、人間に対するのと同様に厳格な善悪の基準をもって接するようにしなければならない。
2　キツネが野ウサギを捕るように、人間が自然の一員として自然の生命を採取することは肯定される。また、野ネズミなどが食料を備蓄するように、人間が自然から採取した富を蓄積する行為もそれ自体は問題ない。しかし村で暮らす人々は、そこに我欲が含まれる場合は許容されるべきではないと考えてきた。
3　都市で暮らすようになった人間は自然と切り離されて生きることになった。そして、自然とのつながりを失った人間は「我」だけの存在となり、それが際限のない不安を生み出したことから、必要以上に自己を主張せずに万物の営みをそのまま受け入れる自然の清浄さに憧れるようになった。
4　人間が自己自身の生に対してもつ不安は、個人的なものであり際限がない。その際限のない不安が生みだす欲望は、果てしない向上心を導き出して文明を発展させたり、不安を解消するための宗教を生み出したりして、人間を他の動物と異なる存在にしたという点で価値あるものといえる。

三 次の文章を読んで、あとの問いに答えなさい。

昭和四十年代、小学校四年生の「チヅル」は、母といっしょに北海道の炭鉱の町に住むおばさんの家に遊びに来た。そして、おばさんから、中学生のいとこ「克志《かつし》」とおじさんが親子げんかをして殴り合い、克志が目にけがをしたことを聞く。そのあとチヅルは、町を散歩している途中、目に眼帯をかけた克志と出会う。

「克志、おじさんとケンカしたのかい。病院いってきたの?」

チヅルは眼帯をちらちら見上げながらいうと、克志はふんと笑って、今きた道を山のほうに歩きだしたので、チヅルはあわてて追いかけた。

「克志、家にもどんない《（もどらない）》のかい。学校は?」

「チヅッコ、映画でも見るか。おごっちゃる《（おごってやる）》」

「映画かァ。子どもだけで入れないしょさ《（でしょ）》」

「ここは入れんだよ。ほかに楽しみないべさ《（だろう）》。大人も子供も、タダみたいな料金だ。会社が金だしてっから」

「やっぱり、炭鉱《ヤマ》はケイキいいねえ。黒ダイヤだもね《（だもんね）》」

チヅルは褒めるつもりで、にこにこしていったのに、克志がすごい勢いでふり返り、眼帯をかけてないほうの左目でぎろっと睨《にら》みつけるので、思わず肩をすぼめた。

なんだか知らないけど、克志はオジサンとケンカするほど機嫌が悪いのだから、ここは身の安全のためにおとなしくしていようと決めたものの、それにしても、克志がなにを怒っているのかがわからなくて、克志のあとを追いかけてゆく足も、もつれがちだった。

克志は坂道をぐいぐい歩いてゆき、チヅルにぜんぜん気を使わないので、チヅルは途中から、はぁはぁと息をきらしはじめて、ふと、なんで克志のあとを追っかけてんだろうと自分でもヘンな気持ちになるほどだったが、なんとなく、克志と一緒にいたほうがいいような気もするのだった。

克志は二階建ての映画館の前を素通りして、ずんずんと歩いていった。

「克志、映画みないのかい」

「やめた」

克志は短くいって、ずんずんと歩き、やがて、また美唄川《びばいがわ》の小さい橋をこえた。

だいぶ歩いてきたなあと思いながら、ふと後ろをふり返ると、なだらかな坂道の両側に、マッチ箱のような長屋がⓐきれいに列になっているのが見えて、だいぶ坂道をのぼったんだなあと我ながら感心した。

長屋の列のあちこちに、庭のある塀がこいの、ちょっと大きな家もいくつかあって、庭のある家もあったんだなあ、オバサンちの近所にはなかったなとびっくりしていると、

「チヅッコ、あそこ、見てみろ。丘んとこに、家あるべ《（家があるだろう）》」

克志が戻ってきて、チヅルの肩をだいて、坂上の丘のほうを指さした。

そちらを見ると、丘の上にはたしかにいくつかの白っぽい家があり、うしろの山に抱かれるようにして、ひっそりと静かに建っていた。屋根のアンテナ*がカラー用なのを、チヅルはすばやく見てとって、ⓑ目も眩《くら》むほど羨《うらや》ましかった。

克志はその指をずうっと坂下のほうに移していって、

「丘の上に住んでんのは、所長や病院長だ。(1)あいつら、おれらの炭住が見下ろせるんだ」

といった。

「ふうん。タンジュウってなにさ」

「炭住は、炭鉱夫がすんでる家だ。職員住宅もべつだ」

「職員住宅って、*コクテツの官舎みたいなやつかい？」

「炭鉱《ヤマ》に入らんで、字かいて、ハンコ押してるやつだ。塀で囲ってある家のやつらだ」

「へえ、克志の家のより、でっかいねえ」
(2)「こんな町はダメだ」
ふいに、克志は［ X ］呟《つぶや》いた。

「おれは炭鉱にも入らんけど、ハンコついて差別するヤツにもならんぞ。来年、中学でたら、大工かスシ屋になるのさ」

ひとりごとのようにいうなり、チヅルの肩を摑《つか》んだまま、今きた道を戻っていった。

チヅルは肩がもげそうなほど痛かったけれど、そういったら、また怒鳴られそうな気がして、黙って肩を摑まれるままに、とことこと急いで歩いた。

小さな石づくりの橋まできて、チヅルはふと川に目をやった。川の水は黒く濁り、重たげに流れていた。

そういえば、まえに克志に泣かされたのは、この川に突き落とされたからだったなあと思いだして、ふいに恨みがわいてきて、

「この川に落とされたことがあるよ、克志」

といわずにはいられなくて恨みがましくいうと、克志はふと足をとめた。そして、橋の欄干に肘をついて、懐かしそうに川を見下ろしながら、

「おまえ、子どもだから覚えてなくてダメだなあ。おまえが、この川、汚いっていったからさ。おれら、夏になると、この川で遊ぶのが楽しかったのに、キタナイはないべ」

と意外なことをいい、チヅルを見て、にやっと口元だけで笑った。

そういえば、そんなようなことをいったっけな、とチヅルもなんだか自信がなくなってきて、えへへとテレ笑いしていると、(3)ふいに克志の顔がすうっと赤くなっていった。


「こんな川、ほんとに汚いさ。石炭洗ってるから、沈粉《ちんぷん》で真っ黒だ。したけど《（だけど）》汚い川だけど、(4)水がきれいになったら、この町ダメになる。汚いのもダメ、きれいなのもダメ。なんもかんも《（なにもかも）》ダメなのさ、ここは」

克志はまるでケンカ相手に悪口を浴びせるみたいに、息もつかずにいって、顔を真っ赤にしたまま黙りこんだ。

チヅルは、克志のいう〝チンプン〟がなんなのか、それこそチンプンカンプンで、わけがわからなくて聞きたい気がしたけれど、ここで、

（チンプンてなにさ）

と聞いたら、確実に怒鳴られるというカンが働いて、しょうがないので黙ったまま、克志といっしょに川を眺めていた。

川はとぎれもなく山のほうから流れてきて、川の中にある大きな岩のへりを黒く染めながら、重たげに、ものうく川下のほうに流れてゆく。黒々とした流れは、生きもののように表面がぬめって光っていた。川原の草も石も、みんな、すべてが黒ずんでいた。

ふいに山のほうからサイレンが鳴り響いてきた。

山に囲まれた町全部が震えだすほどの音で、チヅルはぎょっとしたものの、そういえば*我路《がろ》ではお昼くらいにサイレンが鳴ったけな《（鳴ったっけなあ）》と思い返して、ちらりと克志を見ると、克志はサイレンなんか聞き慣れているのか耳にも留まっていないふうで、まだ川づらを片目で睨みつけている。

山のオバケが泣いているようなウィーーンというサイレンの音を、チヅルは心の中で数を数えてやりすごしながら、(5)なんだかふいに悲しくなってきた。

隣にいる克志が、サイレンや、丘の上の家や、黒い川や、いろんなものひとつひとつに怒っているような気がして、けれどそれは、克志が乱暴者だからというのとは違うような気もするのだった。克志は悪くないという気がするのだった。

「克志、おスシ屋になったら、タダで食べさせてくれるかい？」

おそるおそる声をひそめて尋ねると、克志はくるっとチヅルに向きなおり、片一方の目をぎらぎらさせて、

「喰《く》わしちゃる《（食べさせてやる）》。おまえはタダで喰わして、医者や金持ちから金とってやるのさ」

ときっぱりいって、歯をむきだして声をたてて笑いだした。

サイレンが止《や》んだあとも、克志はケンカに勝ったあとみたいに、いつまでもいつまでも尾をひくように、(6)<u>いかにも楽しげに大声で笑い続けていた。</u>

（氷室冴子『いもうと物語』）

（注）　＊カラー用＝カラーテレビ用。カラーテレビが普及したのは昭和四十年代後半以降で、それまでは白黒テレビが主流だった。

＊コクテツ＝「日本国有鉄道」の通称。「国鉄」と書く。昭和六十二年、分割民営化して現在のJR各社となった。

＊我路＝北海道美唄市にある町の名。炭鉱があった。

問17　波線部ⓐ「我ながら」の本文中の意味として、最も適切なものを一つ選びなさい。

1　自分のことではあるが
2　自分のこととは思えず
3　自分のことではないが
4　自分のことのように

問18　波線部ⓑ「目も眩む」の本文中の意味として、最も適切なものを一つ選びなさい。

1　他の人から見て、はっきりそれとわかる
2　あまりにひどくて、とても見ていられない
3　目を大きく見開いて、神経を集中する
4　心を奪われて、正しい判断ができなくなる

問19　傍線部(1)「あいつら、おれらの炭住が見下ろせるんだ」とあるが、このときの克志の心情を表す言葉として、最も適切なものを一つ選びなさい。

1　遠慮
2　反感
3　羨望
4　恐怖

問20　傍線部(2)「こんな町はダメだ」とあるが、克志はこの町のどういうところが「ダメだ」と考えているのか。最も適切なものを一つ選びなさい。

1　所長・病院長、職員、炭鉱夫という、いろいろな職種の人々が同じ地域に住んでいるところ。
2　所長・病院長が、職員と炭鉱夫を支配していて、自由に生活することができないところ。
3　所長・病院長、職員たちと、炭鉱夫との間に交流がなく、町が分裂しているところ。
4　所長・病院長、職員たちと、炭鉱夫との暮らしぶりに、大きな格差があるところ。

問21　空欄部Xに当てはまる言葉として、最も適切なものを一つ選びなさい。

1　ほっとしたように
2　おじけづいたように
3　吐きすてるように
4　思い出したように

問22　傍線部(3)「ふいに克志の顔がすうっと赤くなっていった」とあるが、このときの克志の心情の説明として、最も適切なものを一つ選びなさい。

1　失言をごまかそうとするチヅルを不快に感じた。
2　自分の住む町に対するやり場のない怒りを感じた。
3　自分の町を流れる川の汚さを恥ずかしいと思った。
4　昔のことを忘れたチヅルにいら立ちを覚えた。

問23　傍線部⑷「水がきれいになったら、この町ダメになる」とあるが、なぜ「ダメになる」のか。その理由として、最も適切なものを一つ選びなさい。

1　水がきれいになるということは、石炭が採れなくなることを意味し、その結果、炭鉱の町が成り立たなくなるから。
2　水がきれいになるということは、石炭を川で洗えなくなることを意味し、その結果、石炭の質が落ちることになるから。
3　水がきれいになるということは、川遊びができなくなることを意味し、その結果、子どもたちの楽しみが減ってしまうから。
4　水がきれいになるということは、炭鉱の町らしさがなくなることを意味し、その結果、観光客が来なくなる心配が生まれるから。

問24　傍線部⑸「なんだかふいに悲しくなってきた」とあるが、このときのチヅルの心情の説明として、最も適切なものを一つ選びなさい。

1　サイレンの音が山のオバケの泣き声のように聞こえて、山のことがかわいそうになった。
2　いろいろなものに対する怒りのあまり、克志がどんな乱暴をするかわからず心配になった。
3　この町はダメだと思っている克志の気持ちが伝わってきて、同情や共感を覚えた。
4　おスシ屋さんになった克志が、おスシをただで食べさせてくれるかどうか気になった。

問25　傍線部⑹「いかにも楽しげに大声で笑い続けていた」とあるが、それはなぜか。その理由として、最も適切なものを一つ選びなさい。

1　チヅルに答えたようなことを思うだけで、この町に存在する階級的格差に反撃できたような気分になったから。
2　誰にも受け入れてもらえないと思っていた自分の気持ちを、チヅルが深く理解してくれているとわかったから。
3　チヅルに話すうちに、自分は将来町を出て新たな地で大成功をおさめるに違いないという確信が生まれたから。
4　自分の将来の生き方に対する決意をチヅルに打ち明けたことで、これまで以上にチヅルと親しくなれる気がしたから。

問26　本文の内容と表現の特徴を説明したものとして、最も適切なものを一つ選びなさい。

1　幼いチヅルの心に浮かんだ疑問を通して、炭鉱町には様々な階級があることを明らかにし、克志の怒りが中流階級に対するものであることが論理的に述べられている。
2　チヅルの目を通して、石炭で汚れた川や炭鉱町の様子が映し出され、また、会話での克志の言葉から、この町の抱えている問題やそれに対する彼の複雑な心情が伝わってくる。
3　チヅルの目に映った炭鉱町の姿は、どうしようもなく荒れ果てており、それに加えて荒っぽい克志の言動が、二人のその後の激動の人生を予感させている。
4　チヅルと克志という、全く相反する価値観の持ち主の会話を中心にすることによって、この炭鉱町に生きる人々のそれぞれの苦悩が身近に感じられるように表現されている。

四 **次の文章は、*下総国《しもうさのくに》で、*御家人《ごけにん》（地頭）と*領家の代官との間でいさかいが起きたときの話である。領家の代官は御家人（地頭）が年貢を横領しているのではないかと訴えている。これを読んで、あとの問いに答えなさい。（設問の都合上、一部表記を変更した箇所がある。）**

下総国に御家人ありけり。領家の代官と*相論する事あつて、たびたび問答しけれども、［　X　］、鎌倉にて対決しけり。*泰時《やすとき》、御代官の時なりけるに、地頭、領家の代官と重々問答して、領家の方に肝心の道理を申し述べたりける時、地頭、手をはたはたと打ちて、泰時の方へ向きて、「あら負けや」と言ひたりける時、(1)座席の人々一同に、「は」と笑ひけるを、泰時、うちうなづきて、「ⓐいみじく負け給ひぬるものかな。泰時、御代官として年久しく、かくのごとく成敗つかまつるに、『あはれ負けぬるものを』と聞く人も、*かなはぬものゆゑに、一言も陳じ申す事にて、(2)よそよりこそ負けに落とさるれ、我と負けたる人、いまだ承らず。前《さき》の問答は、互ひにさもと聞こえき。いま領家の御代官のⓑ申さるる所、肝心と聞こゆるに、*陳状なく負け給ひぬる事、返す返すいみじく聞こえ候ふ。正直の人にてⓒおはするにこそ」とて、涙ぐみて誉《ほ》められければ、笑ひつる人々も、(3)にがりてぞ見えける。さて、領家の代官、「*日ごろの道理を聞きほどき給ひ、ことさらのⓓひがことにはなかりけり」とて、六年が未進の物、三年をば許してけり。情けありける人なり。これこそ「負けたればこそ勝ちたれ」の風情なれ。

（『沙石集』）

（注）
*下総国＝旧国名。今の千葉県北部と茨城県南西部の辺り。

*御家人（地頭）＝鎌倉幕府に仕える武士。

*領家の代官＝貴族に代わって荘園《しょうえん》を治める代官。御家人とはしばしば対立した。

*相論＝言い争い。

*泰時、御代官の時＝北条泰時が、裁判の責任者であった時。

*かなはぬものゆゑに、一言も陳じ申す事にて＝主張が通らないと、たとえ一言でも抗弁するものであって。

*陳状＝自分の言い分を述べること。

*日ごろの道理を聞きほどき給ひ＝日ごろの道理を聞き分けてくださって。

問27　空欄部Xに当てはまる言葉として、最も適切なものを一つ選びなさい。

1　やすき事にて　2　事すすまば
3　をかしき事あれど　4　事ゆかずして

問28　波線部ⓐ「いみじく」の本文中の意味として、最も適切なものを一つ選びなさい。

1　とても情けなく　2　まったく意味がなく
3　たいへん立派に　4　ひどく恐ろしく

問29　波線部ⓓ「ひがこと」の本文中の意味として、最も適切なものを一つ選びなさい。

1　過ち　2　根拠
3　意見　4　習慣

問30　波線部ⓑ「申さるる所、肝心と聞こゆるに」で用いられている言葉の文法的説明として、最も適切なものを一つ選びなさい。

1　「るる」…可能の助動詞
2　「るる」…自発の助動詞
3　「聞こゆる」…動詞の連体形
4　「聞こゆる」…動詞の終止形＋助動詞

問31　波線部ⓒ「おはする」は、誰から誰への敬意を示しているか。最も適切なものを一つ選びなさい。

1　作者から地頭への敬意
2　作者から泰時への敬意
3　泰時から領家の代官への敬意
4　泰時から地頭への敬意

問32　傍線部(1)「座席の人々一同に、『は』と笑ひけるを」とあるが、「座席の人々」が笑った理由として、最も適切なものを一つ選びなさい。

1　地頭が、領家の代官に道理を説いたのがおかしかったから。
2　地頭が、あまりに簡単に自分の負けを認めたから。
3　地頭が、泰時が負けたという冗談を言ったから。
4　地頭が、裁判で負けたのに手をたたいて喜んでいたから。

問33　傍線部(2)「よそよりこそ負けに落とさるれ」の解釈として、最も適切なものを一つ選びなさい。

1　勝ちの立場から負けの立場に落とされて
2　関係のない理由で負けて陥れられるので
3　他人によって負けに追いこまれるけれども
4　他の者よりもひどい負け方をしたところ

問34　**傍線部(3)「にがりてぞ見えける」とあるが、これは「笑ひつる人々」のどのような様子のことか。最も適切なものを一つ選びなさい。**

1　泰時の涙ぐんでいる姿を見て、気の毒に思って同情している様子。
2　泰時が自分たちと異なる反応をしたため、気まずく感じている様子。
3　泰時の言葉で正直であることの大切さに気づき、共感している様子。
4　泰時に罪をとがめられたことに驚き、腹立たしいと思っている様子。

問35　**本文の内容に合致するものとして、最も適切なものを一つ選びなさい。**

1　泰時は裁判の責任者になって間もないが、見事な裁定を行った。
2　領家の代官は道理を重んじていたので、情けはかけなかった。
3　地頭は、未納だった年貢のうち半分だけ納めることになった。
4　人々は領家の代官のふるまいを「負けるが勝ち」だと賞賛した。

問36　**『沙石集』と同じジャンルの作品として、最も適切なものを一つ選びなさい。**

1　『宇治拾遺物語』　　2　『平家物語』
3　『風姿花伝』　　4　『方丈記』

五

元《げん》の将軍である張弘範《ちょうこうはん》の軍は*厓山《がいざん》を攻めたが、南宋の将軍の張世傑《ちょうせいけつ》が奮戦してこれを防いだ。そこで張弘範は捕虜の*文天祥《ぶんてんしょう》に命じ、張世傑に降伏を勧める手紙を書かせようとした。次の漢文は、このときのやり取りである。これを読んで、あとの問いに答えなさい。
（設問の都合上、一部省略した箇所がある。また、返り点・送り仮名を省略した箇所がある。）

天祥曰ハク、「吾不レ能ハ*扞《まも》ルコト二父母ヲ一。乃チ教《し》メテ三人ヲシテ叛《そむ》カ二父母ニ一可ナラン乎《や》ト。」(1)固命レ之。天祥遂ニ書シテ二所ノレ過グル*零《れい》丁《てい》洋《やう》ノ詩ヲ一与フレ之ニ。其ノ末ニ有リレ云ヘル、「(2)人生自レ古誰カ無レ死。留二-取シテ*丹心ヲ一照ラサント二*汗青ヲ一。」弘範笑ヒテ而置クレ之ヲ。(3)弘範復遣人語厓山士民曰ハク、「汝《なんぢ》ガ*陳《ちん》丞《じよう》相《しやう》ハ已ニ去リ、*文丞相ハ已ニ執《とら》ヘラル。汝欲スルヤト二何ヲカ為サント一。」士民モ亦タ*無シ二叛《そむ》ク者一。

*厓山既ニ破ル。元ノ張弘範等《ら》*置酒大会シテ、謂ヒテ二文天祥ニ一曰ハク、「国亡ビヌ。*丞相ノ忠孝尽キタリ矣。能ク改メレ心ヲ、以テ二ⓐ事ヘシレ宋ニ者ヲ一事ヘバレ*今ニ、不ルレ失ハ為《た》ルヲ二宰相ト一也ト。」天祥*泫《げん》然《ぜん》トシテ出《いだ》シテレ涕《なみだ》ヲ曰ハク、「国亡ビテ不レ能ハレ救フコト。為ル二人臣一者、死ストモ*有リ二余罪一。ⓑ況敢ヘテ

逃《レテ》二其《ノ》死《ヲ》一、而(4)弐《じニスルヲ》二其《ノ》心《ヲ》一乎《やト》。」弘範義《トス》レ之《ヲ》。

（『十八史略』）

（注）＊厓山＝南宋の島の名。
＊文天祥＝南宋の最後を支えた忠臣。奮戦むなしく元の捕虜となった。
＊扞父母＝外敵を防ぎ、天子を守る。「父母」は、ここでは天子のこと。
＊零丁洋詩＝文天祥作の、南宋への忠節の志をうたった詩。「零丁洋」は、珠江の河口付近の海の名。
＊丹心＝まごころ。
＊照汗青＝歴史書にかすかな灯をともす。
＊陳丞相巳去＝南宋の左丞相、陳宜中がベトナムへ去ったきり戻らないことをいう。
＊文丞相＝文天祥のこと。
＊無叛者＝降伏する者はなかった。
＊厓山既破＝厓山が落ち、南宋が滅亡したことをいう。
＊置酒大会＝大規模な宴会を催す。
＊丞相＝文天祥のこと。
＊今＝元の現在の皇帝。
＊泫然＝涙がはらはらと流れる様子。
＊死有余罪＝死をもって償ってもまだ罪が残る。

問37 波線部ⓐ「事」と同じ意味で、「事」を用いている熟語として、最も適切なものを一つ選びなさい。

1 慶事　2 師事　3 事実　4 事業

問38 波線部ⓑ「況」の送り仮名を含む読み方として、最も適切なものを一つ選びなさい。（選択肢は現代仮名遣いで表記している。）

1 もしや　2 いわゆる　3 かつて　4 いわんや

問39　傍線部(1)「固命之」の動作主として、最も適切なものを一つ選びなさい。

1　張弘範
2　張世傑
3　文天祥
4　父母

問40　傍線部(2)「人生自古誰無死」の解釈として、最も適切なものを一つ選びなさい。

1　昔の人の一生を考えると、皆死から逃れて生きていたことがわかる。
2　昔の人の一生で、死なずに済んでいたのは誰だっただろうか。
3　人として生まれた以上、昔から死を免れた者はいない。
4　人として生まれて、昔から死を逃れているのは誰か。

問41　傍線部(3)「弘範復遣人語厓山士民」の書き下し文として、最も適切なものを一つ選びなさい。

1　弘範 復た人をして厓山の士民に語げて
2　弘範 復た人を遣はし厓山の士民に語げて
3　弘範 復た人に厓山の士民を遣はし語げて
4　弘範 復た人をして厓山の士民に語げしめて

問42　傍線部(4)「弐其心」とはどういうことか。その説明として、最も適切なものを一つ選びなさい。なお、「弐」は、「二」のことである。

1　今まで仕えていた南宋を裏切り、元に仕えること。
2　罪を認め、敵将である元の張弘範に謝罪すること。
3　祖国である南宋と敵の元との共通点を見つけること。
4　同志の張世傑と心を一つにして、あくまでも元と戦うこと。

問43　本文の内容に合致するものとして、最も適切なものを一つ選びなさい。

1　張弘範は文天祥に好条件を示し、元に仕えるように迫ったが、天祥は自分はその器ではないとして、元に寝返ることを固く拒否した。弘範は天祥の頑迷さを嘲笑した。
2　文天祥は元に捕らえられ、敵方の張弘範から節を曲げるよう迫られたが屈することはなかった。南宋滅亡後、元への帰順の勧めを拒む天祥の言葉に、弘範は感じ入った。
3　文天祥が元に捕らえられた後、厓山の人々は天祥が張弘範に説得されて心変わりしたことを知った。人々は南宋の命運もこれまでと悟り、天祥にならって元に降伏した。
4　張弘範は文天祥自作の「零丁洋の詩」を読んで、改めて天祥の才能を認め、元に仕えるように勧めた。しかし天祥は心変わりせず、弘範は笑ってこれを受け入れた。

四月実施　解答と解説

一　語彙

問1　漢字の読み

正解は4。「化粧」は「ケショウ」と読む。選択肢の漢字の読みは、1「化合（カゴウ）」、2「感化（カンカ）」、3「激化（ゲキカ）」、4「化身（ケシン）」となる。

問2　熟語の意味

正解は3。「金字塔」は「後世まで残る優れた業績」という意味。「彼は、個人種目のすべてで金メダルを獲得するという金字塔を打ち立てた」のように用いる。

問3　四字熟語

正解は4。選択肢の□に入る漢数字は、1「再三再四」、2「唯一無二」、3「四苦八苦」、4「一朝一夕」となる。なお、「一朝一夕」の意味は「わずかの時間」という意味で、「この仕事は一朝一夕にはできない」のように用いる。

問4　故事成語

正解は4。「渇しても盗泉の水を飲まず」という故事成語。「渇する」は「①のどが渇く、②水がかれる、③激しく欲しがる」の意。「盗泉」は中国にあった泉の名。孔子がこの名を嫌い、その泉の水を飲まなかったという話から、「どんなに困っても不正なことには手を出さない」という意味。

問5　外来語（カタカナ語）

正解は1。「ジェンダー」は「文化的・社会的につくられる性別」のこと。生物学的な性別に対して、「家事は女性の仕事」等の性別による役割や固定観念を指す。なお、このような性別による役割や固定観念にとらわれず、誰もが平等で公平に行動できるようにしようという考え方を「ジェンダーフリー」といい、性に限らず多様性（ダイバーシティー）が重視される現在において、基本的な考え方となっている。

問6　慣用表現

正解は2。「おくびにも出さず」は「すっかり秘密にして、人に話すそぶりも見せない」という意味。「おくび」は「胃にたまったガスが口外に出ること。また、そのガス」のことをいう。

問7　敬語表現

正解は3。家を訪問する側の言葉（受け手への敬意）なので、「行く」の謙譲語「伺う」を用いた「伺います」が正解。選択肢にはないが、「参ります」でもよい。1「いらっしゃいます」は「行きます」の尊敬語で誤り。2「お行きになります」は日常で使わない尊敬語で誤り。4「おいでになります」は「来る」「行く」「いる」の尊敬語で誤り。

問8　近代文学史

正解は2。「潮騒」は三島由紀夫の作品である。川端康成は、日本人として初めてノーベル文学賞を受賞した作家である。

問9　古典常識（月の異称）

正解は4。月の異称は、古典常識として全部覚えるべきである。一月から、「睦月《むつき》（一月）」「如月《きさらぎ》（二月）」「弥生《やよい》（三月）」「卯月《うづき》（四月）」「皐月《さつき》（五月）」「水無月《みなづき》（六月）」「文月《ふづき》（七月）」「葉月《はづき》（八月）」「長月《ながつき》（九月）」「神無月《かんなづき》（十月）」「霜月《しもつき》（十一月）」「師走《しわす》（十二月）」である。

問10　古典文学史

正解は4。「紀友則《きのとものり》」は、平安時代に成立した『古今和歌集』の代表的な歌人で、三十六歌仙の一人。4の「小野小町《おののこまち》」も『古今和歌集』の代表的な歌人で、六歌仙・三十六歌仙の一人である。1「額田王《ぬかたのおおきみ》」と、3「大伴家持《おおとものやかもち》」は、奈良時代に成立した『万葉集』の歌人。2「西行法師《さいぎょうほうし》」は、鎌倉時代に成立した『新古今和歌集』の歌人である。

二 評論

〔出典〕 湯川秀樹《ゆかわひでき》『湯川秀樹　詩と科学』（スタンダードブックス、平凡社、二〇一七年刊）。

「科学的視点」をテーマに、科学者・作家の随想・論文集として刊行されたスタンダードブックスシリーズの一冊。「科学界の詩人」と呼ばれた著者の鋭い観察眼と人間愛光る随筆三十五篇《へん》が収められている。本文は、その中の一篇「知識と知恵とについて」による。

湯川秀樹（一九〇七〜一九八一）は、日本の理論物理学者。東京生まれ。東京帝国大学理学部物理学科卒業。京都大学・大阪大学名誉教授。中間子理論を提唱し、一九四九年に日本人として初めてノーベル物理学賞を受賞した。

〔解説〕

問11　漢字

正解は2。波線部ⓐは「購」。「購読」の意味は、「書籍・新聞・雑誌などを買って読むこと」。同じ漢字を使うものは、2の「購入」。意味は「買い入れること」。誤答1は「肯定」。意味は「その通りであると認めること。積極的に意義を認めること」。3は「講義」。意味は「学問の内容などを解説して聞かせること」。4は「校閲」。意味は「文書や原稿などの誤りや不備な点を調べ、訂正すること」。

問12　漢字

正解は3。波線部ⓑは「促」。「促進」の意味は「物事がはやくはかどるようにうながすこと」。同じ漢字を使うものは、3の「催促」。意味は「物事を早くするようにうながすこと」。誤答1は「補足」。意味は「不十分なところをおぎなうこと」。2は「捕捉」。意味は「とらえること。つかまえること」。4は「即座」。意味は「すぐその場」。

問13　内容把握

正解は3。傍線部⑴は「知識欲」について述べられているが、それは誰でも持っているという「普遍性」がある一方、その内容は「千差万別」で「限定され得ない」という。つまり、必要とされる知識の内容や量は、「人の素養や態度によってはなはだしく違ってくる」のである。これに合致する選択肢は3になる。誤答1は「あいまいで不安なもの」が不適。本文に述べられていない。2は逆。「万人が同様に知りたい」わけではなく、人によって変わるのである。4は本文に述べられていない内容。一見「良いこと」が書かれているように見えるかもしれないが、本文とは関係のないポエムに惑わされてはいけない。

問14　内容把握

正解は4。傍線部⑵は、「知識を摂取する仕方」について述べている。学校教育や新聞・ラジオは画一化されており、「知識を取入れる側の自由選択による開きは少ない」。すなわち、「共通性」を持つ。一方で、「雑誌・書籍・講演・談話」となると「特殊性が著しくなり、選択の余地が拡大する」。また知識獲得方法の組み合わせは千差万別であるので、「日本中の人が摂取する知識の内容は、一人一人全部違うといってよい」。すなわち、「個人差」が生じるのである。合致するのは4。誤答1は「初め画一的なものであったが、後に特殊性を持つようになって」が不適。時間の経過による変化ではない。2も同様に、「画一化していた内容が特殊化する」が不適。そのような変化については言及されていない。3は「画一化された共通部分」「個人の選択に任された特殊な部分」という弁別は良いが、「より多い点」が不適。数量的な比較はなされていない。

問15　内容説明（記述）

傍線部における「両者」とは、「知識」と「知恵」を指す。これらの「質的な違い」は傍線部の後に記されている。すなわち、「知識」は「外部から摂取されるもの」であり、「意識的」な「自己拡大によって獲得」されるのに対し、「知恵」は「その人の内部から自ら生れでてくるもの」であり、「自己の生活体験を通じてほとんど無意識の中に出来上がる」という。これらを整理してまとめればよい。解答のポイントは、①字数指定に合致していること、②文末が「という違い。」に続くように書かれていること、③「知識」について、外部から意識的に（自己拡大によって）摂取されるものであることが示されていること、④「知恵」について、内部から生じ、無意識に（体験を通じて）成立するものであることが示されていること。

〈解答例〉

・知識は外から意識的に摂取するものだが、知恵は自分の内部にあり無意識に成立するものである（という違い。）（四十三字）

・知識は自己拡大によって外部から獲得されるのに対し、知恵はその人の体験を通じて内部から生じる（という違い。）（四十五字）

問16　構成と内容の説明

正解は3。段落前後の文脈を読み取り、論の展開上の働きを把握する。◆段落の前では、問15で見たように、「知識」と「知恵」の違いについて論じられており、◆段落では「このような知恵」といって前段を受け、古来から知恵が尊重されてきたことが補足的に論じられている。そして後の段落では「しかし」で書き出され、「人間の知性」についての話題に展開している。合致するのは3。誤答1は前段の内容として「知恵」にしか触れていないこと、後段を「優劣」ととらえている点が不適。2は前段の主張として「動物の場合と同じように」、また後段を「知恵が貴重である理由の解説」ととらえている点が不適。4は「知識と知恵がそれぞれどのような歴史的過程を経て発達したか」が不適。本文に述べられていない。

問17　内容合致

正解は4。本文後半で、人間の知性は「知識」と「知恵」が一体となったものであり、それを「自覚」し、「探求」することが進化につながると述べられている。合致するのは4。誤答1は「それぞれの内容が画一化されている」が不適。「雑誌・書籍」は「特殊性」があると述べられている。また、「独創的な知識を獲得することが困難で、すぐれた知恵が求められる」という主張は述べられていない。2は「人間の知性」を「すべての人間が所有する知識と凝縮された知恵」ととらえている点が不適。「知識がやがて知恵と溶けあって一体と」なるのである。3は「動物の知恵と少しも変わらない」が不適。本文には「他の動物の知恵と区別されるゆえん」が述べられている。

三　小説

〔出典〕夏目漱石《なつめそうせき》『三四郎』（講談社文庫）。

〔作者〕夏目漱石（一八六七～一九一六）は、小説家・英文学者。東京都に生まれた。『吾輩は猫である』で文壇に登場し、『坊っちゃん』『草枕』などで名声を確立した。自然主義文学に抗し、鋭い文明批判の精神によって独自の文学を打ち立てた。『三四郎』は、一九〇八年、「朝日新聞」に連載され、翌年五月に春陽堂より刊行された。本文は、主人公の大学生三四郎が、尊敬する高等学校教師の広田先生を訪ね、先生から自己本位（エゴイズム）に関する哲学を拝聴する場面である。

〔解説〕

問18　語句の意味

正解は4。波線部A「最たるもの」の「最たる」は、「もっとも代表的な。第一の」の意。選択肢では、4の「代表的な存在」が適する。

問19　語句の意味

正解は1。波線部B「一般」には、「①特殊の物・事・場合に対してだけでなく、広く認められ成り立つこと。②同様。同類」の意がある。与次郎の露悪家な様子を、「亜米利加人の金銭に対して露骨なのと一般だ」と言っているため、選択肢では、1の「同様だ」が適する。

問20　内容把握

正解は2。傍線部(1)の後に、三四郎の広田先生に対する心情が述べられている。「好奇心から参考の為め研究に来る」「この人の前へ出ると呑気になる。世の中の競争があまり苦にならない」とある。さらに、広田先生を「太平である」「泰然と取り澄ましている」と評価しており、「のんびりと構えているところ」にひかれていることがうかがえる。

問21　内容把握

正解は3。「世外」「流俗」「嗜慾」の注を参考にすると、傍線部(2)は「世俗を離れた場所で名をあげようとする気持ちのために、俗世間で好きなことをして楽しみたいという欲望を遠ざけている」とまとめられる。傍線部の直後で、三四郎が「野々宮さんを相手に二人限で話していると、自分も早く一人前の仕事をして、学海に貢献しなくては済まないような気が起る」と言っている。そこから、野々宮さんは「学海」（学問の世界）で貢献することに関心を寄せていることがわかる。したがって、傍線部(2)は、野々宮さんの「学問研究の世界で成果をあげることに全力を注」ぎ、「つまらない欲望には目を向けない」生き方を表している。

問22　内容把握

正解は4。三四郎が「余計な事を云ったと思った」きっかけは、広田先生から「佳いのを周旋して遣り玉え」と言われたことである。「佳いの」とは、野々宮さんの結婚相手を指す。学生の三四郎にとって、他人の結婚相手を周旋（世話）するのは、難しいことである。したがって、「余計な事」とはすなわち、野々宮さんの結婚相手に触れた「奥さんでも御貰になる御考えはないんでしょうか」という言葉である。

問23　内容把握

正解は1。「偽善家」とは、「うわべだけ善人のように見せかける人」の意。まず、「昔しの偽善家に対して、今は露悪家ばかり」とあるため、「偽善家」は「昔の青年」を指しており、選択肢は1か2となる。次に、「吾々の書生をして居る頃には、する事為す事一として他を離れた事はなかった。すべてが、君とか、親とか、国とか、社会とか、みんな他本位であった」とあることから、「昔の青年」は「親や国家や社会のために学問をする」ように見せかけていたと考えられる。

問24　心情把握

正解は3。傍線部(5)の直後で、「臭いものの蓋を除れば肥桶で、美事な形式を剝ぐと大抵は露悪になるのは知れ切っている」という比喩を用いて、「露悪家」になるのは当然の成りゆきだと説明している。少し前の広田先生の言葉を見ると、「自己本位を思想行為の上に輸入すると、今度は我意識が非常に発展し過ぎて仕舞った。…今は露悪家ばかりの状態にある」とあり、「露悪家」とは「自己本位」に生きる人間のことだとわかる。露悪家＝自己本位の生き方を、当然の成りゆき、つまり「人間が本来持っている姿」と捉えている選択肢は3である。

問25　内容把握

正解は2。「話が外れて」の「話」とは、「御母さんの云う事は成べく聞いて上げるが可い」から始まった広田先生の話である。それが「飛んだ所へ曲がって」とは、初めは現代日本の風潮についてだったのが、「英国を見給え」と言ってヨーロッパ社会へ話題が飛んだことを指す。問われている「曲がりなりに太くなって行く」とは、横道に外れた話の内容が充実していくことを示した比喩表現である。英国を「化石しかかっている」と分析し、考察を深めていったことを指す。1は「世界の実情を嘆く」が不適。英国について「気の毒なものだ」とは言っているが、世界について嘆いているわけではない。3は「まちがった方向に向かっている」が不適。広田先生の話は、現代日本の自己本位を主とする風潮に触れた後、ヨーロッパ社会に言及しているが、それは「まちがった方向」というわけではない。4は「意味がわからなくなって」が不適。三四郎は「内心感心し」ており、意味がわからなくなっているとは読み取れない。

問26　内容合致

不適切なものを選ぶ。正解は4。1の「三人称で描かれ」「視点は主人公の三四郎に沿っている」は適切。会話の合間に、「三四郎はその時急になつかしい心持がした」「三四郎は内心感心したようなものの、話が外れて飛んだ所へ曲がって、曲がりなりに太くなって行くので、少し驚いていた」とあるが、作者はそれ以上三四郎の心理に立ち入っていないので、後半部分も適切と考えられる。2は、冒頭で短文がたたみかけるように続き、その後、三四郎と広田先生の会話文によって物語が展開しているので、適切。3は「近頃の青年は…」以下で、広田先生の「独特な批評」が展開している。また、広田先生から「なるべく御母さんの言う事を聞かなければ不可ない」と「まるで子供に対するよう」に言われても、「別に腹も立たなかった」と応対する、素直な三四郎の人柄も表れているといえるので、適切。4は「痛烈な批判を浴びせかけている」が不適。広田先生は、与次郎を「始末に了えぬいたずらもの」としながらも、「悪気がない」「可愛らしい所がある」と語っている。

四　古文

〔出典〕『沙石集』。十三世紀末に成立したとされる仏教説話集。無《む》住《じゅう》編。十巻からなり、巻別におおむね分類されている。各説話は仏教に関する叙述の中に効果的に織り込まれ、当時の社会を反映した説話や編者自身が取材した地方の説話が数多く含まれる。本文は『沙石集』巻第一の九による。

〔現代語訳〕

互いの愛情も浅くはないので、男の子が一人生まれた。（女の）父母は（これを）聞いて大変怒って、すぐに（娘を）勘当したので、（二人は）人目を避けて、縁のあった人のもとに隠れ住んで、月日を送っていたところ、（父母は）「たった一人の娘なので、どうしようもない」と言って（娘を）許した。

この男の子が十三歳となった年、元服のために鎌倉へ上った。様々な道具を色々用意して、船を何艘《そう》も仕立てて海へ渡るうちに、風が激しく吹き、波が高かったところ、この男の子は船の縁にいて、誤って海へ落ちてしまった。「あれあれ」と言うが、沈んで（姿が）見えない。胸が押しつぶされて、あわてて騒いでいる、と思ったところで夢から目が覚めた。

十三年の間のことは、はっきりと思い出される。ほんの一時の眠りの間である。このことをつくづくと考え続けると、「たとえかねてからの願いを叶《かな》えて、楽しみ栄えるとしても、ただしばらくの間の夢であるに違いない。喜びがあるとしても、また悲しみがあるに違いないので、つまらないことだ」と思い、帰り上って熊野で仏道修行をした、ということだ。

〔解説〕

問27　語句の意味

正解は2。「おぼゆ」は、「①自然に思われる。感じられる。②思い出される。想像される。③似る。似通う。」という意味があることから、2の「思い出される」が適する。

問28　品詞分解

正解は4。波線部「る」の前は「続く」という動詞であると考えられる。「続く」の前には「このことを」という語があるため、この「続く」は他動詞であり、下二段活用をすることがわかる。下二段活用の「続く」は、「続け／続け／続く／続くる／続くれ／続けよ」と活用するため、「る」は助動詞ではなく、「続く」の連体形「続くる」の活用語尾である。

問29　語句の意味

正解は1。「本意」は、「目的、かねてからの希望や目的」という意味がある。本文には僧の会話文に「たとひ本意遂げて、楽しみ栄へりとも」とあり、僧がかねてより叶えたかった、「地頭の娘との結婚」という願いの内容を指していることがわかる。

問30　助動詞の接続

正解は2。空欄部の下にある「ける」は、過去の助動詞「けり」の連体形である。「けり」は連用形接続の助動詞であるため、空欄には形容詞「高し」の連用形が入る。3の「たかく」も連用形だが、形容詞が助動詞に接続する場合はカリ活用をするため、「たかかり」が正解となる。

問31　現代語訳

正解は2。本文は、地頭の娘の両親が娘を勘当したのち、「たった一人の女（娘）であるので、どうしようもない」と言って娘を許した、という内容になる。誤答1は、「親の言うことを聞かず、わがままになってしまった」とあるが、これでは娘を許したという内容につながらない。3は、「女の子も生まれたと聞いたので、」とあるが、孫は「男子一人」であるため不適。4は、「一人娘が頼ってきた」という記述は本文にない。

問32　心情把握

正解は4。傍線部を現代語訳すると、「喜びがあっても、また悲しみがあるに違いない、つまらないものだ」となる。ここでは、「喜び」とは恋をしていた娘と夢の中で結婚し、子どもまでできたことを指し、「悲しみ」とはその夢の続きで子どもが海へ落ちてしまったことを指していて、いずれも夢の内容を指す。「よしなし」は、「①根拠がない。理由がない。②手段がない。方法がない。③つまらない。取るに足りない。④かいがない。利益がない。無益である。⑤無関係である。縁がない。」という意味があり、ここでは文脈から③の意味。誤答1は、「思い返してみると、いい人生だったとはいえず」とあるが、これでは夢の内容として捉えられていないため、不適。2は、「現実か夢か区別がつかないようなあいまいなもの」とあるが、僧は「夢」として認識できているため、不適。3は、「結局本当によいことなどは起こらない」という記述は本文にない。

問33　内容合致

正解は3。本文後半の内容である。誤答1は「結婚を許され、祝福を受けた」という記述が不適。2は「不吉な夢を見て、おびえた」という記述が不適。不吉な夢は見たが、「おびえた」という記述は本文にない。4は、「熊野に戻って地元の人と結婚することにした」が不適。本文にない内容である。

五　漢文

〔出典〕『蒙求《もうぎゅう》』。中唐の李瀚《りかん》による編集。三巻からなる。古代から南北朝時代までの知識人の伝記や逸話を類別に編集し、四字句の対語でまとめたもの。児童・初学者向けの教科書として用いられ、日本でも広く読まれた。

本文は、春秋時代の公族・政治家であった孫叔敖の幼少期の逸話。ある日孫叔敖は、両頭の蛇を見てそれを殺し、埋めてしまう。当時の中国には、「両頭の蛇を見た者は死ぬ」という巷説があり、孫叔敖は自分の死を恐れるとともに、他の人がその蛇を見るのを心配して、殺して地中に埋めたのだった。これを聞いた人々は、孫叔敖が仁徳者であることを悟った。孫叔敖が令尹になると、彼がまだ政治を行う前から、人々は彼が良い政治を行うと信じた。

〔書き下し文〕（漢字の読み仮名は現代仮名遣いで表記）

孫叔敖《そんしゅくごう》 嬰児《えいじ》たりしとき、出遊《しゅつゆう》して還《かえ》り、憂《うれ》へて食《く》らはず。其《そ》の母《はは》 其《そ》の故《ゆえ》を問《と》ふ。泣《な》きて対《こた》へて曰《い》はく、「今日《こんにち》 吾《われ》 両頭《りょうとう》の蛇《へび》を見《み》る。恐《おそ》らくは死《し》を去《さ》ること 日《ひ》 無《な》からん。」と。母曰《ははい》はく、「今《いま》 蛇《へび》安《いず》くにか在《あ》る。」と。曰《い》はく、「吾《われ》聞《き》く、『両頭《りょうとう》の蛇《へび》を見《み》る者《もの》は死《し》す。』と。吾《われ》 他人《たにん》の又見《またみ》るを恐《おそ》れて、已《すで》に之《これ》を埋《うず》む。」と。母曰《ははい》はく、「憂《うれ》ふる無《な》かれ。汝《なんじ》 死《し》せず。吾《われ》 之《これ》を聞《き》く、『陰徳《いんとく》有《あ》る者《もの》は、天《てん》報《むく》ゆるに福《ふく》を以《もっ》てす。』」と。人《ひと》 之《これ》を聞《き》き、皆《みな》 其《そ》の仁《じん》たるを喩《さと》るなり。令尹《れいいん》たるに及《およ》び、未《いま》だ治《おさ》めずして国人《こくじん》 之《これ》を信《しん》ず。

〔現代語訳〕

孫叔敖が幼児であった時、外に遊びに出て帰ってくると、心配そうな表情をして何も食べなかった。母がその理由を尋ねた。（すると孫叔敖は）泣きながら答えて言った、「今日、私は頭が二つある蛇を見ました。おそらく近いうちに死ぬでしょう。」と。母は、「今その蛇はどこにいるのか。」と尋ねた。（孫叔敖は）「私は『頭が二つある蛇を見た者は死ぬ。』と聞いています。（だから、）他の誰かがまたその蛇を見ることを恐れたので、（その蛇を殺して）すでに埋めてきました。」と言った。母は、「心配することはない。お前は死ぬことはないよ。私は、『人に知られない善行をした者には、天が福で報いてくれる。』と聞いているから。」と言った。人々はこの話を聞いて、みな孫叔敖が仁徳をそなえていることを理解した。

孫叔敖は令尹になると、彼がまだ政治を行わないうちから、国民は彼がよい政治を行うと信頼した。

〔解説〕

問34　漢字の読み

正解は3。「対」は「こたフ」と読み、目上の人に対して返答する際に用いる動詞である。ここは孫叔敖が母親にたいして、心配そうな状態である理由を「お答えした」という文脈である。正解は、下の「曰」に続くように連用形で「こたへ」とし、接続助詞の「テ」を送った形である。

問35　漢字の意味

正解は4。本文の「天報ゆるに福を以てす。」は、分かりやすく語順を入れ替えた「天福を以て報ゆる。」と同義と考えられるため、

「報」は動詞と判断できる。動詞の「報」には、大きく分けると二つの意味がある。

①ほうズ・むくイル＝⑴むくいる。お返しをする。「報酬」
⑵仕返しをする。「報復」

②ほうズ＝知らせる。「報告」「情報」

本文は「天」が主語であるので、①⑴の意味で「天に報いる」とすると、文意が通る。「報酬」は「①むくい。返礼。②お礼の金銭・物品」の意がある。

問36　重要句形

正解は2。「安」は主に、「いづクンゾ」もしくは「いづクニカ」と読む疑問詞である。「いづクンゾ」と読む場合は理由を問い、「どうして～か。」と訳す。「いづクニカ」と読む場合は場所を問い、「どこに～か。」と訳す。本文では、孫叔敖が母親から蛇のいる場所を問われている場面であるため、後者の「いづクニカ」と読む選択肢が妥当である。なお文末は係り結びにより、連体形の「在る」となる。

問37　内容把握

正解は1。「陰徳」とは、人に知られないようになされた良い行い・善行のこと。ここでの「陰徳」の内容は、孫叔敖が両頭の蛇を目にしてしまったことによる自らの死におびえながらも、他人が死ぬことを心配して蛇を殺して埋めたこと、である。選択肢2の「母の言いつけ」という記述は本文中にない。また選択肢3・4は主語が異なり、誤った解釈をしている。

問38　内容把握

正解は4。設問に対する解答を整理する。

「誰が」＝「皆」＝「人（国民）」が。※直前の部分から判断する。

「何を」＝「其の仁たる」を。※「其」は指示語。「仁」をそなえている人物ということから、孫叔敖を指す。

孫叔敖が「陰徳」をそなえた人物であるということが世間に伝わり、国民の間での評判へとつながったのである。なお、選択肢1・2はどちらも主語が異なる。

問39　重要句形・内容把握

正解は3。「未」は再読文字。「まだ～しない」という意味で、「いまダ～ず」と読む。「～」の部分にあたるのは「治」で、政治を執り行うという意味であるため、3が正解となる。すでに国民の間では、孫叔敖が仁徳をそなえた人物であるということが広まっていたために、人々は彼が良い政治を行うと信じていたのである。

問40　内容合致

正解は2。選択肢を一つ一つ吟味してみる。

1…蛇を殺すことを母は命じていない。また、人々から推薦されたために令尹の地位に就いたという記述もないため、不適切。

2…過不足なく説明されている。正解。

3…蛇を殺して埋めることが「残忍」であるとは述べられていない。また、「母の教えによって仁徳をそなえた」が不適切。

4…後半は本文の内容に合致しているが、前半の「臆病な」孫叔敖を「母が厳しく育てた」という記述はないため、不適切。

国語　4月実施　正解と配点

（60分，100点満点）

問題番号		正解	配点	合計
一	1	4	2	20
	2	3	2	
	3	4	2	
	4	4	2	
	5	1	2	
	6	2	2	
	7	3	2	
	8	2	2	
	9	4	2	
	10	4	2	
二	11	2	2	20
	12	3	2	
	13	3	3	
	14	4	3	
	15	*	4	
	16	3	3	
	17	4	3	
三	18	4	2	20
	19	1	2	
	20	2	2	
	21	3	2	
	22	4	2	
	23	1	2	
	24	3	2	
	25	2	3	
	26	4	3	

*15番解答例

・知識は外から意識的に摂取するものだが、知恵は自分の内部にあり無意識に成立するものである（という違い。）（43字）

・知識は自己拡大によって外部から獲得されるのに対し、知恵はその人の体験を通じて内部から生じる（という違い。）（45字）

問題番号		正解	配点	合計
四	27	2	2	20
	28	4	3	
	29	1	3	
	30	2	2	
	31	2	3	
	32	4	3	
	33	3	4	
五	34	3	2	20
	35	4	2	
	36	2	3	
	37	1	3	
	38	4	3	
	39	3	3	
	40	2	4	

九月実施　解答と解説

一　語彙

〔解説〕

問1　漢字の読み

正解は3。「唆」の訓読みは「そそのか-す」。「けしかける。人を誘ってことをさせる」という意味で、「子どもを唆す」というように用いる。音読みは「サ」で、「教唆」「示唆」などの熟語で用いる。他の選択肢については、次の通り。1「うながす」は「促す」、2「ほどこす」は「施す」、4「くつがえす」は「覆す」と書く。

問2　四字熟語

正解は2。「旧（態）依然」という四字熟語になる。「きゅうたいいぜん」と読み、意味は「昔のままで発展がないさま」である。「やり方が旧態依然としている」というように用いる。書き取り問題で出題されると「旧態以前」と書く人が多いので、注意する。

問3　慣用句

正解は1。「業を煮やす」は「腹を立てて、いらいらする」という意味であり、正しい使い方をしている。2「袖を引く」は「①そっと注意する。②そっと人を誘う」という意味で、「もっと小さい声でと、袖を引く」のように用いる。2の選択肢の文章の場合、傍線部の言葉は「尾を引く」などが正しい。3「引導を渡す」の意味は「あきらめるよう最終的な宣告をする」という意味で、「見込みのない者に引導を渡した」のように用いる。3の選択肢の文章の場合、傍線部の言葉は「引き継ぐ」などがふさわしい。4「茶々を入れる」は「冷やかし妨げる」という意味で、「人の話に茶々を入れる」のように用いる4の選択肢の文章の場合、傍線部の言葉は「念を入れ」などがふさわしい。

問4　評論用語

正解は3。「複数のものが互いに関係し合う中で成り立つもの。複数のもの同士を比べて、その違いが理解できる状態」とは、「相対」のこと。対義語は、4の「絶対」で、他と関係なくそれ自体として認識したり評価したりする場合をいう。また、1「総合」（いろいろの物事をまとめて、一つの考えを導くこと）と、2「分析」（組み合わさったものをいくつかの要素に分けて考えること）も対義語の関係にある。

問5　カタカナ語

正解は4。「レトリック」は「修辞」であり、「言葉を効果的に使ってより適切に表現すること。」を意味する。1「レクリエーション」は「気晴らしのために楽しむ娯楽」という意味で、「社内のレクリエーション活動」のように用いる。2「レスポンス」は「反応。応答」などの意味で、「彼はレスポンスが早い」のように用いる。3「レッテル」は「①会社などが自己の製品であることを示すために商品にはりつける札。②ある人や事物に与えられる評価」という意味。慣用表現として「レッテルをはる」があり、「主観的・一方的に評価する」という意味で用いる。

問6　対義語

正解は3。「実践」は「自分で実際に行うこと」という意味であり、それと反対の意味を持つ熟語を選択肢から探せばよい。正解である3「理論」は、「原理や原則から出発して論じたもの」という意味で、「実践」の対義語といえる。1「処理」は「手を加えて、問題を解決すること」という意味。2「管理」は「（組織・施設・事業などを）責任を持って取りしまり、面倒を見ること」という意味。4「理非」は「道理にかなうこととかなわないこと」という意味。

味。

問7　近代文学史

正解は3。三好達治の詩集としては、『測量船』などが挙げられる。『若菜集』は島崎藤村の詩集。島崎藤村は『破戒』『夜明け前』といった小説も有名で、浪漫主義と自然主義を代表する作家であり詩人である。

二　評論

〔出典〕内山節《うちやまたかし》『日本人はなぜキツネにだまされなくなったのか』（講談社現代新書、二〇〇七年刊）。一九六五年頃を境にして、日本の社会からキツネにだまされたという話が発生しなくなったという。そのことをとおして、近代を相対化し、知的合理性とは異なる「身体や生命に蓄積されている記憶としての歴史」＝「見えない歴史」を論じ、歴史哲学とは何かを考察した書。

〔著者〕内山節（一九五〇〜）は、日本の哲学者。東京生まれ。都立新宿高校卒。東京と群馬県の山村・上野村との二重生活をし、立教大学、東京大学などで教鞭を執る。現在、NPO法人・森づくりフォーラム代表理事など。

〔解説〕

問8　漢字

正解は1。波線部ⓐは「除」。「除外」の意味は「ある範囲から取り除くこと」。同じ漢字を使うものは、1の「解除」。意味は「今まであった禁止・制限などをなくして元の状態に戻すこと」。誤答2は「秩序」。意味は「物事を行う場合の正しい順序・道筋」。3は「徐行」。意味は「電車や自動車などが速度を落としてゆっくり進むこと」。4は「叙述」。意味は「物事について順を追って述べること」。

問9　漢字

正解は3。波線部ⓑは「裕」。「裕福」の意味は「財産や収入がゆたかで生活に余裕があること」。同じ漢字を使うものは、3の「余裕」。意味は「ゆとりがあること」。誤答1は「悠然」。意味は「物事に動じず、ゆったりとおちついていること」。2は「誘惑」。意味は「心を迷わせて誘い込むこと」。4は「俳優」。意味は「演技することを職業としている人」。

問10　内容把握

正解は2。「動物をみる多様な視線」の内容について、傍線部(1)の前に「害獣」と「共同体の仲間」の二点が挙げられていたが、後にはさらに「狩猟の対象」、「尊敬」や崇拝の対象などが加えられている。動物に対する複数の見方が、「並存」＝同時に存在しているのである。これに合致する選択肢は2になる。誤答1は一つの見方に過ぎず、並存ではない。3は、人と人との対立については本文に述べられていないので不適。4も本文に述べられていない。動物を信仰の対象とすることはありえるが、「動物に関する複雑な思想」を信仰対象とすることではない。

問11　内容把握

正解は3。「人間がもたざるを得ない絶対矛盾」は、傍線部(2)の直前の指示語「それ」を受けている。「それ」の内容を遡ると、前段「人間と動物の関係が矛盾しながら重なり合っていること」にあたる。「人間と動物の関係」における「矛盾」とは、問10で見たように、仲間であり尊敬の対象でありながら、害獣でもあり、狩猟の対象ともなるような関係である。そして、その関係において、人間が根源的にもつ問題として、「純粋な生命的な行為なのか、それとも自分の『欲』がからんだ行為なのかを明確にできない」ことが挙げられている（7段落）。合致するのは3。誤答1は、「理性」と「感情」の対比や、「一方的に攻撃する」など、いずれも本文に述べられていない。2は、「自己主張・自己表現が最重要」、「意図的に自然そのものを破壊」などが不適。4は、「都会に住むようになった」ことなど、本文と関係ない。

問12　理由説明

正解は1。問題文をよく読む必要がある。傍線部は「自然の行ない」であるが、出題は「人間が『自然の行ない』ではないことをするのはなぜか」。キーワードは「自己」。8段落では、「自然の行ない」に対置される「人間の行ない」について、「自己」があるから「自己目的」が生じる、と論じられている。また、17段落には、以下のように記されている。「なぜ自然のままに生きられないのかは、人間の本性に根ざしている。その本性とは生のなかに『自己』や『我』、『個我』を内在させていることである。生を自己の生としてとらえ、そこから不安が生まれる」と。合致するのは1。誤答はいずれも本文に述べられていない内容。

問13　具体例

正解は2。傍線部は「結び合う世界をもちえないのである」だが、出題は「結び合う世界」について問われていることに注意。13段落では「つながり合う世界」と言い換えられており、リスや野ネズミの食べ残した木の実が樹木にとって有効性をもつという、「自然」のつながりを表している。合致するのは2。それ以外の選択肢はいずれも人間社会に属す内容なので不適。

問14　構成と内容の説明

正解は4。傍線部の前段落（18段落）の内容を整理すればよいが、「とすると」に傍線が引かれていることから、19段落の論を導く内容でなければならない。19段落では「動物と人間の関係」における「精神」が論じられている。一方、18段落では「人間と自然の関係」が論じられており、このことを前提として後段につなげている。その内容は、「人間は自然そのもののあり方とは違うことをする」「それはときに自己への罪悪感をもたらし、ますます深い自然への尊敬を生みだす」「自然のなかで『おのずから』のままに生きているということ、そのこと自体のなかに穢れなき清浄なものを感じとる」と述べられている。合致するのは4。誤答1は不正確。「…反省するなら、…許される」というような条件は本文に述べられていないし、「仏性」に言及せず「霊性」とだけ表現するのは片手落ちである。2の内容は確かに18段落に書かれているが、補足に過ぎず、後段「とすると」で受けている内容ではない。3は「農業」に限定していることが不適。

問15　構成の説明

正解は3。文章全体の構成を「論の展開」に着目して把握したい。本文では、冒頭に具体例を示し、そこから論が展開されている。誤答はいずれも本文と合致しない。1は「対応策」が不適。本文に述べられていない。2は「想定される反対意見に対してさらに反論」が不適。4は「抽象的なテーマ」「あえてそれらに結論を出さない」「さまざまな考え方が存在することを印象づけている」が不適。評論文は基本的に筆者の主張が明示されるものであり、本文も例外ではない。

問16　内容合致

正解は2。選択肢が長いので、本文を根拠にして要点をとらえたい。1は、動物に対して「厳格な善悪の基準をもって接するようにしなければならない」とは述べられていない。2は、6段落以降や、最終段落に結論として述べられているような、人間と自然の関係について的確に記されており、合致。3は「自然とのつながりを失った人間は『我』だけの存在となり、それが際限のない不安を生み出した」が不適。人間が「『我』だけの存在」となったとは述べられておらず、不安は「人間の本性」に根ざす根源的なものなのである。4は、「不安が生みだす欲望」を「果てしない向上心を導き出」すものとして「価値あるもの」と評価している点が不適。一六段落に述べられている通り、筆者はこのような考え方を批判しているのである。

三 小説

〔出典〕氷室冴子《ひむろさえこ》「黒い川」(『いもうと物語』新潮社・一九九一年刊)。

〔作者〕氷室冴子(一九五七～二〇〇八)。北海道岩見沢市に生まれた。岩見沢東高等学校から藤女子大学国文科へ進学。在学中の一九七七年、『さようならアルルカン』で小説ジュニア青春小説新人賞の佳作を受賞してデビュー。代表作に『なんて素敵にジャパネスク』『海がきこえる』などがある。「黒い川」は、昭和四十年代の北海道を舞台にした短編小説『いもうと物語』の一編。小学校四年生の主人公チヅルが、友だちや先生、家族との交流を通じて、大人になっていく日々が描かれている。

〔解説〕

問17 語句の意味

正解は1。波線部ⓐ「我ながら」は「自分のしたことではあるが」の意。「だいぶ坂道をのぼったんだなあ」と、自身の行動の跡に「感心」している。選択肢では、1の「自分のことではあるが」が適する。

問18 語句の意味

正解は4。波線部ⓑ「目も眩む」(「目が眩む」)は、「①めまいがする。②心が奪われて正しく判断できなくなる」という意味の慣用表現であり、ここでは②の意。チヅルは丘の上の家について、「屋根のアンテナがカラー用」であることを見てとり、心が奪われるほど「羨し」く感じているのである。選択肢では、4の「心を奪われて、正しい判断ができなくなる」が適する。

問19 内容把握

正解は2。傍線部(1)「あいつら」の6行後には「塀で囲ってある家のやつら」とある。「あいつら」や「やつら」という言葉に、「所長」「病院長」「職員」たちに対する反発や憎悪の感情が読み取れるため、2の「反感」が適する。1の遠慮(ひかえめ)、3の羨望(うらやみ)、4の恐怖(恐れ)の感情は読み取れない。

問20 内容把握

正解は4。傍線部(2)「こんな町はダメだ」より以前に「あいつら、おれらの炭住が見下ろせるんだ」「炭鉱《ヤマ》に入らんで、字かいて、ハンコ押してるやつだ」とも言っている。克志は「あいつら」(=所長・病院長・職員たち)と「おれら」(=炭鉱夫)の暮らしぶりに格差がある点に問題を感じていることが読み取れるので、4が適する。1は「いろいろな職種の人々が同じ地域に住んでいる」こと自体を問題にしているわけではないので不適。2について、確かに格差はあるものの、「支配」されているわけではない。また、「自由に生活することができない」とも述べられていないので不適。3は「交流」の有無について、本文で言及されていないので不適。

問21 空欄補充

正解は3。X の直前「こんな町はダメだ」という言葉には、克志の町に対する批判が込められている。不満や軽蔑などを言い捨てるときの表現である3の「吐きすてるように」が適する。

問22 心情把握

正解は2。克志の顔が「赤くなっていった」理由を探る。傍線部(3)の直後「こんな川、ほんとに汚いさ。…なんもかんもダメなのさ、ここは」の後に、「克志はまるでケンカ相手に悪口を浴びせるみたいに、息もつかずにいって、顔を真っ赤にしたまま黙りこんだ」とあることから、顔を赤くしたのは、町の現状に対する怒りの気持ちがこみ上げたからだとわかる。1の「チヅルを不快に感じた」や、4の「チヅルにいら立ちを覚えた」のように、チヅルに対する感情ではないので不適。3は「恥ずかしい」から顔が赤くなったと捉えてしまっているため不適。

問23　内容把握

正解は1。克志たちの住む町は、炭鉱で成り立っている町である。この町の川は、克志の言う通り「石炭洗ってるから、沈粉で真っ黒」に濁っている。そのため確かに川は「汚い」が、一方でそのことは町が石炭で栄えていることの証《あかし》でもある。したがって、「水がきれいになったら」つまり石炭が採れなくなったら、町の経済が成り立たなくなることに繋がる。その状態を「この町ダメになる」と言っているので、1が適する。2の「石炭の質」や3の「川遊びができなくなる」は問題にしていないので不適。4の「観光客」は本文に言及がないので不適。

問24　心情把握

正解は3。傍線部(5)「なんだかふいに悲しくなってきた」の次の段落に注目する。チヅルは克志について、「ひとつひとつに怒っているような気がして、けれどそれは、克志が乱暴者だからというのとは違うような気もする」「克志は悪くないという気がする」と感じている。自分の暮らす町を「ダメだ」と言わざるを得ない、やり場のない怒りを抱えた克志の想いに同情や共感の気持ちが生まれ、「悲しくなってきた」のである。よって、3が適する。1は「山のことがかわいそうになった」が不適。2は「どんな乱暴をするかわからず心配になった」が不適。チヅルは克志の怒りが「克志が乱暴者だからというのとは違う」と思っており、克志が乱暴することを心配しているのではない。4は「おスシをただで食べさせてくれるかどうか気になった」が不適。

問25　内容把握

正解は1。克志は、自分が住む町の階級的格差に対して激しい怒りと反感を覚えている。「おれは炭鉱にも入らんけど、ハンコついて差別するヤツにもならんぞ。来年、中学でたら、大工かスシ屋になるのさ」と言ったのは、炭鉱町の階級的格差に埋もれずに抜け出したいと思っているからである。傍線部直前のように「喰わしちゃる。おまえはタダで喰わして、医者や金持ちから金とってやるのさ」と想像するだけで、自分の町の階級的格差に反撃したような気分になり、「ケンカに勝ったあとみたいに」笑い続けたのであるから、1が適する。2は「チヅルが深く理解してくれているとわかった」が不適。チヅルは克志について「いろんなものひとつひとつに怒っているような気がして」とある通り、「深く理解」しているわけではないし、克志が「深く理解してくれているとわかった」という描写もない。3は「将来町を出て新たな地で大成功をおさめるに違いない」、4は「チヅルと親しくなれる気がした」が不適。

問26　内容合致

正解は2。チヅルと克志を通して表現された町の様子について適切に説明している。1は、チヅルの「疑問を通して」、「論理的に述べられている」が不適。3は「二人のその後の激動の人生を予感させている」の根拠となる記述がないので不適。4は「全く相反する価値観の持ち主」が不適。

四　古文

〔**出典**〕『沙石集《しゃせきしゅう》』弘安二年（一二八三年）成立の仏教説話。日本や中国、インドの説話が収められている。世俗的で多彩な内容となっている。

〔現代語訳〕

下総の国に御家人がいた。荘園を治める代官と言い争いがあり、何度も問答をしたが、うまくいかなかったので、鎌倉幕府で対決をした。北条泰時が裁判所の責任者であった時に、地頭と代官は何度も問答をして、地頭が根本的な道理を申し上げ述べた時に、地頭が手をはたと打って、泰時の方を向いて、「ああ負けたなぁ」と言った。その時、その場に同席した人々も一同に「はは」と笑ったのを、泰時はうなずいて、「たいへん立派に負けなさったものだなぁ。泰時は、御代官として、長年、このように裁判をいたしているが、『ああ負けてしまったなぁ』と思われている人も、主張が通らないと、一言でも抗弁するものであって、他人によって負けて追いこまれるけれども、自分の方から負けだと認めた人は、まだお聞きしたことがない。これまでの問答は、どちらもそうであると思われた。いま領家の代官が申し上げたなさったことは、重要なことだと思われたが、自分の言い分を述べることなく、負けなさったことは返す返すもすばらしいことだと思われます。正直な方でいらっしゃるのだろう」と言って、涙ぐみながらおほめになったので、笑っていた人も、気まずい顔になったように見えた。そして、領家の代官は「日ごろ道理を聞き分けてくださって、故意の過ちではなかった」と言って、六年の未納の年貢を、三年分は免除した。情のある人である。これこそ「負けたので勝った」の様子である。

〔解説〕

問27　接続助詞「ば」

正解は4。空欄の前が「問答をしたけれども」であり、空欄の後が「鎌倉で対決した」とあるので、空欄の内容は〈すぐに解決しなかったので〉という内容が入ることが予測される。選択肢1の「簡単なことで」と、3の「すばらしいことで」は内容からはずれる。次に2の「事すすまば」は「すすむ」の未然形＋「ば」の形で仮定条件を表し、事が進んだとしたらという意味になるので、文脈に合わない。

問28　語句の意味

正解は3。「いみじ」は「程度がはなはだしい」という古文重要語。泰時の言葉のあとに「涙ぐみて褒められければ」とあり、褒めていることがわかるので、良いという程度がはなはだしいと解釈できる。選択肢のうち、その意味を表せるものは、3のみとなる。

問29　語句の意味

正解は1。「ひがこと」は古文重要語で、「まちがい」という意味となる。正解はその意味から類推して1「過ち」となる。

問30　助動詞「る」の識別

正解は3。「申さるる」の助動詞「るる」の部分と、動詞「聞こゆ」ついて理解できているかを問われた問題。「るる」は助動詞「る」の連体形であり、意味は、自発、可能、受身、尊敬の四つ。見分け方は、直前に「（人物）に」がある、もしくは補える場合は受身、下に打消や反語表現がある場合は可能、直前に心の動きに関係のある言葉がある場合は自発、その部分の主語が身分の高い人であれば尊敬と考えられるが、ここではそのいずれにも該当しないので、選択肢の1と2は正解からはずせる。次に「聞こゆ」ついては、選択肢は動詞の連体形か、動詞の終止形と助動詞がくっついた形かを判断することとなる。助動詞で「る」となるのは、自発、可能等の助動詞「る」の終止形か、完了の助動詞「り」の連体形となり、自発などの助動詞「る」は、四段・ナ変・ラ変の未然形に接続すること、完了の助動詞「り」はサ変の未然形か四段の命令形（已然形）に接続することを考えると、「聞こゆ」は終止形しかないので、4の選択肢は成立しない。

問31　敬語

正解は4。敬語の問題は、敬語の種類と敬意方向性を答えることが必要となる。「おはする」は尊敬語で「いらっしゃる」という意味になる。問題の部分は会話文なので、敬意の〈誰から〉の部分は会話主となり、泰時となる。次に、「正直の人でいらっしゃる」のは誰かということになるが、領家の代官が「申さるる所を、肝心と聞こゆるに、陳情なく負け給ひぬる」ことが正直だというので、御家人（地頭）が敬意の対象となる。

問32　文脈にそって内容理解

正解は2。座席の人々一同は直前の「あら負けや」という言葉に対して笑っており、その言葉を言ったのは地頭なので2が正解となる。

問33　「こそ…已然形、」の用法

正解は3。係り結び「こそ…已然形、〜」という構造の文では、「已然形、」から次への接続が逆接の意味となる。それを踏まえて考えると、3が正解となる。

問34　文脈にそって内容理解

正解は2。「にがりてぞ見えける」と直前の部分を考える。泰時が「涙ぐみて誉め」た内容は、御家人が簡単に負けを認めたことであり、座席の人々一同はそれを簡単に笑っていしまっていた。このことを考えてみると、泰時が誉めることを簡単に笑ってしまった人々の様子を答えることとなり、2が正解となる。

問35　内容合致

正解は3。正誤の問題はそれぞれの選択肢の内容をしっかりと吟味することが大切である。1は泰時自身が御代官として「年久しく」と言っていることから、「裁判の責任者になっても間もない」が間違いとなる。2は領家の代官は「情けはかけなかった」とあるが、「六年が未進の物、三年をば許してけり」を「情けありける人なり」としていることから、この部分が間違いとなる。4では、「負けたればこそ勝ちたれ」と言われた行動をしたのは、地頭なので、「領家の代官のふるまいを」という部分が間違いとなる。以上のことから3が正解となる。

問36　文学史

正解は1。『沙石集』と『宇治拾遺物語』は鎌倉時代に成立した説話集である。2の『平家物語』は鎌倉時代に成立した軍記物語。3の『風姿花伝』は、室町時代に成立した世阿弥《ぜあみ》による能楽論集。4の『方丈記』は鎌倉時代に成立した鴨長明《かものちょうめい》の随筆。近年の基礎学力統一テストは、説話の出題が多い。

五　漢文

〔**出典**〕『十八史略』は七巻から成る歴史書。元の曾先之《そうせんし》（生没年不詳）の撰。太古から宋末までの約四千年間の歴史を簡略に記したもので、編年体（年月の順序を追って史実を記述する体裁）をとっている。主に十八の史書によっているのでこの名がある。曾先之は、地方官を歴任したが、宋王朝が滅亡した際に隠居した人物である。

本文は、『十八史略』巻七「南宋」の「帝昺《ていへい》」に収められている。文天祥（一二三六〜一二八二）に関する内容に絞るため、中途が省略されている。文天祥は、元の将軍である張弘範に「彼忠義也（文天祥は忠義一徹の人物である）」と評されるほどの忠誠心をもつ人物である。南宋の恭宗《きょうそう》の時、元軍が進軍すると、文天祥は天子の命に従って挙兵した。しかし、元の将軍張弘範によって捕らえられた。祥興二年の正月に張弘範が厓山に進軍した際、宋の将軍張世傑が奮戦してこれを防いだため、張弘範はどうする術もなくなった。そこで張世傑を招き寄せようと試みたが、これに従わなかった。張弘範は文天祥に命じ、手紙を書いて張世傑を招かせようとした。すると文天祥は、忠節を詠った「零丁洋の詩」を見せて断った。南宋が本拠地とした厓山が陥落した後、文天祥は宰相の地位を保証されるが、これを断り、忠節を全うした。本文は、文天祥が張弘範に手紙を書くことを命じられたが、それを断るところから始まる。

〔書き下し文〕（漢字の読み仮名は現代仮名遣いで表記した）

天祥《てんしょう》曰《い》はく、「吾《われ》父母《ふぼ》を扞《まも》ること能《あた》はず。乃《すなわ》ち人《ひと》をして父母《ふぼ》に叛《そむ》かしめて可《か》ならんや」と。固《かた》く之《これ》に命《めい》ず。天祥《てんしょう》遂《つい》に過《す》ぐる所《ところ》の零《れい》丁洋《ていよう》の詩《し》を書《しょ》して之《これ》に与《あた》ふ。其《そ》の末《すえ》に云《い》へる有《あ》り、「人生《じんせい》古《いにしえ》より誰《たれ》か死《し》無《な》からん。丹心《たんしん》を留取《りゅうしゅ》して汗青《かんせい》を照《て》らさん」と。弘範《こうはん》笑《わら》ひて之《これ》を置《お》く。弘範《こうはん》復《ま》た人《ひと》をして厓山《がいざん》の士民《しみん》に語《つ》げしめて曰《い》はく、「汝《なんじ》が陳丞相《ちんじょうしょう》は已《すで》に去《さ》り、文丞相《ぶんじょうしょう》は已《すで》に執《と》らへらる。汝《なんじ》何《なに》をか為《な》さんと欲《ほっ》するや」と。士民《しみん》も亦《ま》た叛《そむ》く者《もの》無《な》し。

厓山《がいざん》既《すで》に破《やぶ》る。元《げん》の張弘範《ちょうこうはん》等《ら》置酒大会《ちしゅたいかい》して、文天祥《ぶんてんしょう》に謂《い》ひて曰《い》はく、「国《くに》亡《ほろ》びぬ。丞相《じょうしょう》の忠孝《ちゅうこう》尽《つ》きたり。能《よ》く心《こころ》を改《あらた》め、宋《そう》に事《つか》へし者《もの》を以《もっ》て今《いま》に事《つか》へば、宰相《さいしょう》たるを失《うしな》はざるなり」と。天祥《てんしょう》泫然《げんぜん》として涕《なみだ》を出《い》だして曰《い》はく、「国《くに》亡《ほろ》びて救《すく》ふこと能《あた》はず。人臣《じんしん》たる者《もの》、死《し》すとも余罪《よざい》有《あ》り。況《いわ》んや敢《あ》へて其《そ》の死《し》を逃《のが》れて、其《そ》の心《こころ》を弐《じ》にするをや」と。弘範之《こうはんこれ》を義《ぎ》とす。

〔現代語訳〕

文天祥は、「自分は父母とも慕いまつる我が君を守ることができなかった。それなのに、人に説いて我が君に叛かせてよいだろうか（、いやよくない）」と断った。（張弘範は）これを強く命じた。文天祥はついに零丁洋を通った時に作った詩を書いて張弘範に与えた。その詩の末尾ではこのように述べた、「人と生まれた以上、古来より死を免れた者がいるだろうか（、いや、誰一人としていない）。誠心をこの世に留めて歴史書にかすかな光を灯したい」と。張弘範は（これを見てもはや説得はかなわないと感じ）笑ってそれを手元に置いた。張弘範は再び部下を遣わして、厓山の士民たちに対して言わせた、「お前たちの陳宜中丞相はすでに去っていて、文天祥はすでに捕らえられている。お前たちは（今さら）何をなそうというのか」と。（しかし）士民らもまた、降伏しようという者はなかった。

厓山は落ち（南宋は滅亡し）た。元の張弘範らは（戦勝を祝うための）大宴会を催して、文天祥に対して言った、「国（南宋）は滅んだ。丞相殿（文天祥）の忠義は充分全うされた。（ここで）心を改められ、宋に仕えたように今の元に仕えるならば、宰相の地位は失わないだろう」と。（すると）文天祥ははらはらと涙を流しながら言った、「国が滅びてそれを救うことができなかった。臣下として、死を以て償ってもまだ罪が残る（余りある）。ましてや、無理にその死を逃れて二心を抱くことなどどうしてできようか（、いやできまい）」と。張弘範はこれを忠義と感じ入った。

問37　多義語の意味

正解は2。「事」には多くの読みと意味があり、それぞれが非常に重要。

①こと…〔名詞〕仕事。つとめ。
②こと…〔名詞〕出来事。事柄。
③ことトス…〔動詞〕実行する。専念する。処理する。
④つかフ…〔動詞〕仕える。

右記のうち、波線部ⓐに該当するのは動詞である③もしくは④である。③は、「事《トス》レ謀《ルヲ》レ呉《ヲ》。〔呉を攻める計画を立てることに専念した。〈十八史略・臥薪嘗胆〉〕」のように用いる。対して④は、「子路問《フ》レ事《フルコト》レ君《ニ》。〔子路が君主に仕えることを尋ねた。〈論語・憲問〉〕」のように用いる。波線部ⓐは「事《ヘシ》レ宋《ニ》」となっており、補語を示す送り仮名「ニ」が用いられ、④の意味で「…に事ふ」の形で読んでいることが分かる。

選択肢は、次のようになる。

1　慶事…よろこばしいこと。
2　師事…相手を先生として教えを享受する。
3　事実…実際にあった本当の事柄。
4　事業…社会的な意義のある大きな仕事。

よって、「仕える」という意味を含む2が正解。

問38　「況」の意味

正解は4。重要語の読みを問う問題。「況」は、抑揚形の句形で用いられる重要な語。「況」は「いはんや（いわんや）」と読み、「まして」という意味で用いる。句形は「AはB。〔而〕況C乎（AはB。〔而るを〕況やCをや。）」という形で、「AはBである（AでさえBだ）。ましてCはなおさら（B）だ。」と述べる。初めに意味の軽いものや程度の低いもの、誰もが当然と考える内容を述べていったん抑え（抑）、あとから意味の重いものや程度の高いものなどの強調したい内容を挙げる（揚）ことから、抑揚形と呼ばれる。

2「いわゆる」は「所謂」、3「かつて」は「嘗《テ》」となる。

問39　動作主を問う

正解は1。「固命レ之」とあるので、「命」は動詞として読むと判断できる。また、「固」は動詞「命」の上に配置されているので「命」に対する連用修飾語と判断できる。「命」はサ変動詞で「めいズ」と読むと意味が通じる。「命」には「命令する・言いつける」という意味と「名づける」という意味があるが、後者はこの文脈にはあわない。以上から、「固く之に命ず（誰かが強く他の誰かに命じた）」と読むことが推察される。では次に、傍線部の前後の記述を整理すると次のようになる。

①リード文より、張世傑に降伏することを勧める手紙を、張弘範は文天祥に書かせようとした。
②文天祥は〔張弘範に対して〕「私は我が君を守ることができなかった。それなのに人に説いて叛かせてよいだろうか（いやよくない）」といった。
③傍線部(1)「【誰か】が【別の誰か】に【何かを】強く命じた。」
④文天祥はそこで、かつて零丁洋を通過した際に作った詩を書いて差し出した。

以上の流れから、文天祥の言葉に対して「命じ」、それに対して再び文天祥が反応を返したことから、命じたのは張弘範であるとわかる。なお、傍線部(1)の後の文では「遂」という語が使われている。この語は「つひニ」と読み、「そこで、その結果」と訳す。「遂」は、ある行為や状況に引き続いて次の行為や状況を導く〈経過説明〉の意味が強い語である。これを踏まえると、傍線部(1)のあとは、「文天祥はそこで……差し出した。」という文脈を作れることからも、文天祥が詩を差し出した相手は張弘範（＝傍線部(1)の動作主）であることがわかる。

問40　「誰」を使った反語形

正解は3。「誰」は「たれ」と読み、漢文では「たれ・たれカ」

などの形で用いられ、疑問文か反語文の意味をもつ。基本的に、回答を求める場合には疑問文となり、強調したい事柄や感情などを述べる場合は反語文となる。

では傍線部(2)はどちらで解釈すべきか。「自」は「より・よリス」「みづからラ」「おのづカラ」「よル」と読む。このうち「よル」は動詞であるので、文脈に合わない。「みづからラ」・「おのづカラ」はそれぞれ「自分で。自分から」・「自然に。ひとりでに」という意味になる。これらもまた文脈に合わない。よって動作や事物の起点を表す「より」と判断するのが妥当であるので、選択肢のうち、より明確に動作や事物の起点を表しているのは3・4の「昔から」となる。ちなみに今回用いなかった「自」の読み・意味はいずれも重要語であるため覚えておきたい。

では文の後半の解釈をしてみよう。疑問文であるならば、「人として生まれて昔から死なないのは誰だろうか。」となり、反語文であるならば「人として生まれながら、昔から死ななかった者がいるだろうか（いや死から逃れた者はいない）。」となる。ここで傍線部(2)の次の文を参照したい。「誠心をこの世に留めて歴史書にかすかな光を灯したい」とあることから、文天祥は己の誠心の行動によって歴史に名を遺したい（死した後も名が遺ってほしい）と願っていることから、ここは反語文で解釈するのがふさわしい。選択肢1は事実に反した内容であることなので不適切。選択肢2は疑問文と解釈している点と「自」の解釈が異なることから不適切。選択肢4も疑問文と解釈しているので不適切。

問41　使役形

正解は4。使役形には「使」「令」「教」「遣」のいずれかの字を使用する形と別な形がある。傍線部(3)は「遣」を用いているので、使われている句形は以下のものとなる。

主語　使（令・教・遣）二 A《ヲシテ》 B《〔セ〕》 一

〔書き下し文〕 主語Aをして B〔せ〕しむ。
〔口語訳〕 主語はAにBさせる。

ここで押さえておきたいのは二点。使役形は「使」「令」「教」「遣」のいずれかが用いられる場合があることと、Aの送り仮名が「ヲシテ」となる点である。とくに送り仮名は「Aヲ」「Aニ」とならないよう注意する必要がある。

傍線部(3)は「張弘範は再び部下を遣わして、厓山の士民たちに対して言わせた」となる。選択肢をみると、「ヲシテ」「シム（シメテ）」の両方を満たしているものは4のみである。

問42　内容把握

正解は1。傍線部(4)は「其の心を弐にす（るを）」と読む。「弐」は「二」であるので、「心を二つにする。二心を抱く」と解釈できる。「二心（弐心）」とは「二通りの心をもつこと。忠実でない心」という意味である。ここでは主君に叛こうとする心のこと。選択肢の中で「謀反。裏切る」の意味を含むものは1だけである。また、この傍線部(4)を含む文では、「況」で始まる抑揚形の後半部分である。問38でも説明したように、抑揚形は後半部分で強調したい内容が書かれる。「ましてや、無理にその死を逃れて二心を抱くことなどどうしてできようか（、いやできまい）」と、国が亡びるのを救えなかった自分の罪の重さを強調している。

問43　内容合致

正解は2。文天祥の忠誠心、それに対する張弘範の受け止め方を過不足なく説明しているのは2だけである。選択肢1は、「天祥は自分はその器ではない」「弘範は天祥の頑迷さを嘲笑した」が不適切。文天祥が張弘範の誘いを断ったのは、南宋への忠誠心があるからである。また、張弘範の笑いは、自分が仕えた南宋へ忠義を貫く文天祥の姿に苦笑いをしたと考えられる。選択肢3は、「天祥が張弘範に説得されて心変わりした」「人々は南宋の命運もこれまでと悟り、天祥にならって元に降伏した」が不適切。文天祥は心変わりをしていないし、厓山の人々も誰一人として降伏しなかった。選択肢4は、「改めて天祥の才能を認め、元に仕えるように勧めた」が不適切。張弘範は零丁洋の詩から、文天祥の忠誠心の強さを改めて実感し、文天祥に手紙を書かせることを断念した。

国語　9月実施　正解と配点

（60分，100点満点）

問題番号		正解	配点	合計
一	1	3	2	14
	2	2	2	
	3	1	2	
	4	3	2	
	5	4	2	
	6	3	2	
	7	3	2	
二	8	1	2	26
	9	3	2	
	10	2	2	
	11	3	4	
	12	1	3	
	13	2	2	
	14	4	3	
	15	3	4	
	16	2	4	
三	17	1	2	20
	18	4	2	
	19	2	2	
	20	4	2	
	21	3	2	
	22	2	2	
	23	1	2	
	24	3	2	
	25	1	2	
	26	2	2	
四	27	4	3	25
	28	3	2	
	29	1	2	
	30	3	2	
	31	4	2	
	32	2	3	
	33	3	3	
	34	2	3	
	35	3	3	
	36	1	2	
五	37	2	2	15
	38	4	2	
	39	1	2	
	40	3	2	
	41	4	2	
	42	1	2	
	43	2	3	

令和４年度

基礎学力到達度テスト
問題と詳解

令和四年度　四月実施

一　次の各問いに答えなさい。

問1　次の中から、傍線部が「暫時」の「暫」と同じ読み方をするものとして、最も適切なものを一つ選びなさい。

1　尋問　　2　残像　　3　漸増　　4　実存

問2　対義語の組み合わせとして、最も適切なものを一つ選びなさい。

1　平静―穏便　　2　架空―虚構
3　陥没―隆起　　4　接近―深遠

問3　次の文の傍線部の四字熟語の空欄部に当てはまる漢字の組み合わせとして、最も適切なものを一つ選びなさい。

＊□覧□記のおじとの会話は、知的好奇心をくすぐられる。

1　観・必　　2　本・手　　3　明・筆　　4　博・強

問4　次の文の傍線部の故事成語の空欄部に当てはまる言葉として、最も適切なものを一つ選びなさい。

＊社長は新規事業展開の計画に食指が□ようだ。

1　動いた　　2　揺れた　　3　止まった　　4　飛んだ

問5　次の文の空欄部に当てはまる言葉として、最も適切なものを一つ選びなさい。

＊民意を政策に□し、基本方針を再考する。

1　マーケティング　　2　ノウハウ
3　フィードバック　　4　カテゴリー

問6　次の文の空欄部に当てはまる慣用表現として、最も適切なものを一つ選びなさい。

＊鋭い追及をかわすため、とっさに適当なことを言って□た。

1　腑《ふ》に落ち　　2　お茶を濁し
3　歯に衣《きぬ》着せ　　4　襟を正し

問7　次の文の傍線部と似た意味の敬語として、最も適切なものを一つ選びなさい。

＊明日、お会いするのを楽しみにしております。

1　おいでになる　　2　お目にかかる
3　ご覧になる　　4　拝見する

問8　『鼻』の作者として、最も適切なものを一つ選びなさい。

1　志賀直哉《しがなおや》　　2　有島武郎《ありしまたけお》
3　太宰治《だざいおさむ》　　4　芥川龍之介《あくたがわりゅうのすけ》

問9　昔の時刻の呼び方で、「子《ね》の刻」が表す時間帯として、最も適切なものを一つ選びなさい。

1　午後十一時から午前一時　　2　午前五時から午前七時
3　午後一時から午後三時　　4　午後七時から午後九時

問10　『伊勢物語』の主人公とされる人物と関係の深い歌集として、最も適切なものを一つ選びなさい。

1　『万葉集』　　2　『古今和歌集』
3　『後拾遺和歌集』　　4　『千載和歌集』

二　一九八四年に発表された次の文章を読んで、あとの問いに答えなさい（設問の都合で省略した部分がある）。

(1)語られない部分こそ大事である。何気なく見すごされがちな局面こそ、じつは最も注目に値すると、まず言っておきたい。

　自国と他国とを問わず、国の動きを考え、文化、歴史をふり返るについてのこれが、ぼくなりの心構えである。もっとも、こういえば、つまりは裏話好み、ひとつの虚をつく新アイディアの趣味ではないのかと反問されるかもしれない。いくらかはそれもあるけれど、ぼくとしてのねらい、また願いは少々違ったところにある。語られないというのは、むしろ当人にそれと意識されない部分、自分では気がつかずにきめこんでいる要素をさしているのだ。いわば、無意識の大前提である。

　いかなる文化、また生き方にも、必ず無意識の部分が基礎となっていて、これが慣習をなし、通念をなしている。いや、慣習や通念とさえ気づかれないで、そのまま受け入れられていることが大方である。そうした部分にこそ、注目したいのである。

「裸の王様」というお伽《とぎ》話がある。王様の「裸」に気づくのは、じつは無邪気な子供たちの眼《め》だというのがこの童話の寓意《*ぐうい》であるが、他所者《よそもの》の眼、外からの視点もまた、しばしば「裸の眼」の役割を果たしてくれる。通念にとらわれず、無意識の大前提にのっかることなしに、事態をありのままにうつし出し、見抜く。こうした外からの異質者、異邦人の眼と実感を大事にしたい。ここに、およそ比較研究というものの、素朴で地についた出発点がある。

　スウィフトの『ガリヴァー旅行記』*は、その意味でまことに的確、怖《おそ》ろしいまでに切実な教訓に富んでいて、比較研究者のために書かれた寓話とさえいえよう。ふとⓐヒョウ着し、まぎれこんできた他所者である船医ルミユエル・ガリヴァーの眼には、いかなる国も少しずつ巨人国であり、また小人国にほかならない。つまり何か得体の知れない、奇妙で度外れの尺度、見方に従って暮らしているのだが、ご当人のほうでは全くそれに気づかない。もちろん他所者の異邦人の眼が、つねに正しく、真相を見ぬいているなどという話ではないのだ。

　ただ、この微妙なずれが、われわれにショックをもたらし、新しい認識への起爆剤の役割を果たしてくれる。こちらが、それまでしごく当然の常識とばかり思いこんできたことが、一瞬まったく別の角度から照らし出されて、虚をつかれた思いを味わわされる。(2)ここに、一切の比較論、比較研究の現実的な出発点が存し、動力がひそんでいる。

　たとえば、幕末、明治維新直前の日本にやってきた、当時十九歳のイギリス人青年による印象記、回想録がある。『日本における一外交官』と題され、著者はアーネスト・サトウといえば、うなずかれる読者も多いと思うのだが、この本を初めて読んだ折の新鮮な衝撃は、いまだに忘れがたい。

　明治維新というのは、ぼくなど戦前に少年期をすごした人間にとっては、歴史読物《よみもの》や偉人伝、また映画や芝居など、さまざまなメディアを通して、いかにも身近になれ親しんできた時代であり対象であったが、サトウの本はまったく新しい視角から、思いがけない光線を当ててくれた。

　一つには、このイギリス人外交官がいかにも天性のすぐれた語り手で、あたかもその場に居合わせたかのようなⓑリン場感を読者に味わわせてくれるせいであったが、事態に見入り、これを記しとめてゆく彼の眼と判断とが、これまでの日本的な常識の枠にとらわれていない点でつよく訴えたのである。

　サトウがイギリスのなりたての領事館員として、一八六三年、鹿児島のいわゆる薩英《さつえい》戦争、また、その翌年の四国艦隊による下関《しものせき》砲撃などの、なまなましい現場に居合わせたという幸運も、もちろん彼の本の大きな魅力であり、また、彼がその若さと天性の語学の才能を生かして、たちまち日本語をものにし、じかに日本人と語り合い、どしどしその中に入りこんでいったという積極性も見のがせないが、その眼はあくまで異邦人の眼であり、離れた客観性を失わない。

つまり当時の、またその後の日本人までが常識として、また暗黙の大前提としてその上にのっかってしまいがちな点に、改めてこだわり、その原因を探り、つきとめようとする。

たとえば「尊王攘夷《じょうい》」というスローガン。(3)尊王と攘夷という元来無関係な二つの命題、主張が、何故あれほどやすやすと結びつき、また、あれほど当時の日本人の多くを熱狂させたのかといった事情を、サトウは生き生きと説きあかしてくれる。

つい数日前も、アメリカの女子留学生で、目下、比較文学のクラスに出席しながら、樋口一葉《ひぐちいちよう》の研究にいそしんでいるM・F嬢が、テキストとして*『福翁自伝』を読まされた際に、「尊王攘夷」という主張が「どうも分かりません」と打ちあけてくれた。ああいう「クレージー」なスローガンが、あれほど当時の日本人に訴え動かした原因が、ぴんとこないという。

日本に滞在中の外国人として、はるかな過去の話とはいえ、「攘夷」といった異国嫌悪のいわば集団的発作には、敏感たらざるを得ないのも当然の話だろうが、それ以前に、外からの「裸の眼」で見直せば、この熱っぽく押しつけがましいスローガンには何かいかがわしい、強引すぎるところがはっきりと見てとれる。長い鎖国とか、島国根性とか、それを支える要因は見いだせるにしろ、異様に昂《たか》ぶり、こわばった強引で理不尽な「*戦い《ウォー》の雄たけび《・クライ》」の一種にほかならなかったことを認めざるを得ない。

しかも、これは何も幕末のわが国だけに限らない。手近なところでも、いわゆる文化大革命最中の中国、また、現在の「ホーメイニ革命」最中のイランなど、「攘夷」ヒステリーの実例を見いだすのに手間はかからない。

国内的な激動、危機の際に、人の心に生じがちな、いわば本能的なパニック現象の一種であると同時に、これは政治的アジテーター*の好んでかき立て、利用したがるいちじるしく戦略的なスローガンでもあるという共通の事情が、おのずと浮かんでもくるのだ。

ここに「裸の眼」による認識ショックの効用があり、このショックが導き出してくれる比較文化の面白さがある。

◆なお、サトウの書物は、数多くの溌剌《はつらつ》たるキャラクター・スケッチ、風貌描写をふくんでいる。これは、かつての*切支丹《キリシタン》時代、いわゆる「日本のキリスト教的世紀《クリスチャン・センチュリー》」におけるイエズス会の宣教師の記録報告にも見いだされる共通の特色で、わが国の同時代の記録者、また歴史家が、しばしば見落とし、とり落としがちな局面といわねばならない。

たとえば、織田信長《おだのぶなが》や豊臣秀吉《とよとみひでよし》が、いかなる風貌の持ち主で、たとえばその際、どういう口調、態度で語ったかといったディテールは、案外見のがされてしまう。同時代人、また同国人にとっては当たり前のことすぎて、かくべつ注意を払って、記録する気にもならなかったにちがいない。

何も遠い歴史上の話とは限らない。しごく身近なぼくらの経験としても、肉親の風貌や言葉癖などは身近すぎ、当たり前すぎて、だれも気にとめない。わざわざ日記や思い出に、書きとめておくことも滅多にしない。お互い同士、当然に分かり合っている大前提として、いわば無意識の領域に押しこんでしまっている。外からの異質者の、こだわらない無邪気な眼と心が、こうした置き忘れた部分を生き生きと照らし出し、甦《よみがえ》らせてくれることが多いのである。

（佐伯彰一『外から見た近代日本』）

（注）
＊寓意＝他の事柄にたとえて、それとなく示された意味。
＊『ガリヴァー旅行記』＝アイルランドの作家ジョナサン・スウィフト（一六六七〜一七四五）によって書かれた、巨人国や小人国など不思議な国々への旅行記の形をとった風刺的作品。
＊『福翁自伝』＝幕末、明治の啓蒙《けいもう》思想家である福沢諭吉（一八三五〜一九〇一）の自伝。
＊戦いの雄たけび＝戦いのときに気勢をあげるために集団で発する叫びや踊りのこと。
＊アジテーター＝人々をあおり立てて突発的な大衆行動を起こそうとする扇動者。
＊切支丹時代＝ここでは、日本に宣教師が数多く訪れた十六世紀頃のこと。

問11 **波線部ⓐのカタカナと同じ漢字を使うものとして、最も適切なものを一つ選びなさい。**

1　選挙でトウヒョウに行く。　2　洗い物をヒョウハクする。
3　相撲でドヒョウに上がる。　4　海に浮かぶヒョウザン。

問12 **波線部ⓑのカタカナと同じ漢字を使うものとして、最も適切なものを一つ選びなさい。**

1　キンリンの国に配慮する。　2　リンリ的な側面を検討する。
3　王者としてクンリンする。　4　高層建築物がリンリツする。

問13 **傍線部⑴「語られない部分」とあるが、筆者の考える「語られない部分」とはどのようなものか。その説明として、最も適切なものを一つ選びなさい。**

1　歴史の中では小さな出来事で記録にも残らないため、ほとんどの人が知らない歴史の裏話のようなもの。
2　自分がそれを前提としていること自体を本人自身が気づいておらず、説明の必要を感じていない常識のようなもの。
3　ありえない偶然が重なって起きたことで、想像することによってしか迫れない歴史の真実のようなもの。
4　成文化されて長い年月が経《た》つうちに本来の趣旨が見失われ、形式だけが伝わっている伝統のようなもの。

問14　傍線部(2)「ここに、一切の比較論、比較研究の現実的な出発点が存し、動力がひそんでいる」とあるが、筆者の考える比較研究とはどのようなものか。その説明として、最も適切なものを一つ選びなさい。

1　複数の文化を比較検討することでそれらの共通点や相違点に気づき、相互に修正を行う際の手がかりにできるもの。

2　自分たちの想像もつかない奇妙な考え方やアイディアを見つけることができ、文化を発展させる力を与えてくれるもの。

3　生まれ育った文化を離れて他の文化の見方を身につけ、外からの視点で自分たちを反省する手がかりにできるもの。

4　無意識の通念にとらわれない外からの眼を通して、自分たちの文化に対して全く新しい認識を与えてくれるもの。

問15　傍線部(3)「尊王と攘夷という元来無関係な二つの命題、主張が、何故あれほどやすやすと結びつき、また、あれほど当時の日本人の多くを熱狂させたのか」とあるが、筆者が考えるその理由として、最も適切なものを一つ選びなさい。

1　長い鎖国から突然開国を迫られ、人々が不安を募らせる状況の中で、一部の政治的な思惑をもつ者によって、人々の動揺をあおる形で戦略的に利用されたから。

2　外国からの圧迫によって国の根幹が揺るがされる中で、強引な理屈でも人々の戦意を高めるためには役立つ考え方としてほとんどの日本人が認めたから。

3　当時の幕府の勢力を弱めるため、多少押しつけがましくても強い主張が人々に好まれると考えた海外の外交官によって日本中に広められたから。

4　外国の進んだ文明を目の当たりにして自国の伝統文化を放棄しようとする勢力に対抗するためには、人々は排外主義に身を委ねる以外に方法がなかったから。

問16　◆印を付けた段落の前後で、論はどのように展開しているか。その説明として、最も適切なものを一つ選びなさい。

1　前段ではサトウの分析の背景に抽象的な思想があることを主張し、後段では具体的な観察がそれに対抗すると説明している。

2　前段では比較文化の、時代や文化を越えた普遍性を見いだす性質を説明し、後段では逆に個別性を明らかにする性質を説明している。

3　前段ではサトウの書物が比較文化的視点によって効果を上げていることを指摘し、後段では別の事例で同様の指摘をしている。

4　前段では比較文化が常識を覆すことを論理的に主張し、後段では実例を多く紹介してそのことを証明している。

問17　本文の内容の説明として、最も適切なものを一つ選びなさい。

1　いくつかの文化には他では見られないような奇妙な風習や習慣があるが、外から来た人間に指摘されるまで自分たちの異質性に気づくことができないため、比較文化研究は重要視されないことがある。

2　明治維新の時代に日本に居合わせたアーネスト・サトウは、その書物において冷静で客観的な思考を発揮し、日本人自身ではなし得なかった視点から日本文化の弱点を指摘し批判を加えている。

3　たとえ日本に滞在していても外国人には尊王攘夷をめぐる当時の人々の心情を十分理解することはできないが、日本人と深く交流すればその原因を日本人より巧みに説明できるようになる。

4　ある文化の中で生きた人が気にも留めなかったことでも現代人から見れば興味深い点があり、異文化から訪れた同時代人の記録でそれが明らかになるのは、文化の比較研究における価値の一つといえる。

三 次の文章を読んで、あとの問いに答えなさい（設問の都合で省略・変更した部分がある）。

もはや師から学び取るべき何ものも無くなった紀昌《きしょう》は、ある日、ふと良からぬ考えを起こした。

彼がその時ひとりつくづくと考えるには、今や弓を以《もっ》て己《おのれ》に敵すべき者は、師の飛衛《ひえい》をおいてほかに無い。天下第一の名人となるためには、どうあっても飛衛を除かねばならぬと。秘《ひそ》かにその機会を窺《うかが》っている中《うち》に、一日たまたま郊野《こうや》において、向こうからただ一人歩み来る飛衛に出遇《であ》った。とっさに意を決した紀昌が矢を取って狙いをつければ、その気配を察して飛衛もまた弓を執《と》って相《あい》応ずる。二人互いに射れば、矢はそのたびに中道にして相《あい》当たり、共に地に墜《お》ちた。地に落ちた矢が*軽塵《けいじん》をも揚《あ》げなかったのは、両人の技がいずれも神《しん》に入《い》っていたからであろう。さて、飛衛の矢が尽きた時、紀昌の方はなお一矢を余していた。得たりと勢い込んで紀昌がその矢を放てば、飛衛はとっさに、傍《かたわら》なる野茨《のいばら》の枝を折り取り、その棘《とげ》の先端を以てハッシと鏃《やじり》を叩《たた》き落とした。ついに(1)非望の遂げられないことを悟った紀昌の心に、成功したならば決して生じなかったに違いない道義*的慚愧《ざんき》の念が、この時*忽焉《こつえん》として湧き起こった。飛衛の方では、また、危機を脱し得た安堵《あんど》と己が伎倆《ぎりょう》についての満足とが、敵に対する憎しみをすっかり忘れさせた。二人は互いにかけ寄ると、野原の真中に相《あい》抱いて、しばし美しい師弟愛の涙にかきくれた。

涙にくれて相擁《あいよう》しながらも、再び弟子がかかる企《たくら》みを抱くようなことがあっては甚だ危ないと思った飛衛は、紀昌に(2)新たな目標を与えてその気を転ずるに如《し》くはないと考えた。彼はこの危険な弟子に向かって言った。もはや、伝うべきほどのことは［　　　］伝えた。爾《なんじ》がもしこれ以上この道の*蘊奥《うんのう》を極めたいと望むならば、*霍山《かくざん》の頂を極めよ。そこには甘蠅《かんよう》老師と*て古今を曠《むな》しゅうする斯道《しどう》の大家がおられるはず。老師の技に比べれば、我々の射のごときはほとんど*児戯《じぎ》に類する。爾の師と頼むべきは、今は甘蠅師のほかにあるまいと。

紀昌はすぐに西に向かって旅立つ。その人の前に出ては我々の技のごとき児戯にひとしいと言った師の言葉が、彼の自尊心にこたえた。もしそれが本当だとすれば、天下第一を目指す彼の望みも、まだまだ前途ほど遠いわけである。己が業《わざ》が児戯に類するかどうか、とにもかくにも早くその人に会って腕を比べたいとあせりつつ、彼はAひたすらに道を急ぐ。

B気負い立つ紀昌を迎えたのは、羊のような柔和な目をした、しかし酷《ひど》くよぼよぼの爺《じい》さんである。年齢は百歳をも超えていよう。腰の曲がっているせいもあって、*白髯《はくぜん》は歩く時も地に曳《ひ》きずっている。

大声にあわただしく紀昌は来意を告げる。己が技のほどを見てもらいたい旨《むね》を述べると、あせり立った彼は相手の返辞をも待たず、いきなり背に負うた弓を外して手に執った。そうして、矢をつがえると、折から空の高くを飛び過ぎて行く渡り鳥の群れに向かって狙いを定める。弦に応じて、たちまち五羽の大鳥が鮮やかに碧空《へきくう》を切って落ちてきた。

ひととおり出来るようじゃな、と老人が穏やかな微笑を含んで言う。だが、それは所詮《しょせん》(3)射の射というもの、*好漢未《いま》だ(4)不射の射を知らぬと見える。

ムッとした紀昌を導いて、老隠者は、其処《そこ》から二百歩ばかり離れた絶壁の上まで連れて来る。脚下は文字通りの屏風《びょうぶ》のごとき*壁立千仞《へきりつせんじん》、遥《はる》か真下に糸のような細さに見える渓流をちょっと覗《のぞ》いただけでたちまち眩暈《めまい》を感ずるほどの高さである。その断崖から半ば宙に乗り出した危石の上につかつかと老人はかけ上り、振り返って紀昌に言う。どうじゃ。この石の上で先刻の業を今一度見せてくれぬか。今さら引っこみもならぬ。老人と入れ代わりに紀昌がその石を履《ふ》んだ時、石は微《かす》かにグラリと揺らいだ。強いて気を励まして矢をつがえようとすると、ちょうど崖の端から小石が一つ転がり落ちた。その行方を目で追うた時、覚えず紀昌は(5)石上に伏した。脚はワナワナとふるえ、汗は流れて*踵《くびす》にまで至った。老人が笑いながら手を差し伸べて彼を石から下《おろ》し、自ら代わってこれに乗ると、では射というものをお目にかけようかな、と言った。まだ動悸《どうき》がおさまらず蒼《あお》ざめた顔をしてはいたが、紀昌はすぐに気が付いて言った。しかし、弓はどうなさる？　弓は？　老人は素手だったのである。弓？　(6)と老人は笑う。弓矢の要《い》る中《うち》はまだ射の射じゃ。不射の射には、*烏漆《うしつ》の弓も粛慎《しゅくしん》の矢もいらぬ。

　ちょうど彼等の真上、空の極めて高い所を一羽の鳶《とび》が悠々と輪を画《えが》いていた。その胡麻粒《ごまつぶ》ほどに小さく見える姿をしばらく見上げていた甘蠅が、やがて、見えざる矢を無形の弓につがえ、満月のごとくに引き絞ってひょうと放てば、見よ、鳶は羽ばたきもせず中空から石のごとくに落ちて来るではないか。

　紀昌は*慄然《りつぜん》とした。今にして始めて芸道の深淵《しんえん》を覗き得た心地であった。

（中島敦『名人伝』）

（注）

*軽塵＝わずかの砂ぼこり。

*道義的慚愧の念＝人としてのあるべき道を考えたときに起こる後悔の念。

*忽焉＝たちまち。

*蘊奥＝学問や技芸などの奥義。

*霍山＝大別山脈の北東にある丘陵群の高峰。

*古今を曠しゅうする斯道の大家＝昔から今に至るまで、かつて例を見なかった、この道の名人。

*児戯に類する＝子供の遊びのようなものである。

*白髯＝白いひげ。

*好漢＝立派な男子。ここでは紀昌のこと。

*壁立千仞＝垂直に切り立った絶壁が、はるか下まで続くこと。

*踵＝かかと。

*烏漆の弓も粛慎の矢も＝黒い漆を塗った弓や粛慎の国から送られた石の鏃《やじり》のついた矢のように、立派な弓矢。

*慄然＝恐ろしくて、身ぶるいする様子。

問18　波線部A「ひたすらに」の本文中の意味として、最も適切なものを一つ選びなさい。

1　ただただ
2　一人だけで
3　堂々と
4　いまにも

問19　波線部B「気負い立つ」の本文中の意味として、最も適切なものを一つ選びなさい。

1　気ばかり焦って震える
2　疲れきって弱気になる
3　張り切って立ち向かう
4　礼儀正しく立ち上がる

問20　空欄部に入る言葉として、最も適切なものを一つ選びなさい。

1　ぬけぬけと
2　ことごとく
3　ありがたく
4　おのずから

問21　傍線部(1)「非望」とあるが、これは「紀昌」が具体的に何をすることを意味するか。その説明として、最も適切なものを一つ選びなさい。

1　師の飛衛と弓の勝負をして、師に感謝の気持ちを伝えること。
2　師の飛衛を倒して、天下第一の弓の名人になること。
3　師の飛衛を倒して、もっと優れた弓の名人の弟子になること。
4　師の飛衛と弓の勝負をして、その秘伝の技術を盗むこと。

問22　傍線部(2)「新たな目標」とは、どういうことを指すのか。その説明として、最も適切なものを一つ選びなさい。

1　新たな弓の技術を身につけるため、飛衛のもとで修業すること。
2　天下第一の弓の名手になるため、新たなライバルを求めること。
3　飛衛を確実に倒す弓の技を求めて、新たな師を探すこと。
4　新たな師について、更なる弓の道の奥義を極めること。

問23　傍線部(3)「射の射」と(4)「不射の射」とあるが、それぞれの説明として、最も適切なものを一つ選びなさい。

1　「射の射」は矢を射て相手を倒す、ごく普通の射方《いかた》。「不射の射」は矢を用いることなく、したがって射ることもなく倒すという究極の名人芸をたとえている。
2　「射の射」は一本の矢で五羽の大鳥を射落とす驚異的な技を指す。「不射の射」は、どんな困難な状況になっても矢を放つことのできる、名人の運動能力を指す。
3　「射の射」は的に当てることを唯一の目的とする射方。「不射の射」は、必ずしも的に当てる必要はなく、どういう姿勢で矢を射るかという、射方の美しさを目的とする。
4　「射の射」は相手の不意をついて矢を放つ射方。「不射の射」は相手に十分な準備をさせたうえで、相手には見えないくらいの速度で、矢を放つ射方である。

問24　傍線部(5)「石上に伏した」とあるが、「紀昌」がこのような動作をしたのはなぜか。その理由として、最も適切なものを一つ選びなさい。

1　遥か真下の渓流をのぞいて、気持ちを奮い立たせようとしたから。
2　不安定な足場でも平気でいる老人にかなわないと思ったから。
3　深い断崖の底をのぞいて、恐ろしさで体が動いてしまったから。
4　汗が流れて目の前が見えなくなり、転んでしまったから。

問25　傍線部(6)「老人は笑う」とあるが、なぜ笑ったのか。その理由として、最も適切なものを一つ選びなさい。

1　弓などいらないのに、「弓はどうなさる?」と問われたから。
2　弓が持てないのに、「弓はどうなさる?」と問われたから。
3　弓では勝てないのに、「弓はどうなさる?」と問われたから。
4　弓を知らない人間に、「弓はどうなさる?」と問われたから。

問26　本文で「紀昌」はどのような人物として描かれているか。その説明として、最も適切なものを一つ選びなさい。

1　天下第一の弓の名人としての誇りを心に抱き、その名誉を守るためならどんなことでもする固い決意の持ち主。
2　天下第一の弓の名人を倒すことに全力を傾け、そのためならどんな悪業もいとわないという卑劣な考えの持ち主。
3　天下第一の弓の名人になることを目指し、その目的のためならどんなことでもしようとする不敵な精神の持ち主。
4　天下第一の弓の名人とはどうあるべきか、それを知るためならどんな人の助言も素直に受けようという覚悟の持ち主。

問27　本文の特徴を説明したものとして、最も適切なものを一つ選びなさい。

1　漢文調の優雅で流れるような文体を駆使して、天下第一の弓の名人を目指す紀昌と二人の師との敵対関係を、比喩を多く用いて描いている。
2　漢文調の重厚で華麗な文体を駆使して、紀昌を天下第一の弓の名人に育てようとする二人の師との交流を、二人の師の心理の変化を追いながら克明に描いている。
3　漢文調の軽快で歯切れのよい文体を駆使して、天下第一の弓の名人に一目会いたいと旅立つ紀昌とそれを見送る飛衛の親心を、生き生きと感動的に描いている。
4　漢文調の硬質で端正な文体を駆使して、天下第一の弓の名人になろうと志を立てた紀昌と二人の師との対決を、張りつめた緊張感のもとに描いている。

四 **次の文章は、『宇治拾遺物語』の一節である。日ごろから*毘沙門天《びしゃもんてん》を信仰している世恒《よつね》という貧しい男がいた。食べる物に困った世恒の前に、毘沙門天の使いの女が現れて助けてくれたが、しばらくするとまた食べる物に困るようになってしまった。これを読んで、あとの問いに答えなさい。**

いかがせんずるとて、また念じ奉りければ、またありしやうに、人の告げければ、はじめにならひて、惑ひ出《い》でて見れば、ⓐありし女房のたまふやう、「これ*下文《くだしぶみ》奉らん。これより北の谷、*峯《みね》百町を越えて、中に高き峯あり。それに立ちて、『*なりた』と呼ばば、もの出で来なん。それにこの文を見せて、奉らん物を受けよ」と言ひて去《い》ぬ。この下文を見れば、「米*二斗渡すべし」とあり。

やがてそのまま行きて見ければ、[　　]高き峯あり。それにて、「なりた」と呼べば、恐ろしげなる声にていらへて、出で来たるものあり。見れば額《ひたひ》に角《つの》生ひて、目一つあるもの、赤き*褌《たふさぎ》したるもの出で来て、ひざまづきて居たり。「これ御下文なり。この米得させよ」と言へば、「さること候」とて、下文を見て、「(1)これは二斗と候へども、一斗を奉れとなん候ひつるなり」とて、一斗をぞ取らせたりける。そのままに受け取りて帰りて、その入れたる袋の米を使ふに、一斗尽きせざりけり。千万石《ごく》取れども、ただ同じやうにて、一斗は失《う》せざりけり。

これを国守聞きて、この世恒をⓑ召して、「その袋、我にⓒ得させよ」と言ひければ、国の内にある身なれば、(2)え否《いな》びずして、「米*百石の分《ぶん》奉る」と言ひて取らせたり。一斗取れば、また出でき出できしてければ、いみじき物まうけたりと思ひて、持たりける程に、百石取り果てたれば、米失せにけり。袋ばかりになりぬれば、本意《ほい》なくて返し取らせたり。世恒がもとにて、また米一斗出で来にけり。かくて、えもいはぬ*長者にてぞありける。

（注）

＊毘沙門天＝七福神の一つで、福徳を授ける神。
＊下文＝命令を伝える文書。
＊百町＝約十一キロメートル。「町」は距離の単位。
＊なりた＝ここでは毘沙門天に仕えるしもべの呼び名のこと。
＊二斗＝約三十六リットル。「斗」は容量の単位。
＊褌＝男性用の下ばき。ふんどし。
＊百石＝一千斗。一石は十斗。
＊長者＝富裕な者。

問28　波線部ⓐ「ありし女房」の本文中の意味として、最も適切なものを一つ選びなさい。

1　生前と同じ姿の妻　　2　昔の使用人の女性
3　以前と同じ女性　　4　待っていた女性

問29　空欄部に入る言葉として、最も適切なものを一つ選びなさい。

1　まことなら　　2　まことに
3　まことなり　　4　まことなれ

問30　波線部ⓑ「召し」の敬意の対象として、最も適切なものを一つ選びなさい。

1　世恒　　2　毘沙門天　　3　国守　　4　なりた

問31　波線部ⓒ「得させよ」を文法的に説明したものとして、最も適切なものを一つ選びなさい。

1　動詞＋助詞＋助詞　　2　助動詞
3　動詞＋助動詞　　4　動詞＋助動詞＋助動詞

問32　傍線部⑴「これは二斗と候へども、一斗を奉れとなん候ひつるなり」とあるが、この解釈として、最も適切なものを一つ選びなさい。

1　ここに二斗の米があるが、それとは別の一斗を世恒に差し上げろというご命令である。
2　二斗の米を渡すので、そのうちの一斗は国守に差し上げろというご命令である。
3　書面にある二斗の米を受け取る前に、一斗の米を用意してこいというご命令である。
4　下文の書面には二斗と書いてあるが、一斗の米を差し上げろというご命令である。

問33　傍線部⑵「え否びずして」とあるが、その理由として、最も適切なものを一つ選びなさい。

1　自分が暮らしている地域を支配している国守の命令だから。
2　国守から米百石分の代金を受け取ってしまったから。
3　そうするようにという「なりた」の命令であったから。
4　袋の中の米はすでに尽きてしまったと思っていたから。

問34　本文の内容の説明として、適切でないものを一つ選びなさい。

1　世恒が「女房」の言葉に従って北の方角の峯に行き「なりた」と呼ぶと、額には角が生えて目は一つの、恐ろしげな声の者が答えた。
2　「なりた」に渡された袋の中からは、いつまでたっても米が出てきて尽きることがなかったが、世恒は国守に袋を取られてしまった。
3　国守はすばらしい物を得たと喜んだが、百石分の米が出ると袋からはもう何も出なくなったので腹を立て、捨ててしまった。
4　世恒のもとに戻った袋からは、また元のように米が出てきたため、世恒は言いようがないほどの裕福な生活を送ることができた。

五 戦国時代、晋《しん》の予譲《よじょう》は主人知伯《ちはく》の仇《かたき》を討つため、趙《ちょう》の襄子《じょうし》を狙って宮中に入り込んだが、見つかって捕らえられてしまった。しかし、襄子は予譲を恩義を重んずる勇士であるとして釈放した。それに続く次の漢文を読んで、あとの問いに答えなさい（設問の都合で、返り点・送り仮名等を省略した部分がある）。

予譲*漆《うるしシテ》レ身《ニ》、呑《のミテ》レ炭《ヲ》、行《キテ》乞《フ》二於市《ニ》一。其《ノ》妻不《ル》レⓐ識《ラ》也。其《ノ》友識《リテ》レ之《ヲ》曰《ハク》、「以《テ》二子之才《ヲ》一、臣二‐事《セバ》*趙孟《まうニ》一、必《ズ》得《ン》二*近幸《ヲ》一。子乃《チ》為《サバ》レ所《ヲ》レ欲《スル》レ為《サントおもフニ》、ⓑ不レ易耶。(1)何乃自苦如此。」予譲曰《ハク》、「不可《ナリ》。既《ニ》*委《ゐシテ》レ質《しヲ》為《リ》レ臣《ト》、又求《ムルハ》レ殺《サンコトヲ》レ之《ヲ》、是《レ》(2)二心也。凡《およソ》吾《ガ》所《ノ》レ為《ス》者《ハ》極《メテ》難《キ》耳《のみ》。然《レドモ》所二‐以《ノ》為《ス》レ之《ヲ》者《ハ》、(3)将下以愧中天下後世為二人臣一懐二二心一者上也。」

襄子出《ヅ》。予譲伏《ス》二橋下《ニ》一。襄子《ノ》馬驚《ク》。索《もとメテ》レ之《ヲ》得《タリ》二予譲《ヲ》一。(4)遂《つひニ》殺《ス》レ之《ヲ》。

（『十八史略』）

（注）
*漆身、呑炭＝変装したということ。
*趙孟＝襄子のこと。
*近幸＝お気に入りの臣下として、近くで重宝されるということ。
*委質＝礼物を差し出す。「質」は、礼物、贈り物の意。

問35　波線部ⓐ「識」の本文中の意味に近い熟語として、最も適切なものを一つ選びなさい。

1　識字　　2　識別　　3　見識　　4　標識

問36　波線部ⓑ「不易耶」の読み方として、最も適切なものを一つ選びなさい。

1　えきならずか　　2　かはらざるや
3　かへざるか　　4　やすからずや

問37　傍線部⑴「何乃自苦如此」の書き下し文として、最も適切なものを一つ選びなさい。

1　何ぞ乃《すなは》ち自《みづか》ら苦しむこと此《か》くのごとき
2　何をか乃ち自らを苦しむること此くのごとき
3　何《いづ》くにか乃ち此くのごときを自《おの》づから苦しむ
4　何《いづ》くんぞ乃ち此くのごときを自づから苦しむる

問38　傍線部⑵「二心」の説明として、最も適切なものを一つ選びなさい。

1　襄子の臣下とはならずに、襄子暗殺を企てること。
2　襄子の臣下となり、主人知伯への恩義を忘れること。
3　襄子の臣下となりながら、襄子を殺そうとすること。
4　襄子の臣下とはならず、主人知伯からも離れること。

問39　傍線部⑶「将以愧天下後世為人臣懐二心者也」の現代語訳として、最も適切なものを一つ選びなさい。

1　天下後世の、臣下となりながら二心を抱く者たちを、恥じ入らせようと考えてのことである。
2　天下後世の人によって、臣下となって二心を抱くのは恥ずべきことだと教えられたのである。
3　天下後世の、臣下でありながら二心を抱く者たちから、恥ずかしいと思われないようにしたいからである。
4　天下後世の人に、臣下となって二心を抱き続けることは恥ずかしくないと伝えるものである。

問40　傍線部⑷「遂殺之」の説明として、最も適切なものを一つ選びなさい。

1　予譲は一度は失敗したものの、姿や声を変えるという奇策を用いてなんとか襄子暗殺に成功した。
2　襄子は予譲の裏切りが許せず、あたりを念入りに捜索させて、予譲を見つけるやいなや殺害した。
3　予譲は抵抗にあいながらもとうとう襄子を殺し、主人の仇討ちという宿願を果たすことができた。
4　予譲は釈放されてからも襄子の命を狙っていたが、襄子に見つかってしまい、殺害された。

問41　本文の内容の説明として、最も適切なものを一つ選びなさい。

1　予譲はすべてをなげうって襄子に対する復讐《ふくしゅう》に身を投じた。最愛の妻を捨てたことからもその覚悟のほどがうかがえる。

2　襄子に対する復讐は、結果としては実らなかった。しかし、予譲の行動は最後まで主人知伯への忠誠心に貫かれていた。

3　襄子は予譲をよく理解し、処遇してくれた。予譲はそれに報いるために襄子に対する復讐をやめ、襄子に忠誠を誓った。

4　予譲の友人は、主人知伯への恩義を忘れて宿敵襄子に仕えようとする予譲を強く非難した。予譲の忠誠心も、その程度のものだった。

令和四年度　九月実施

一　次の各問いについて、最も適切なものを一つ選びなさい。

問1　次の中で、熟語の読みが間違っているものとして、最も適切なものを一つ選びなさい。

1　懸念（けねん）　　2　媒酌（ばいしゃく）
3　肥沃（ひよう）　　4　拙速（せっそく）

問2　次の文中の傍線部が文意に合う四字熟語になるように、空欄部に当てはまる漢字として、最も適切なものを一つ選びなさい。

＊虚心坦《たん》（　　）に話し合うことで、互いの誤解を解くことができた。

1　懐　　2　壊　　3　解　　4　開

問3　傍線部の慣用句の使い方が正しい文として、最も適切なものを一つ選びなさい。

1　彼は、仲間に手をこまぬくため、建設的な意見を次々に述べた。
2　演劇部の友人は良い脚本が書けたと、悦に入っていた。
3　全国大会進出を決めた部員たちは、色をなして喜びを分かち合った。
4　みな思案に余ったので、短時間で結論を出すことができた。

問4　次の文中の傍線部の語の意味として、最も適切なものを一つ選びなさい。

＊世間の風潮に迎合する。

1　見聞きすることによって理解し、よさを味わおうとすること。
2　他と比較することを通して、主張を相手に印象づけようとすること。
3　相手の気に入るように調子を合わせて、自分の考え方を変えること。
4　一般的な立場から離れて、個人の立場から物事を見ること。

問5　次の文中の傍線部の意味に合う語として、最も適切なものを一つ選びなさい。

＊この提案を承認してもらうためには、将来の見通しを示す必要がある。

1　アイロニー　　2　コモンセンス
3　プロローグ　　4　ビジョン

問6　次の文の傍線部の類義語として、最も適切なものを一つ選びなさい。

＊最善策を得るためには、自説に拘泥せず議論を進めることが大切だ。

1　通暁　　2　固執　　3　専念　　4　反対

問7　島崎藤村の作品として、最も適切なものを一つ選びなさい。

1　『友情』　　2　『和解』
3　『斜陽』　　4　『破戒』

二　次の文章を読んで、あとの問いに答えなさい。

ひと口に〝読む〟と云《い》うけれども、ことは簡単ではない。さまざまな読み方があり、したがって、テクスト*は多くの異なった意味をもっている。それだけでなく、歴史的にその性格に変化があった。

ことばは、話す人（S）と聞く人（H）によってはたらく。Sの云ったことをHが受け取る。多くの場合、そのHは次にSとなり、ことばを発し、前にSであったHがこれを受け取る。こうして、互いに役割を交換して話し合うのが基本である。Sが第一人称なら、Hが第二人称だから、これが互いに入れ替わるのが対話である。つまり、コミュニケーションの形式からすれば、第一人称と第二人称があればよいことになる。

第三人称というのは、ことばが言及している、第一人称、第二人称以外のすべての他者である。人称というから人間に限るように誤解されやすいが、その場に居合わせないすべてが第三人称になる。人もものも、第三人称として扱うのが文法である。すべての事物は第三人称になる。人称という名前がミスリーディング*である。

実際の発話はS（第一人称）とH（第二人称）との間で行《おこ》なわれる。第三人称はその場から外れたものであって、コミュニケーションの成立には直接的に関わりをもたない。もちろんSとHとのやりとりを他所から見聞する存在は想定されていないのが普通である。もちろん、この他者の存在は、いわゆる第三人称ではない。立ち聞きとか又聞きというのは、SとHの予想しない受け手である。この立ち聞きの主体が、第四人称というわけである。いくらか異常な伝達の受容者であることもあって、立ち聞きそのものが、いくらかあいまいな存在と見なされたのは、是非もない。

しかし、この第四人称による受容は、通常の伝達とは大きく異なった心理的反応をともない、好奇心を刺激し、想像をたくましくし、解釈をⓐヨウセイするため、普通のことばの受容にない効果をもつことができる。つまり、〝おもしろい〟のである。

ことばは話すことば、音声言語が基本である。どこの民族も、文字をもたない期間が長く続くのである。いまなお、文字を知らない人間は決してすくなくない。文字はことばを写したもののように考えられがちであるが、文字は決して音声のことばを完全に表現することはできない。話すことばと書かれたことばは性格を異にすると云ってもよい。

文字コミュニケーションの原型的な形式は手紙であろうが、談話と同じように手紙を書くことはできない。読む側でも、話《はな》しを聞くように手紙を読むことはしない。話しならわかることも手紙ではよく通じないことは珍しくない。ことばを読む能力が前提となっていて文字の使用が定着する。

(1)手紙を読むのは普通、読者と云わない。

手紙においては、Sの第一人称とHの第二人称は実際の会話とは違って、距離がはなれ、時間も同時的ではないけれども、なお、SとHが同一コンテクスト*に属していることを妨げない。ときに判読に苦しむことはあっても第一人称と第二人称の関係が失われることは原則的にはあり得ない。心理的には同一コンテクストに共存していると感じるところでのみ文通は成り立つ。それが保証されない場合に手紙を書くのは社会的礼儀に外れると感じられ、第三者の紹介を経て、書状を送ることが必要になる。「突然、お手紙を差し上げます失礼をお許し願います」と断らなくてはならないのも、それによって、共通の場を整えようとしているのである。後になって時候のあいさつなどを冒頭にする様式が一般的になったのも、相互のコンテクストが共通していることを確かめようとする手段である。

手紙以外の文字の使用は、記録である。これは、第一人称があって、第二人称が不明である点で、異常な表現である。第二人称がはっきりしない以上、第一人称も実ははっきりしていない。

この記録的文字使用のもっとも古い形式は日記である。これは書き手、自分以外の読み手を拒んでいるものである。第二人称が否定されているのだから、やはり、第一人称もはっきりしているとは云い難い。後々になっても、日記の記載中に書き手があらわれるとき、つねに、あるためらいがある。自分のことをどう呼ぶのか、まったく気にならない人はすくないのではあるまいか。古来の日記には、さまざまな呼び方の第一人称があらわれている。(2)日記の中心的要素は第三人称にある。

ところで、日記にあらわれる第一人称は、一応は、書き手と同一人であると解されるけれども、やかましく考えると、日記を書いている〝私〟と、日記の中に出てくる〝私〟とは同一ではない。文字になった〝私〟が第一人称ならば、日記を書いている〝私〟はゼロ人称といった別の呼び方が妥当であるように考えられる。それをつきつめていくと、〝私〟ということばの上の第一人称と、そのことばを書く主体のゼロ人称が、文字によって、区別されるようになる。近代の自我というものを考えると、ゼロ人称としての自己と、ことばの主語としての第一人称とが同じ〝我〟でありながら、分裂していることを見落《おと》してはならないように思われる。

「ここへ駐車しないでください」という掲示では、第一人称も第二人称も文字ずらには表《あら》われてはいないが、ゼロ人称が、第二ゼロ人称へ向けて発したことばであると見ることができる。一般に、命令文に、人称をあらわすことばが表に出ないのは、通常のコミュニケーション、第一人称（S）から第二人称（H）へのことばという性格が一部、隠されているのであろう。それだけ強い表現力をもっているということも出来る。

俳句や短歌に第一人称が文字化されていることはすくないが、やはり、ゼロ人称の表現としてよい。法律の条文なども、第一人称は露出しないのが普通であるが、ゼロ人称の主体が明らかであるために、その必要がないのである。広告、宣伝のキャッチフレーズでも没人称的表現が好まれるのは注目に値する。

文字が印刷され、書物になるようになると、ことばの送り手、第一人称と受け手、第二人称の関係が大きく変質する。話し手と聞き手といった親近の間柄は消えて、筆者と読者の距離が定まる。印刷された文字は、書き手のあたたかさをもっていない。それに対する読者も、やはり、人のことばに対するのではなく、冷たい記号と相対することになる。これが読者である。読者は印刷によって生まれた近代的受容者である。

筆者の世界は印刷された文字に封じ込められて、いわば孤立している。ただちに読み手の世界と交流することがない。

読者はその別世界を文字を通じて接近しようとするのであるが、話しを聞くのとはわけが違う。筆者の言わんとするところは容易に理解することが困難である。

筆者の側でも、目に見ることのできない受容者を実感することは容易ではない。

送り手と受け手の関係がはっきりしている近代初期、ヨーロッパの事情にもとづいて考えることにするが、初期の筆者は読者の扱いに戸惑いを感じたと察せられる。はじめ、読者のことを、第二人称として「諸君」と呼んだりしている。明らかに、口誦《こうしょう》文芸の時代の名残《なご》りである。しかし、読者が第二人称的ではないことははっきりしているから、第三人称的「読者」が慣用になる。それがさらに進むと、この第三人称的受け手は、表現の表面から姿を没して(3)潜在化するようになる。筆者は読者に呼びかけるのはもちろん、読者に向かって書いているという姿勢をあらわすことも避けるようになった。

◆読者は、まず、第二人称的存在としてあらわれ、やがて、第三人称的存在と受け取られるようになったが、それでもなお、実際の筆者、読者の関係にそぐわないものとして、読者は内面化しなくてはならなくなった。読者は聞き手に対応する存在ではない。そればかりか、第三人称としても、しっくりしない、やっかいな受容者である。

当然、話されたことばとは違ったわかり方を要求される。文字を声を出して読めれば、文字を読んだことになるとはいかない。理解のための訓練が必要である。普通、文字が読めれば、読むことができるように考えられるが、文字を読めても、読者になれないことがある。それは、わからないところをどう理解するかにかかわってくる。印刷されたことば、書物、本は読者との間に大きな距離があって、話しをきいてわかるのとは、わけが違う。大なり小なり不明、難解な箇所がいたるところにあらわれる場合でも、読む者は解釈によって、不明なところを解決、処理するのである。それができないと「論語読みの論語知らず」になる。

姿を消した読者は第四人称の存在である。

作品、書物は、独立した世界をなしている。

読者のもっているコンテクストはそれとはまったく別の世界で、結んでいるのは、共有される文字化されたことばのみということである。そこで読者は、演劇の観客に近いものになる。云いかえると、読者は、作品、書物の世界を、外からのぞき見ていることになる。ことばも、自分に向けられていることが実感されないで、立ち聞きに近いものとして了解される。人間の理性がこうした困難な伝達に興味をいだくようになっているらしいから、読者は一般の聴者以上の知的満足、⑥カンメイを受けることが可能になる。その興味は、表現されている事柄とは、多くの場合さほど関係がない。

読者は自らのコンテクストに立って、表現されたことばを解読する。コミュニケーションではなく解釈である。伝えられるものの内質が大きく変質するのが普通であるが、それを極力小さくしようとするのが、これまでの伝統的訓練である。

その結果、読者は本を〝あるがままに読む〟という実際的にはあり得ない受容ができると錯覚する。

〝誤解〟しないで、本を読むことはできない。それが第四人称である。

（外山滋比古『第四人称』）

（注）＊テクスト＝文字で綴《つづ》られた文章や作品。
＊ミスリーディング＝誤った方向に導くこと。
＊コンテクスト＝ここでは、伝達を可能にする基盤・背景。本来は「文脈」を意味する語。

問8　波線部ⓐのカタカナと同じ漢字を使うものとして、最も適切なものを一つ選びなさい。

1　報告書の内容をセイサする。
2　新規の入場をセイゲンする。
3　セイキュウ書を送付する。
4　過去の行いをナイセイする。

問9　波線部ⓑのカタカナと同じ漢字を使うものとして、最も適切なものを一つ選びなさい。

1　人生で最もメイヨな出来事。
2　ライメイが荒野にとどろく。
3　米のメイガラにこだわる。
4　真相をキュウメイする。

問10　傍線部(1)「手紙を読むのは普通、読者と云わない」とあるが、その理由として、最も適切なものを一つ選びなさい。

1　手紙は音声言語を文字化した原型的な段階のものであり、受け手はそれを単に読むだけでなく、一続きの音声のように受け取るので、読むだけに特化した読者とは役割が違うから。
2　手紙とは、原則として共通のコンテクストに所属する人間同士でやりとりされるものであるが、読者は、書き手との間に交流が無く、書き手と距離のある状況で存在するものだから。
3　第三者の紹介を得ずに手紙を送りつける行為は社会的に許されていないため、手紙の受け手は書き手に対し優位に立っていると言える点が、ただ受け取るだけの読者とは異なるから。
4　手紙とは、文字の使用において共通のコンテクストに依存する二者が行う特殊な形式の伝達で、その点については読者も同様であるが、読者はさらに印刷された文字を必要とするから。

問11　傍線部(2)「日記の中心的要素は第三人称にある」とあるが、どういうことか。その説明として、最も適切なものを一つ選びなさい。

1　日記は記録の最も古い形式ではあるが、文字コミュニケーションの原型的な形式である手紙から一段階先に進むことで、書き手と読み手以外の存在を対象とすることができるようになったということ。
2　書き手自身以外の読み手を排除する日記という形式においては、第二人称が否定され、どんな第一人称を自分に使うかに迷いが生じることから、記述の中心はそれ以外の対象になるということ。
3　日記の書き手は自分について語るときにどのように語るべきか常にためらいを感じるため、自分自身と率直に向き合うことを避け、自分の目に映る第三者を中心として語ろうとするということ。
4　日記は他者に読まれることを前提としているため、自分について語るときにも第一人称を用いることは難しく、自分がしたことであっても第三者の行動のように記述せざるを得ないということ。

問12　傍線部(3)「潜在」の本文中の意味として、最も適切なものを一つ選びなさい。

1　外から見え隠れする状態で、周りの注意を引く存在となること。
2　形は外に見えても、境界がぼんやりした様子で存在すること。
3　はっきりした形では外に表れず、内部にひそかに存在すること。
4　外との関係を明確に持ちつつ、次第に変化する存在となること。

問13　◆印を付けた段落は、論の展開においてどのような役割を果たしているか。その説明として、最も適切なものを一つ選びなさい。

1　前段の例とは別の例を挙げ、新たな視点を提起する役割。
2　前段の説の反証を示し、後段の話の論拠を導く役割。
3　前段の概念をまとめ、それらの具体例を示す役割。
4　前段の内容を整理し、後段に向けて問題をまとめる役割。

問14　本文の内容に合致するものとして、最も適切なものを一つ選びなさい。

1　読むという行為は、文字によるコミュニケーションのもともとの形式が変化したことで、読む者による解釈を必要とするようになったが、その中にあっても、読者は伝えられるものの変質をできるだけ小さくしようとしてきた。
2　話す言葉と書かれた言葉は性格を異にするものの、手紙という極めて原型的な文字コミュニケーションの形式においては、共通の場を整えるという社会的な了解の下であれば直接対面して話すのと同じような伝達が可能であり、人と人とをつなぐ絆《きずな》となってきた。
3　印刷された文字による書物が成立することで、第一人称とは常に書き手を指し、第二人称とは常に読み手を指すようになったが、それだけでは足りず、記述の質の向上を追求するために第三人称・第四人称が生み出された。
4　今日の読者は、演劇の観客のように筆者の展開する作品世界を自分勝手にのぞき見し、愛好したり批評したりして、自分たちの受け取った内容が作品の正しい理解であると考えているが、今後は筆者が自身のコンテクストを明らかにするべきである。

三 次の文章を読んで、あとの問いに答えなさい。

> 幕末、武家の娘である明世《あきよ》は絵を学びたいと思い、城下では知られた画家である岡村葦秋《おかむらいしゅう》の画塾・有休舎を訪れた。葦秋から、描いた絵を見せるように言われた明世は、翌日、自作の絵を持って、再度訪問した。

葦秋が何と言うか、期待と不安とで胸が波立っていたが、有休舎の前まで来ると、明世は覚悟を決めて訪《おとな》いを告げた。時刻が早いせいか板の間に弟子たちの姿はなく、応対に出てきたのは通いの女中であった。十六、七の町人の娘で、言葉付きが少し乱暴だが働きものらしく、きびきびとしている。きれいに片付けられた画室に通されて待っていると、葦秋は裏庭に下りていたらしく、じきに踏み石を上がる下駄《げた》の音が聞こえてきた。

「早く来たね」

居間から現《あら》われた彼は、ちらりと巻軸《まきじく》を見てから持主《もちぬし》に眼《め》を移した。どこか昨日とは眼差《まなざ》しが違って涼しげに見えるのは、彼とともに居間を通り抜けてきた風のせいかも知れなかった。明世はやはり身を固くして丁寧に辞儀をした。

「見せてごらん」

促されて巻軸を広げると、葦秋は両手で裾を押《おさ》えて眺めた。絵に向き合った途端に気むずかしい眼になり、神経がある一点に集中するのが分かる。明世は葦秋の視線を辿《たど》るようにして、彼が凝視している自分の絵に眼を落とした。牡丹《ぼたん》は四尺の横半切《はんせつ》ほどの紙に伸び伸びと描かれていて、その下に五、六枚の葉が遊んでいる。花は淡い墨を重ねるようにして、葉は思い切った*焦墨《しょうぼく》で描かれ、乱暴な印象は否めないが調和はとれていた。

「これは、何を見て描いたのかね」

祈るような思いで待っていると、葦秋はしばらくしてそう言った。依然として視線は明世の絵にそそがれている。

「庭の牡丹です」

「わたしには、そうは見えないが……」

「どういうことでしょうか」

⑴明世は血の引いてゆく思いで訊《たず》ねた。牡丹は去年の夏に屋敷の庭に咲いたものだし、絵は誰が見ても牡丹にしか見えないはずである。未熟な筆のために墨の斑《むら》や無駄はあるとしても、それほど幼稚なものとは思えなかった。

「この絵には線がない、*没骨《もっこつ》といえば没骨だが」

彼は独り言のように答えて明世を見ると、墨が暴れているとも言った。そう指摘されると、たしかに輪郭がなく、花弁も蕊《しべ》も葉も墨の濃淡だけで描かれている。明世は無意識にしたことだが、そのときになって絵には線がなくてはいけないのかと茫然《ぼうぜん》とする気持ちだった。見込みはない、といきなりⓐ額に烙印《らくいん》を押された気がした。

力なくうなだれた娘へ、葦秋は険しい眼差しとは逆に穏やかな口調で話した。

「*田能村竹田《たのむらちくでん》を知っているね」

「いいえ」

「葉の部分はともかく、この絵は竹田の牡丹図によく似ている」

明世は驚いて顔を上げた。迷いに迷って選んできた絵が、誰かの絵に似ているという。田能村竹田ははじめて聞く名前で、どういう字を書くのかも知らない。その人の絵を写したのではないかと、葦秋の眼はⓑ暗に非難しているかに見えた。

憤慨したものの、明世は混乱してすぐには何も言い返せなかった。才能がないとか未熟だとか言われるのは仕方がないとしても、人の絵を真似《まね》たと言われるのは［ X ］であった。口惜しさに唇が震えて黙っていると、葦秋は腰を上げて、どこからか一冊の画帖《がじょう》を持ってきた。その中に竹田の絵があるらしく、彼はそこを開いてみせた。

　右から上部の空白にかけて題辞*の書かれた、美しい牡丹の図であった。長い題辞は読めないものの、明世はひと目見て違うと思った。図版なので実物の大きさははっきりとしないが、絵には淡彩を施してあり、薄紅色の花と緑の濃淡を使い分けた葉の部分の対比が華やかであった。だが線がないのは花弁だけで、枝や葉にはくっきりと描かれていたのである。それだけでも明世の絵が模写でないことは分かるはずだが、葦秋はじっと顔色を見ている。それとも構図のことを言ったのだろうかと思いながら、彼女は恐る恐る見つめ返した。

「どうだね、この絵を見たことは？」

「ございません」

　(2)きっぱりと答えたつもりが、自分の声がくぐもるように聞こえた。緊張と悔しさで声までが思うようにならない。明世は思い切って言い直した。

「牡丹を正面から描けば、誰でもこうなると思います」

「わたしが言っているのは、なぜ線で描かないのかということだ、物を描くとき、人は形を線で表《あら》わす、とくに子供はそうだ」

「お言葉ですが、本物の花には、いちいち線など引いてありません、ひとつひとつ違う形があるだけです」

「その形を表わすのが線だとは思わないか」

「気が付きませんでした」

　彼女は正直に答えた。ひとりで墨絵をはじめた娘に、南画*の技法など分かるはずがなかった。

「では、この絵をどう思う」

　明世が唇を噛《か》んでいると、葦秋はまた画帖の別のところを開いて訊ねた。ほとんど真っ白な絵は春蘭《しゅんらん》図といって、やはり竹田の筆だという。蘭は優雅な花の部分も、たくましい葉の部分も素描きの線のみで描かれていて、牡丹図とはまったく違う鋭さで明世の眼に飛び込んできた。

「美しいと思います」

　彼女は率直な感想を言った。

「でも、本当の蘭とは違います」

「だが、線だけで描きながら気品すらある、線を無視するわけにはゆかない絵だ」

「でも、わたくしの眼に映る蘭ではありません」

「絵はそれでいい、描く人の眼や心を通してそれぞれの絵になる、それが見る人の眼を通して本物に返れば、よい絵ということだろう」

「……」

「よい絵を描くためには技がいる。線もそのひとつだし、没骨で描くにしても見えない線を見なければならない」

「没骨？」

「線ではなく色の濃淡で描くことをそう言う、あなたの牡丹がそうだし、おそらくはほかの絵もそうだろう、(3)しかしこのままでは本物にはならない、今日からここで学んでもらうが、覚悟はいいね」

　明世は眼を見開いて葦秋を見つめた。それまで彼女の胸を占めていた屈辱とはまるで逆の成りゆきであった。驚いている間に葦秋はまた立ってゆき、明世に自作の画本を寄越《よこ》した。そこには四君子《しくんし》と呼ばれる梅、竹、菊、蘭が描かれていて、どの花も彼の筆らしい優美さに満ちている。

「わたくしも、このように描けるようになるでしょうか」

　彼女は明るい声で言ったが、葦秋の返答は、模写は模写であって、自分の絵を忘れてはならないというものだった。そのとき玄関のほうから弟子らしい男の声が聞こえて、師と水入らずのときに終わりを告げると、明世は礼を述べて辞去した。

「いかがでございましたか」

外で待っていたしげに訊《き》かれて、彼女は今日から先生の弟子になる、と答えた。自分の意志で決めたような言い方をしたのは、思い切り前へ向きはじめた気持ちの表われだったが、女子として分別があるとはいえなかった。彼女はしげとともに堤の道を戻りながら、いつかは葦秋のような画家になるであろう自身の姿を思い描いていた。

その日から明世にとって葦秋は大きな目標となり、南画は自由な心の世界へと彼女を導く標《しるべ》となっていった。ひとりの部屋で墨をすり、筆を執るとき、彼女は最も幸福な娘であった。

有休舎へ通うようになってから、明世は知らず識《し》らず腕を上げてゆき、徐々にだが絵を見る眼も養われていった。四君子を終えて模写に移った当初は線を拒む気持ちが強く、人の描いた山水や人物をただ真似るのは苦痛だったが、続けるうちに彼女は自分ならこう描くという線を絵の中に見つけるようになっていた。その線はときおり模写の枠から食《は》み出し、模写が模写でなくなるときがあったが、それについて葦秋が厳しく指導することはなかった。彼は明世の絵を見ても、手を入れることはせず、次の課題を与えるだけであった。

「墨が落ち着いてきた」

長い凝視のあとのひとことを聞くために、明世は師のもとへ通った。けれども、相変わらず画材は明《みん》や清《しん》の風物であったから、その眼で見ることのできないものを描くことに疑問を抱くまでに長いときはかからなかった。好きで描くはずの絵に＊画賛《がさん》を施すのも、見る人の思考を強引にそこへ導くようで好まなかったし、求めたものと違うものを描かされる意味もよく分からない。ただ画塾に集まる様々な人々のようすに、彼女は広い世界を見るように安心した。

（乙川優三郎『冬の標』）

（注）
＊焦墨＝筆のかすれを生じるような、枯れた墨。また、その技法。
＊没骨＝東洋画の画法の一つ。輪郭を描かず、水墨や彩色で対象を描き出すもの。
＊田能村竹田＝江戸後期の南画の画家。
＊題辞＝書物の巻頭や画の上部に書き記す言葉。
＊南画＝中国絵画の二大系譜の一つ。水墨で、多くは山水を描く。
＊画賛＝日本画などの絵の余白に書き添える詩歌や文章。

問15　波線部ⓐ「額に烙印を押された」の本文中の意味として、最も適切なものを一つ選びなさい。

1　馬鹿にされた
2　気の毒に思われた
3　追い出された
4　決めつけられた

問16　波線部ⓑ「暗に」の本文中の意味として、最も適切なものを一つ選びなさい。

1　屈託なく
2　それとなく
3　まぎれもなく
4　頼りなく

問17　傍線部(1)「明世は血の引いてゆく思いで訊ねた」とあるが、このときの明世の心情の説明として、最も適切なものを一つ選びなさい。

1　葦秋が自分の描いた牡丹の絵に引きつけられていると思い、抑えきれないほど興奮した。
2　葦秋が自分の描いた牡丹の絵を別の花であるかのように言ったことに、怒りがこみ上げた。
3　葦秋が自分の描いた牡丹の絵を良いと思っていないように感じて、不安でたまらなかった。
4　葦秋が自分の描いた牡丹の絵に興味がないことがわかって、情けなくなった。

問18　空欄部Xに当てはまる言葉として、最も適切なものを一つ選びなさい。

1　悔恨
2　当然
3　屈辱
4　不粋

問19　傍線部(2)「きっぱりと答えたつもりが、自分の声がくぐもるように聞こえた」とあるが、「くぐもるように聞こえた」のはなぜか。その理由として、最も適切なものを一つ選びなさい。

1　葦秋に認めてもらいたいという焦りと、竹田を知らない自分の無知を指摘された悔しさで、声が震えてしまったから。
2　葦秋の前で気が張っているのに加え、竹田の絵を真似たのではと疑われた悔しさで、声がこわばってしまったから。
3　葦秋の考え方への反感と、自分の絵と竹田の絵とを比べられた悔しさで、声が高くなってしまったから。
4　葦秋の冷たさに傷ついたことに加え、竹田の絵より自分の絵が劣っていると指摘された悔しさで、声が出なくなってしまったから。

問20　傍線部(3)「しかしこのままでは本物にはならない」とあるが、明世がまず学ぶべきなのはどんなことだと葦秋は考えているのか。その説明として、最も適切なものを一つ選びなさい。

1　物の形を墨の濃淡で表すこと。
2　物の形を線で表すこと。
3　気品のある淡彩の絵を描くこと。
4　南画の技法から離れて絵を描くこと。

問21　葦秋は、絵に対してどのような考えを持っていると考えられるか。その説明として、最も適切なものを一つ選びなさい。

1　模写によって、先人の絵の技法を学んだうえで、自分の眼や心を通して、独自の感性で描くことが大切であるという考え。
2　模写は結局、人の絵を真似しているだけで、自分独自の感性で描いたものとはとうてい言えないので不要であるという考え。
3　模写の技術を確実に習得すれば、絵にはおのずと気品が生じ、見る者の心を揺り動かす本物の絵となるはずだという考え。
4　模写を学ばなくても、墨の濃淡を活《い》かした没骨の技法を究めることによって、見えない線を描くことができるという考え。

問22　本文から読み取れる明世の人物像の説明として、最も適切なものを一つ選びなさい。

1　負けず嫌いで自由を好み、自分が描きたいと思う絵しか描かないと主張している。
2　明るくて細かいことにこだわらず、自分の絵を厳しく批判されても、平気でいられる。
3　誇り高く気が強いが、自分の絵には全く自信がなく、気弱になってしまうことがある。
4　芯が強く、絵を描くことについて自分なりの考えと情熱を抱いている。

問23　本文の内容と表現の特徴を説明したものとして、最も適切なものを一つ選びなさい。

1　葦秋の言葉に動揺する主人公の心情を丹念に表現しながら、ひたむきに絵の道を志す娘の姿を描いている。
2　絵の才能に恵まれた娘の姿を、師である葦秋の視点から、漢語を多用した硬質な文体で描いている。
3　当時の風物を折りまぜた比喩表現を巧みに用いながら、絵を描くことが好きな娘の姿を描いている。
4　絵を描きたいと願う娘の姿を、師匠との熱のこもった激しい言葉のやりとりを通して描いている。

四　次の文章を読んで、あとの問いに答えなさい。

後鳥羽《ごとば》院の御時、交野《かたのの》八郎といふ強盗の*張本《ちやうぼん》ありけり。*今津に宿りたるよしⓐ聞こし召して、*西面の輩《ともがら》をつかはして、からめ召されける時、やがて御幸なりて、御舟に召して御覧ぜられけり。かの奴《やつ》は*究竟《くつきやう》の者にて、からめ手四方をまきて攻むるに、とかく(1)ちがひて、いかにもからめられず。御舟より、上皇みづから櫂《かい》を取らせ給ひて、(2)御おきてありけり。その時、すなはちからめられにけり。

*水無瀬《みなせ》殿へ参りたりけるに、召しすゑて、「いかに汝《なんぢ》ほどの奴は、これほど［X］はからめられたるぞ」と御尋ねありければ、八郎申しけるは、「ⓑ年ごろ、からめ手向かひ候ふこと、(3)その数を知らず候ふ。山にこもり水に入りて、すべて人を近づけず候ふ。このたびも、西面の人々向かひて候ひつるほどは、ものの数ともおぼえず候ひつるが、御幸ならせおはしまし候ひて、御みづから御おきての候ひつることと(4)かたじけなく、申し上ぐべきには候はねども、舟の櫂はしたなく重きものにて候ふを、扇などを持たせおはしまして候ふやうに、御片手に取らせおはしまして、やすやすととかく御おきて候ひつるを、ちとⓒ見参らせ候ひつるより、(5)運尽き果て候ひて、力よわよわとおぼえ候ひて、ⓓいかにも逃るべくもおぼえ候はで、からめられ候ひぬるに候ふ」と申したりければ、御気色悪《あ》しくもなくて、「おのれ召し使ふべきなり」とて許されて、御*中間《ちゆうげん》になされにけり。

（『古今著聞集』）

（注）＊張本＝首領。
＊今津＝現在の大阪府高槻《たかつき》市の辺りの地名。
＊西面の輩＝西面の武士。後鳥羽院が設置した武士団。
＊究竟の者＝武芸に秀でた強い者。

＊水無瀬殿＝現在の大阪府三島郡に造営された後鳥羽院の離宮。
＊御中間＝侍と小者《こもの》の中間の身分の奉公人。

問24　波線部ⓐ「聞こし召して」の本文中の意味として、最も適切なものを一つ選びなさい。

1　聞いたことがなくて
2　呼び寄せることにして
3　お聞きになって
4　食事をなさって

問25　波線部ⓑ「年ごろ」の本文中の意味として、最も適切なものを一つ選びなさい。

1　昨年
2　長年
3　年輪
4　年齢

問26　空欄部Xに当てはまる言葉として、最も適切なものを一つ選びなさい。

1　やすく　2　つらく　3　めでたく　4　かしこく

問27　傍線部⑴「ちがひて」の説明として、最も適切なものを一つ選びなさい。

1　敵の居場所を把握できないで
2　攻撃の情報が漏れて
3　敵と味方で人違いをして
4　攻撃の狙いどおりに行かず

問28　傍線部⑵「御おきてありけり」の説明として、最も適切なものを一つ選びなさい。

1　交野八郎に注意なさった
2　交野八郎を許しなさった
3　西面の武士に指図なさった
4　西面の武士を罰しなさった

問29　傍線部⑶「その数を知らず」とあるが、ここから交野八郎がどのような心持ちでいることが読み取れるか。その説明として、最も適切なものを一つ選びなさい。

1　敵の情報が不足していて不安でたまらない。
2　敵の襲撃から逃げ回っておびえている。
3　後鳥羽院の影響力を軽視している。
4　捕らえに来た者をまったく恐れていない。

問30　傍線部(4)「かたじけなく」とあるが、交野八郎はどのようなことに対して「かたじけなく」思っているのか。その説明として、最も適切なものを一つ選びなさい。

1　後鳥羽院が自分を救いたいと言ってくれたこと。
2　後鳥羽院を裏切って戦うことになってしまったこと。
3　後鳥羽院に手間をかけさせてしまったこと。
4　後鳥羽院の方からわざわざ会いに来てくれたこと。

問31　波線部ⓒ「参らせ」は、誰から誰への敬意を示しているか。最も適切なものを一つ選びなさい。

1　作者から交野八郎への敬意
2　作者から後鳥羽院への敬意
3　交野八郎から後鳥羽院への敬意
4　交野八郎から西面の武士への敬意

問32　波線部ⓓ「いかにも逃るべくもおぼえ候はで」で用いられている言葉の文法的説明として、適切でないものを一つ選びなさい。

1　「いかにも」は副詞「いかに」に係助詞「も」が接続した連語で、ここでは「どうしても。決して」という意味を表す。
2　「べく」は助動詞「べし」の連用形で、ここでは可能の意味で解釈することができる。
3　「おぼえ」はア行下二段活用の動詞の連用形で、ここでは「思われる」という意味を表す。
4　「候はで」は丁寧語の補助動詞「候ふ」に打消の接続助詞「で」が接続したもので、ここでは「…ませんで」という意味を表す。

問33　傍線部(5)「運尽き果て候ひて」とあるが、交野八郎がこのように考えたのはなぜか。その理由として、最も適切なものを一つ選びなさい。

1　西面の武士の武力にはかなわないと思ったから。
2　後鳥羽院の尋常ではない力を見て圧倒されたから。
3　自分の部下がことごとく捕らえられたから。
4　後鳥羽院の攻撃の激しさに恐ろしくなったから。

問34　本文の内容に合致するものとして、最も適切なものを一つ選びなさい。

1　交野八郎は、今津で後鳥羽院を待っていた。
2　交野八郎は、屈することなく後鳥羽院を捕らえてしまった。
3　後鳥羽院は、交野八郎を許して家来にした。
4　後鳥羽院は、交野八郎の言い分を聞いて気分を害した。

五

次の二編の漢文のうち、Aは、*陳太丘《ちんたいきゅう》とその息子の*元方《げんぽう》についての逸話、Bは、陳太丘の二人の息子である元方と*季方《きほう》について、元方の息子の長文《ちょうぶん》と、季方の息子の孝先《こうせん》が語るという逸話である。読んで、あとの問いに答えなさい。（設問の都合上、返り点・送り仮名を省略した箇所がある。）

A

陳太丘、(1)与㆑友*期シテ行ク。期スルニ㆓*日中ヲ㆒、過グルモ㆑*中ヲ不㆑至ラ。太丘舎《すテテ》去ル。去リテ後、乃チ至ル。元方時ニ年七歳、門外ニ戯《たはむル》。客問フ㆓元方ニ㆒、「*尊君在リヤ不《いなヤト》。」答ヘテ曰ハク、(2)「待君久、不至已去。」友人便《すなはチ》怒リテ曰ハク、「(3)非ザル㆑人ニ哉。与㆑人期シテ行クニ、相委《すテテ》而去ル。」元方曰ハク、「君与㆓*家君㆒期ス㆓日中ヲ㆒。日中スレドモ不ルハ㆑至ラ、則チ是レ無シ X 。対シテ㆑子ニ罵《ののしルハ》㆑父ヲ、則チ是レ無シト㆑ Y 。」(4)友人慙《はヂテ》、下リテ㆑車ヲ*引ク㆑之ヲ。元方入リテ㆑門ニ不㆑*顧ミ。

（『世説新語』）

（注）＊陳太丘＝後漢の陳寔《ちんしょく》のこと。太丘県の長を務めた。
＊元方＝陳太丘の息子である、陳紀《ちんき》のこと。
＊季方＝陳太丘の息子で、元方の弟にあたる、陳諶《ちんしん》のこと。
＊期行＝約束して出かける。
＊日中・中＝正午。
＊尊君＝他人の父親を敬って言う語。
＊家君＝他人に対して自分の父親を言う語。
＊引＝招き寄せる。手招きする。
＊顧＝後ろを振り返る。

B

陳元方ノ子長文、有リ二英才一。与二季方ノ子孝先一、各《おのおの》論ジ二其ノ父ノ功徳ヲ一、争ヒテレ之ヲ不レ能ハレ決スル。咨《はかル》二於太丘ニ一。太丘曰ハク、「元方ハ難《がたク》レ為《たリ》レ兄《けい》、季方ハ難シトレ為リレ弟《てい》。」

（『世説新語』）

問35　傍線部⑴「与」の読み方と意味の説明として、最も適切なものを一つ選びなさい。

1　「と」と読み、「…と」の意味を表す。
2　「あづかル」と読み、「関係する」の意味を表す。
3　「よリ」と読み、「…より」の意味を表す。
4　「くみス」と読み、「仲間になる」の意味を表す。

問36　傍線部⑵「待君久、不至已去」の書き下し文として、最も適切なものを一つ選びなさい。

1　君を久しく待つに、至るや不《いな》や已《すで》に去る
2　君を久しく待てども、至りて已に去らず
3　君を待つこと久しきも、至らざれば已に去る
4　君を待つこと久しけれども、已に至らずして去る

問37　傍線部⑶「非人哉。与人期行、相委而去」の解釈として、最も適切なものを一つ選びなさい。

1　人でなしだろうか。出かける約束をしておいて、君を待たずに行ってしまうのは。
2　人でなしだなあ。出かける約束をしておきながら、私を置き去りにして行ってしまうとは。
3　人でなしではないか。出かける約束をしたのに、息子に家のことを任せてやめてしまうとは。
4　人でなしだ。出かける約束をしたにもかかわらず、その約束を忘れてしまうのは。

問38　傍線部⑷「友人慙、下車引之。元方入門不顧」の説明として、最も適切なものを一つ選びなさい。

1　陳太丘の友人は自らの過ちを恥じ、車から降りて元方を招き寄せようとした。しかし、元方はそれを無視し、相手にしなかった。
2　陳太丘の友人は自らの至らなさに恥じ入り、車を降りて元方に謝ろうとした。元方は謝罪を受け入れ、元方と友人は和解した。
3　陳太丘の友人は元方の行動を恥ずかしく思い、元方の乗った車を呼び戻そうとした。元方は友人の方を振り向きもせず、門の中に入った。
4　陳太丘の友人は元方の子どもらしくない言動を叱った。元方は後悔して友人に弟子入りし、父親のことを思い出そうともしなかった。

問39　空欄部X・Yに当てはまる語の組み合わせとして、最も適切なものを一つ選びなさい。

1　X　欲　　Y　孝
2　X　学　　Y　智
3　X　信　　Y　礼
4　X　義　　Y　勇

問40　Bの文章からできた語に「兄たり難く、弟たり難し」がある。これと最も意味が近い語句を一つ選びなさい。

1　少年老い易《やす》く学成り難し
2　兄弟は他人の始まり
3　骨肉相食《は》む
4　伯仲の間

問41　A・Bから読み取れる内容として、最も適切なものを一つ選びなさい。

1　元方には幼い頃、行いの正しくない父親を言い負かしたという逸話がある。元方の子の長文も、元方の弟季方の子の孝先もそろって英明で、評判になっていた。

2　元方は幼少時から聡明であり、大人相手に正論を展開して、相手に非があることを認めさせた。後年、元方とその弟の季方の優劣について、彼らの息子たちが言い争った。

3　陳太丘の息子の元方と季方は、ともに己を曲げぬ人柄で知られていた。彼らの息子の長文と孝先は、どちらも学問好きで、その優秀さは互いに匹敵していた。

4　陳太丘は若い頃から非常識な行動が多く、息子の元方に意見されることがあった。元方の弟の季方も行いが厳格で、兄弟そろって周囲から非常に信頼されていた。

四月実施　解答と解説

一　知識問題

〔解説〕

問1　漢字の読み

正解は2。「暫時」は「ざんじ」と読み、「少しの間、しばらくの間」の意。「漸次（ぜんじ）」（「次第に」の意）と混同しやすいので注意が必要。正答2「残像」は「ざんぞう」と読み、「刺激が去った後にも残っている映像」のこと。誤答1「尋問」は「じんもん」で「問いただすこと」。3「漸増」は「ぜんぞう」で「次第に増えること」。4「実存」は「じつぞん」で「実際にこの世に存在すること」。

問2　対義語

正解は3。「陥没」は「落ち込むこと」、「隆起」は「高く盛り上がること」なので、対義語の関係といえる。誤答1「平静」は「おだやかで静かなこと」、「穏便」は「おだやかで角の立たないさま」なので、むしろ類義語である。誤答2も類義語。「架空」は「想像によってつくりあげること」、「虚構」は「事実でないことを事実らしくつくりあげること」。4「接近」は「近づくこと」、「深遠」は「非常に奥深くて容易に理解が及ばないこと」。

問3　四字熟語

正解は4。「博覧強記」は、「書物を広く読み、見聞を深めたりして豊かな知識をもっていること」。誤答はいずれも当てはまらない。

問4　故事成語

正解は1。「食指が動く」で「ある物事に対して欲望や興味が生じる」の意。「食指」は人差し指のこと。春秋時代、鄭《てい》の子公《しこう》が自分の人差し指がぴくぴく動くのを見て、「こういうときは珍しいごちそうにありつけるのだ」と言ったという故事に由来する（『春秋左氏伝』）。例文では、社長が新規事業に興味を持ったということである。

問5　カタカナ語

正解は3。「フィードバック」は「ある方式を補強修正するため、一定の行動を行った後、その結果の反応を見て行動を変化させること」の意。例文は、「民意」という反応を「政策」に反映させることによって「基本方針」を変化させると述べているので、当てはまる。誤答1「マーケティング」は「消費者の求める商品やサービスを調査し、商品開発と効率的な販売方法で市場拡大を図る企業活動」のことであり、政策について述べるのは不適。2「ノウハウ（know-how）」は「ある専門的な技術やその蓄積」のこと。4「カテゴリー」は「範疇《はんちゅう》」すなわち「同じ性質のものが属すべき範囲や部門」のこと。空欄補充の問題は、試しに代入してみるとよい。「□し、」の「し」はサ変動詞「する」の連用形（連用中止法）。空欄と合わせて複合サ変を形成すると考えられる。1「マーケティングする」、2「ノウハウする」、4「カテゴリーする」とは言わないだろう。

問6　慣用句

正解は2。「お茶を濁す」は「いいかげんな処置をして、その場をごまかしつくろうこと」。例文は、追及から逃れるために適当なことを言ってごまかしたのである。誤答1「腑《ふ》に落ちる」は「納得できる」。下に打ち消しの語を伴って「腑に落ちない」の形で用いることが多い。3は通常「歯に衣《きぬ》着せぬ」等と、打ち消しの語を伴って用い、「つつみ隠すことなく、思ったままを率直にはっきりと言う」の意。4「襟を正す」は「姿勢や服装をきちんと直す」意から、「気持ちを引き締めて物事に当たるという態度を示す」。

問7　敬語

正解は2。「お＋《動詞の連用形》＋する」で尊敬を表す。「お会いする」は、「会う」の尊敬語ということになる。同じ意味は2「お目にかかる」。誤答1「おいでになる」は「来る」の尊敬語。3「ご覧になる」は「見る」の尊敬語。4「拝見する」は「見る」の謙譲語。

問8　文学史（近現代）

正解は4。『鼻』は一九一六年に発表された小説。『今昔物語集』に材を取り、夏目《なつめ》漱石《そうせき》に激賞されて出世作となった。作者の芥川《あくたがわ》龍《りゅう》之介《のすけ》（一八九二～一九二七）は、東京生まれの小説家。歴史に材を取った理知的・技巧的作品で才能が認められた。代表作に『羅生門』『地獄変』『或阿呆の一生』など。誤答1の志賀《しが》直哉《なおや》（一八八三～一九七一）は、宮城出身の小説家。白樺派の中心作家として文壇で活躍した。『城の崎にて』『和解』『暗夜行路』など。2有島《ありしま》武《たけ》郎《お》（一八七八～一九二三）は、東京生まれの小説家。白樺派。里見《さとみ》弴《とん》の兄。『カインの末裔』『或る女』『生まれ出づる悩み』など。3太宰治（一九〇九～一九四八）は、青森出身の小説家。本名津島修治。『走れメロス』『富岳百景』『ヴィヨンの妻』『斜陽』『人間失格』など。

問9　古典常識

正解は1。昔の時刻は、一日を二時間ずつ十二に分けて、十二支を充てて呼んだ。その始まりにあたる「子《ね》の刻」は、午前〇時を中心とする前後二時間、つまり「午後十一時から午前一時」である。誤答2「午前五時から午前七時」は「卯《う》の刻」。3「午後一時から午後三時」は「未《ひつじ》の刻」。4「午後七時から午後九時」は「戌《いぬ》の刻」。十二支は、時刻の他に方角を示すのにも用いられ、十干と組み合わせて年・月・日をも表す。合わせて確認しておくこと。

問10　文学史（古典文学）

正解は2。『伊勢物語』は、平安時代中期の歌物語。作者・成立年不詳。主人公は在原《ありわらの》業平《なりひら》を思わせる男で、初冠から辞世の歌に至る生涯を、和歌を中心として一二五段に構成している。この中には、『古今和歌集』に収録されている在原業平の和歌も含まれている。『古今和歌集』は、平安初期の最初の勅撰《ちょくせん》和歌集。醍醐天皇の勅命により編まれ、延喜一四年頃の成立とされる。撰者は紀貫之《きのつらゆき》、紀友則《きのとものり》、凡河内躬恒《おおしこうちのみつね》、壬生忠岑《みぶのただみね》。『古今集』とも。誤答1『万葉集』は、奈良時代の現存最古の和歌集。大伴家持《おおとものやかもち》がまとめたとされ、成立は奈良時代末頃とされる。3『後拾遺和歌集』は、平安末期の四番目の勅撰和歌集。白河天皇の勅命で応徳三年成立。撰者は藤《ふじ》原通俊《わらのみちとし》。『後拾遺集』とも。4『千載和歌集』は、平安末期の七番目の勅撰和歌集。藤原俊成《としなり》撰。後白河院の院宣による。『千載集』とも。古典文学史は、作品名だけでなく、作者（編者）、ジャンル、成立年代などを関連付けて理解しよう。

二　評論

〔**出典**〕佐伯《さえき》彰一《しょういち》『外から見た近代日本』（講談社学術文庫・一九八四年刊、現在は絶版）。初出は一九八〇年、日本経済新聞社。従って、設問にある「一九八四年に発表された次の文」という記述は厳密には誤り。本文中に「現在の『ホーメイニ革命』最中のイラン」という記述があるが、ホーメイニ革命（イラン革命）が一九七八年から七九年にかけて起きたことを考え合わせても、執筆時期が伺える。掲出書は、日米の比較文明論。厳密な評論というよりは、著者自身の「ぼく」という一人称で表出される内情が描かれたエッセイ集といえる。「明治維新と南北戦争—比較史の面白さ—」「ある国際人の軌跡—岡倉天心の人物像—」「近代の日米関係—『仮想敵』

としてのアメリカ―」「外国人の見た近代日本―幕末明治の文化接触―」「比較文化論の系譜」の五章から成り、比較を通じて近代日本の歴史に新たな光を当て、日本人の自己認識、自己確立が肝要であることを示そうとしている。本文は、「プロローグ―外から見た近代日本」の一部。「外からの視点」によって「無意識の前提」を相対化することが比較研究の要訣であることを、豊富な具体例によって述べている。

著者の佐伯彰一(一九二二〜二〇一六)は、日本のアメリカ文学者、比較文学研究者、文芸評論家、翻訳家。富山県出身。旧制富山高校を経て、東京帝国大学英文科、同大学院修了。東京都立大学助教授を経て、カナダ・トロント大学で客員教授として日本文学を講義。帰国後、東京大学教授、中央大学教授を経て、世田谷文学館館長、三島由紀夫文学館館長などを歴任。東京大学名誉教授。日本芸術院会員。現代アメリカを通して見た日本文学の特質を追究し、後年は自伝研究に重点を置いた。著書に『物語芸術論』『近代日本の自伝』『日米関係のなかの文学』など多数。

〔解説〕

問11 漢字

正解は2。波線部ⓐは「漂」。「漂着」は、「ただよい流れて岸に着くこと」。同じ漢字を使うものは、2の「漂白」。意味は「色のついたものをさらして白くすること」。誤答1「投票」は「選挙などで票を投じること」。3「土俵」は「中に土を詰め俵で丸く囲んだ相撲の競技場」。4「氷山」は「極地の海中に浮かぶ巨大な氷の塊」。

問12 漢字

正解は3。波線部ⓑは「臨」。「臨場感」は、「その場に実際にいるような感じ」。同じ漢字を使うものは3の「君臨」で、意味は「君主として国家を支配すること」。また「絶対的勢力を持ったものが他を圧倒すること」。誤答1「近隣」は「隣あったごく近いあたり」。2「倫理」は「人倫の道、社会生活で人の守るべき道理」。4「林立」は「背の高い物がいくつも並んで立つこと」。

問13 内容把握

正解は2。傍線部(1)「語られない部分」とあるが、二段落には次のように述べられている。「『語られない』というのは、むしろ当人にそれと意識されない部分、自分では気がつかずにきめこんでいる要素をさしている」と。さらに《いわば》で結ばれて「無意識の大前提」と言い換えられている。それは七段落においては「それまでしごく当然の常識とばかり思いこんできたこと」、一〇段落「常識の枠」、一二段落「常識として、また暗黙の大前提としてその上にのっかってしまいがちな点」、二〇段落「当たり前のことすぎて、かくべつ注意を払って、記録する気にもならなかった」こと、二一段落「身近すぎ、当たり前すぎて、だれも気にとめない」こと、「当然に分かり合っている大前提として、いわば無意識の領域に押しこんでしまっている」こと、などと繰り返し言い換えられている。これらの内容を充足する選択肢は2。繰り返し表現される言い換えは本文において重要な要素なので、しっかりと着目したい。誤答1は「ほとんどの人が知らない歴史の裏話」が不適。二段落にそれらしきことが述べられているが、「いくらかはそれもあるけれど、ぼくとしてのねらい、また願いは少々違ったところにある」といって否定されている。3は「歴史の真実」が不適。一見美しい言葉で魅力的な内容が描かれた選択肢に見えるかもしれないが、本文とは関係のないキラキラポエム。4は「成文化されて〜」が不適。「成文化」とは「文章として書き表すこと」。むしろ成文化されないのである。

問14 内容把握

正解は4。傍線部内の「比較研究」というキーワードに注目すると、四段落では次のように述べられている。「通念にとらわれず、無意識の大前提にのっかることなしに、事態をありのままにうつし出し、見抜く」という外からの眼《め》に、比較研究の出発点があるという。また、傍線部内「ここ」に着目して遡ると、「それまでしごく当然の常識とばかり思いこんできたことが、一瞬まったく別の角度から照らし出されて、虚をつかれた思いを味わわされる」という「ショック」が、「新しい認識への起爆剤の役割」を果たすという。つまり、外からの眼を通して自文化を相対化することで、新しい認識をもたらすというのである。誤答1は、「相互に修正を行う」が不適。複数の文化を比較することは、そのことを通じて文化を修正しようとするものではない。そうではなくて、比較することによって自文化が相対化されるのである。2は「自分たちの想像もつかない奇妙な考え方やアイディア」が「文化を発展させる」という構造が不適。比較研究によって文化が発展するとは、本文にまったく述べられていない。3は「生まれ育った文化を離れて他の文化の見方を身につけ」が不適。確かに具体例におけるガリヴァーやサトウ、M・F嬢は生まれ育った文化を離れたのかもしれないが、他の文化の見方を身につけてしまっては、それは「外からの視点」ではなくなってしまう。異邦人が自らの文化の見方（外からの視点）で他の文化（たとえば、サトウにとっての日本）を見つめることによって、新鮮な発見がもたらされたのである。

問15　内容把握

正解は1。「『尊王攘夷』というスローガン」について述べられた傍線部に関する理由が問われている。「尊王」とは、皇室を神聖なものとして尊敬することを主張した思想。「攘夷」とは、外国との通商に反対し、外国を撃退して鎖国を通そうとする排外思想。これらが幕末において結合し、反幕府運動として展開されていった。このことが、本文では次のように記述されている。一五段落「異国嫌悪のいわば集団発作」、「熱っぽく押しつけがましいスローガン」「異様に昂ぶり、こわばった強引で理不尽な『戦いの雄たけび《ウォー・クライ》』の一種」、一六段落「『攘夷』ヒステリー」と。では、なぜこのような集団ヒステリーが引き起こされたのか。その理由は、一七段落の記述から読み取れる。「国内的な激動、危機の際に、人の心に生じがちな、いわば本能的なパニック現象の一種であると同時に、これは政治的アジテーターの好んでかき立て、利用したがるいちじるしく戦略的なスローガンでもある」と。つまり、「尊王攘夷」というスローガンは、幕末の不安定な社会情勢の中で、危機に便乗して人々の不安と動揺を煽り、都合の良いようにコントロールしようとする政治戦略として利用されたのである。合致するのは1。誤答2は、「戦意を高めるためには役立つ考え方としてほとんどの日本人が認めたから」が不適。「尊王」思想と「攘夷」思想は、人々に認められることによって結びついたわけではなく、「政治的アジテーター」が「戦略的」に、恣意的に結びつけて利用したのである。3は「海外の外交官によって」が不適。本文に一切述べられていないし、実際に事実と異なる。4は「自国の伝統文化を放棄しようとする勢力」が不適。本文にそのような記載はない。また、「〜以外に方法がなかった」にも注意したい。このような過度に限定するような表現は、適切でない場合が多い。

問16　構成と内容の説明

正解は3。「なお」で始まる◆印段落（一九段落）の前後で論がどのように展開しているかを把握するために、接続語に着目する。「なお」は、前段の内容と関連する補足を追加する場合に使う接続語。後段（二〇段落）は「たとえば」で始まっているので、◆印段落で述べられた内容の具体例が述べられるはずである。段落前後の内容を具体的に確認してみよう。前段では、サトウが異邦人の眼（「裸の眼」）で見ることによって、日本人なら暗黙の前提としてしまうことも、常識の枠にとらわれずに探究して解明したということが、「尊王攘夷」の例によって述べられている。そのことが、一八段落には「『裸の眼』による認識ショックの効用」と述べられ、「比較文化の面白さ」を導き出しているとまとめられている。つまり、「サトウの書物が比較文化的視点によって効果を上げている」というのである。これを受けて、◆印段落では、サトウの書物における価値として、外からの眼による「風貌描写」が挙げられる。それは、「イエズス会の宣教師の記録報告」という「別の事例」と共通するという。後段では、その具体例として「織田信長や豊臣秀吉」が挙げられている。いずれにしても、外からの眼で見ることによって、同時代人、同国人が当たり前すぎて見落としてしまうことを照らし出すというのである。このような論の展開を適切に説明した選択肢は3。誤答1は、支離滅裂な選択肢。「サトウの分析の背景に抽象的な思想がある」ことは述べられていないし、「具体的な観察がそれに対抗する」というのも何を指しているのか不明。2は、「普遍性」と「個別性」の対比が不適。そのようなことは一切述べられていない。「時代や文化を超えた普遍性」などと書かれていると魅力的に映るかもしれないが、これはキラキラポエム。本文と関係がない。4は、「常識を覆す」が不適。たとえば一〇段落には、サトウの眼と判断が「常識の枠にとらわれていない」と述べられてはいるが、「覆す」は言い過ぎ。また、「後段では実例を多く紹介」も不適。「織田信長や豊臣秀吉」と「身近なぼくらの経験」は、「比較文化が常識を覆すこと」の実例とはいえない。

問17　内容合致

正解は4。これまでの設問解説でも触れてきたように、本文の主旨は一貫している。ある特定の文化の中で生きていると、当たり前すぎて意識されない部分がある。それが、外からの視点で相対化されることによって可視化される。そのことが比較文化の要訣《ようけつ》である、と。一致するのは4。誤答1は、因果関係が不適。そもそも「比較文化研究は重要視されない」とは述べられていないし、その原因が「自分たちの異質性に気づくことができない」とするのも無理がある。2は、前半は良いが、「弱点を指摘し批判を加えている」が不適。「弱点」「批判」といった偏った価値評価ではなく、あくまで「離れた客観性を失わない」（一一段落）のである。3は誇張された誤認。サトウが「尊王攘夷をめぐる当時の人々の心情」を「生き生きと説きあかしてくれ」たのは、「日本人と深く交流」したことによってだけではない。「当時の、またその後の日本人までが常識として、また暗黙の大前提としてその上にのっかってしまいがちな点に、改めてこだわり、その原因を探り、つきとめようと」したからである（一二段落）。選択肢に「外国人には～十分理解することはできない」とあるが、このような断定的な表現には注意したい。怪しいと疑って、本文に述べられているか精査しよう。

三　小説

（出典）中島敦《なかじまあつし》『名人伝』（集英社文庫『山月記・李陵《りりょう》』所収）。『名人伝』は一九四二年に雑誌『文庫』に掲載され、作者の生前最後の発表作であった。『列子』を主とした中国古典に取材した、弓の名人を目指す主人公「紀昌」の生涯を描いた作品である。

（作者）中島敦（一九〇九～一九四二）東京都出身。東京帝国大学卒業後、横浜高等女学校で教鞭をとりながら中国古典や南洋から素材を得た作品を発表。三三歳で病没。漢文調の硬質な文体を特徴としている。主な作品に『山月記』『李陵』『光と風の夢』などがある。

〔解説〕

問18　語句の意味

正解は1。「ひたすら」は「そのことだけに集中するさま、いちずであるさま」の意。

問19　語句の意味

正解は3。「気負い立つ」は「あることをしようと、非常に張り切った気持ちになる」の意。

問20　空欄補充

正解は2。優秀かつ危険な弟子紀昌に向けて、自身よりも力のある別の師を紹介する師の言葉なので、空欄には「全て」を表す言葉が入る。その意を持つ選択肢は「ことごとく」のみである。

問21　内容把握

正解は2。「非望」とは「身分不相応な願望、野望」のことであるが、語の意味を知らなくても、前後関係の文脈から推測できる。「非望の遂げられないことを悟った」とあるので、その直前にある「『飛衛』を倒すことができなかったこと」が「非望」の内容である。では、なぜ「飛衛」を倒す必要があるのか、それは「天下第一の名人となるためには、どうあっても飛衛を除かねばならぬ」と考えたからである。

問22　内容把握

正解は4。師の飛衛が示したのは自身をはるかに凌ぐ人物を新たな師と仰ぐことである。1は飛衛のもとにとどまることになり不適切。2は「ライバル」ではなく「師」である点が不適切。3は「確実に倒す」が不適切。紀昌の望みは「天下第一の名人となる」ことであって、飛衛を倒すことではない。

問23　内容把握

正解は1。「射の射」「不射の射」の違いについて、傍線部の次の段落で「弓矢の要る中はまだ射の射じゃ。不射の射には、烏漆の弓も粛慎の矢もいらぬ」と老人（甘蠅老師）は語っている。これを踏まえて考える。2は「困難な状況」「運動能力」が不適切。3は的に当てる、当てないの話ではなく不適切。4は不意をつく、つかないの話になっており不適切。

問24　心情把握

正解は3。「危石」の上に乗った紀昌が真下を覗くと「眩暈を感ずるほどの高さ」とある。また、石上に伏した紀昌の「脚はワナワナとふるえ、汗は流れて踵にまで至った」という様子は覗き込んだ風景に強い恐怖を抱いたことを表しているので、伏した理由は恐怖と考えることが適切。1は「気持ちを奮い立たせようとした」が不適切。2は老人に対する気持ちとは無関係なので不適切。4は転んだ描写はなく心情に即していない点でも不適切。

問25　理由説明

正解は1。「老人」は紀昌の「しかし、弓はどうなさる?」という問いを受けて笑っている。このとき老人は素手であったことを踏まえると弓の有無にこだわる紀昌の考え方を笑っていることが読み取れる。2は「持てる、持てない」の問題ではなく「不要」なので不適切。3は「勝てない」が不適切。4は老人が紀昌の弓を見て「ひととおり出来るようじゃな」といっていることから「弓を知らない」とはいえない点から不適切。

問26　内容把握

正解は3。本文に描かれる紀昌は「天下第一の弓の名人を目指している」。そのために師を除こうとするなど、手段を選ばないところがあるが、さらなる高みを目指して新たな師のもとに向かうこともできる人物である。これらを踏まえたうえで選択肢を見ていく。1は「天下第一の弓の名人」になっていないので不適切。2は「倒すこと」自体が目的ではない点が不適切。3は描かれる人物像に一致する。4は紀昌が「弓の名人とはどうあるべきか」ということを知ろうとしていない点がまず不適切。また彼は自身よりも優れたものの話を聞きたがっているので「どんな人の助言も素直に受けよう」という姿勢は持っていない。

問27　内容把握と表現の理解

正解は4。本文は漢文調を特徴としている点を念頭におきつつ、本文の内容と比較しながら選択肢を見ていく。1は「優雅で流れるような」という部分は、読む者の主観に関わるためなんとも言えないが、最後の「比喩を多く用いて」は明らかな間違い。比喩はあるが少ない。2は「重厚で華麗」という表現は漢文調の特徴の一つでありふさわしい。しかし、「天下第一の弓の名人に育てよう」という部分は紀昌の命を狙われた飛衛の心情と異なる。また「師の心理の変化」についても甘蠅の心情が描かれる部分はない。3は「軽快」という漢文調に対する評価は漢文調の特徴からして誤り。また紀昌は名人に「一目会いたい」といった動機で旅立っているわけではなく、見送る飛衛の心情も「親心」ではありえない。4は「硬質」「端正」といった漢文調の説明に問題がなく、二人の師との「対決」も描かれており、本文の特徴と一致する。

四　古文

〔出典〕『宇治拾遺物語』。一三世紀前半に成立した説話集。近年、説話集はテスト問題に取り上げられることが多いので、主な説話集である『今昔物語集』『発心集《ほっしんしゅう》』『宇治拾遺物語』『十訓抄《じっきんしょう》』『古今著聞集』『沙石集《しゃせきしゅう》』は成立も含めて確認しておいたほうがよい。

〔現代語訳〕

どうしたらよいだろうと思って、また仏にお祈り申し上げたところ、また以前のように、人が（世恒に）告げたので、はじめての時と同じように、あわてて出てみると、以前と同じで女性がおっしゃることには、「この命令を伝える文章を差し上げましょう。ここから北の谷、そして峰を百町超えていくと、中に高い峰がある。そこに立って、『なりた』と呼んだとしたら、誰かがきっと出てくるでしょう。その人にこの文章を見せて、差し上げる物を受け取りなさい」と言って去った。この命令書を見ると、「米二斗渡しなさい」とあった。

（世恒が）すぐにそのまま行ってみると、本当に高い峰があった。それに「なりた」と呼んだところ、恐ろしいような声で答えて、出て来た者がいる。見ると額に角が生えていて、目が一つあり、赤いふんどしをしている者が出て来て、ひざまずいてすわっている。（世恒が）「これが命令書である。この米を私に得させなさい」と言ったところ、「そういうことでありましょう」と言って、命令書を見て、「ここには二斗とありますが、一斗を差し上げるのでしょう」と言って、一斗を取らせた。（世恒は）そのままに受け取って帰って、その入れた袋の米を使うと、一斗は尽きることがなかった。千万石取っても、まだ同じ様子で、一斗がなくなることはなかった。

これを国守が聞いて、この世恒をお呼びになって、「その袋を我に得させなさい（私の物としなさい）」と言ったので、国の中に生きている身であるから、断ることができないで、「米、百石分を差し上げます」と言って渡した。（国守が）一斗取ったところ、また一斗出てきたので、とても良いものを手に入れたと思って、持っていたところ、百石とった後に、米はなくなってしまった。袋だけになってしまったので、（国守は）仕方がないので世恒に戻した。世恒のところでは、また米一斗が出た。このようにして、何とも言えないとほどの富裕な者となった。

〔解説〕

問28　語句の意味

正解は3。「ありし」はラ変動詞「あり」と過去の直接体験の「き」の連体形が結びつき、連語となって、「以前の、昔の」という意味を表す。「女房」は部屋を与えられ、宮中や貴族の屋敷で仕えた女性のことであったが、やがて現在の妻を表すようになった。この問題では、冒頭部分に「毘沙門天の使いの女が現れて」とあること、本文中に「はじめにならひて」とあることから、波線部の「女房」が「毘沙門天の使いの女」と考えることができる。よって、3が正解となる。

問29　文法〔副詞〕

正解は2。選択肢を見てみると「まこと」の下に「なら」や「なり」があり、一見、形容動詞の活用の問題のように思うが、下に続く「高き」は形容詞であり、それを修飾するものは副詞なので、2の「まことに」が正解になる。補足として、形容動詞ナリ活用の問題ではなかったが、この際、形容動詞のナリ活用の連用形にある「に」と「なり」ついては、「に」の場合は下に用言や助詞が接続する。また「なり」の場合は下に助動詞が接続することも再確認しておくとよい。

問30　敬語

正解は3。波線部ⓑ「召し」の敬語の種類は尊敬語である。尊敬語は動作の主体に対しての敬意を表す。文の主語を考えてみると、直前が「聞きて」とあり、「て」でつながる場合は、前後の主語は一緒になることから、主語は3の国主であることがわかる。

敬語の問題は主に「誰へ」という敬意の対象が問題になることが多いが、「誰から」の部分も問題になることがあるので、地の文の時は「作者から」、会話文ならば「会話主から」の敬意であることも確認しておきたい。

問31　文法

正解は3。「得させよ」を品詞分解した場合、ア行下二段活用の動詞「得《う》」と、使役・尊敬の意味を持つ助動詞「さす」の命令形となるので3が正解になる。なお、使役・尊敬の助動詞「さす」の上には未然形がくること、ア行下二段活用の動詞は「得」「心得」の二つのみであることも押さえておきたい。

問32　内容把握

正解は4。傍線部(1)の「これ」は下文《くだしぶみ》のことを指す。「候ふ」は丁寧語で「ございます」。「奉る」はここでは謙譲語として使われていて「差し上げる」という意味になる。よって「下文に二斗とございますが、一斗を差し上げろということでございます」と訳せる。選択肢を吟味すると、1は「別の一斗」とは言っていないので不正解。2は「一斗は国守に差し上げろ」が不正解。3は「受け取る前に、一斗の米を用意してこい」が不正解。4が正解となる。

問33　内容理解

正解は1。傍線部(2)「え否びずして」は、「え〜打消」という呼応の副詞で「決して〜ない」の意味を表し、「否び」は「否定する、断る」という意味になる。よって、この部分は「決して断ることができないで」という訳となる。したがって、世恒が断ることができなかった理由を考えることとなり、直前に「国の内にある身なればば」とあって、「断定の助動詞已然形＋ば」の「已然形＋ば」の部分は「ので・ところ」と原因、理由を表す確定条件となっているので、1が正解となる。

問34　内容合致

正解は3。「適切でないもの」を選ぶので注意する。1は問題文の冒頭から「なりた」が登場するまでの部分に書いてあるので内容は合っている。2は世恒が「なりた」から袋をもらい、米を得てその袋を国守に取られてしまうまでに書かれているので内容は合っている。3は袋を取り上げた国守が百石分の米が出なくなった後、袋を「返し取らせたり」と世恒に返したとあるので本文には書かれていない。よって、これが正解。4は世恒のもとに戻った袋から元のように米が出てきたとあるので内容は合っている。

五 漢文

〔出典〕『十八史略』巻一・春秋戦国・趙《ちょう》。『十八史略』は歴史書。宋末・元初の曾先之《そうせんし》（生没年未詳）の著。『十八史略』は、太古から宋末までの歴史について、『史記』以下の十八の史書の内容を簡略的に記したものであり、編年体でつづられている。

本文の舞台は戦国時代である。晋《しん》の国内は統率が乱れ、家老たちによる激しい領地争いが繰り広げられていた。この争いで、趙《ちょう》の襄子《じょうし》に攻め込んできたのが知伯《ちはく》であり、予譲《よじょう》はこの知伯に仕えていた者である。襄子は水攻めなどによる激しい戦いの末、知氏を滅ぼして領地を取った。予譲は主の仇を討とうと、襄子を付け狙うことにした。予譲は襄子の屋敷に壁を塗る職人として紛れ込み、襄子の命を狙ったが、襄子に気付かれて捕らえられた。その時予譲は、「知伯は私を国士（一国の優れた人物）として待遇してくださった。だから私も国士としてこの恩に報いるのだ（仇討ちをするのだ）。」といった。これを聞いて襄子は、「彼は義に厚い国士である。許してやれ。（彼が仇討ちにきても）こちらで注意して避けるだけだ。」と言って予譲を釈放した。予譲はそれでも知伯の仇討ちをしようとして、襄子をつけ狙った。本文はこれに続く部分である。

〔書き下し文〕 ※漢字の読み仮名は現代仮名遣いによる。

予譲《よじょう》身《み》に漆《うるし》して、炭《すみ》を呑《の》みて、行《ゆ》きて市《し》に乞《こ》ふ。其《そ》の妻《つま》識《し》らざるなり。其《そ》の友之《ともこれ》を識《し》りて曰《い》はく、「子《し》の才《さい》を以《もっ》て、趙孟《ちょうもう》に臣事《しんじ》せば、必《かなら》ず近幸《きんこう》を得《え》ん。子乃《しすなわ》ち為《な》さんと欲《ほっ》する所《ところ》を為《な》さば、顧《おも》ふに易《やす》からずや。何《なん》ぞ乃《すなわ》ち自《みずか》ら苦《くる》しむこと此《か》くのごとき。」と。予譲《よじょう》曰《い》はく、「不可《ふか》なり。既《すで》に質《し》を委《い》して臣《しん》と為《な》り、又之《またこれ》を殺《ころ》さんことを求《もと》むるは、是《こ》れ二心《にしん》なり。凡《およ》そ吾《わ》が為《な》す所《ところ》の者《もの》は極《きわ》めて難《かた》きのみ。然《しか》れども之《これ》を為《な》す所以《ゆえん》の者《もの》は、将《まさ》に以《もっ》て天下後世《てんかこうせい》の人臣《じんしん》と為《な》りて二心《にしん》を懐《いだ》く者《もの》を愧《は》ぢしめんとするなり。」と。襄子出《じょうしい》づ。予譲《よじょう》橋下《きょうか》に伏《ふ》す。襄子《じょうし》の馬驚《うまおどろ》く。之《これ》を索《もと》めて予譲《よじょう》を得《え》たり。遂《つい》に之《これ》を殺《ころ》す。

〔口語訳〕

予譲は（人目を避けるために）身体に漆を塗って（肌の状態を変え）、炭を呑んで（声を変えることで）変装し、町に行って物乞いをし（て正体を隠しながら襄子を狙う機会をうかがっ）た。彼の妻は（予譲を）見分けられなかった。彼の友は（予譲を）見分けて言った、「君の才能をもって、襄子に仕えたならば、必ずお気に入りの臣下として、近くで重宝されることだろう。君はそこで、為そうと思うことをしたならば、思うに、（仇討ちは）容易くないことがあるだろうか（、いや、容易い）。どうしてこのように自らを苦しめるのか。」と。予譲は答えた、「いや、それは出来ない。礼物を差し出して臣下となり、（その上で）主を殺そうとするのは、これは二心を抱くことである。大体にして、私が為そうとすることは、極めて難しいことである。しかし、それを為そうとするのは、天下後世の、臣下となりながら二心を抱く者たちを、恥じ入らせようと考えてのことなのだ。」と。

（そののち、）襄子が外出をした。予譲は橋の下に（身を）伏せ（て、襄子を待ち伏せし）た。（予譲の気配に）襄子の馬が驚いて暴れた。（襄子は馬が突然暴れたのを怪しみ）その原因を捜索させて、予譲を見つけた。（襄子は以前のいきさつもあって、）遂に予譲を殺した。

〔解説〕

問35　漢字の意味

正解は2。「識」の主な意味は次の通り。

①対象を見分けて理解する。「識別」「面識」「識見」
②知る。「識字」「知識」
③考え。知恵。「見識」
④しるし。書き留める。「標識」

設問の箇所は、予譲が変装をしていたため、町中で遭遇した彼の妻は夫だと見分けられなかったが、彼の友人は予譲だと見分けたということ。

問36　書き下し文

正解は4。ポイントとなるのは「易」と「耶」の意味。「不」は返読文字であり、多くの場合が下から返って読み、否定の意味を表す。この設問では「不ㇾ易」となっているので、返読し、打消の助動詞「ず」を充てる。

「易」…重要語。それぞれの読みと文の基本的な構造を示す。

①やすシ　主語＋易　「やさしい、簡単だ」と訳す。
　　　　　易＋述語　「〜しやすい」と訳す。
②かフ　　易＋目的語（あるいは補語）「改める。交換する。移す」と訳す。
③かハル　主語＋易　「改まる、変化する」と訳す。

「耶」…重要語。文末に置く。読みは「や／か」のいずれか。意味は疑問（〜か）・反語（〜だろうか、いや〜ない）である。

以上より「不ㇾ易耶」は「やすからずや」と書き下す。疑問と反語は、答えが不明のものについて尋ねる場合は疑問で訳し、強調したい内容に用いる場合は反語で訳す。設問の部分をそれぞれで訳してみる。

・「容易くないことがあるだろうか、いや、容易い。」（反語）
・「容易くないだろうか。」（疑問）

この場面で友人が予譲に言った「襄子に仕えて、為そうと思うこと（＝仇討ち）をすればいい」という内容に合わせるならば、反語文として訳す方が適切である。

問37　句形

正解は1。ポイントとなるのは「何」と「自」である。それぞれ主な読みと意味を示す。いずれも重要語である。

「何」
①なんゾ＝「どうして（原因・理由）」と訳す。
②なにヲ（カ）＝「なにを（事物）」と訳す。
③いづク（ニ・カ）＝「どこに（場所）」と訳す。
④なんノ＝「どのような（内容）」と訳す。
⑤いづレノ＝「どの（場所・時間）」と訳す。

「自」
①みづかラ＝「自分で・自分から」と訳す。〈副詞〉
②おのづかラ＝「自然に・ひとりでに」と訳す。〈副詞〉
③より・よリス＝「〜から・〜からする」〈助字〉
④よル＝「基づく・由来する・〜だからだ」と訳す。〈動詞〉

設問の箇所は、問36で確認した内容と関連させて判断する必要がある。予譲の友人は、『襄子に仕えれば容易く仇討ちが出来る』ことを指摘しているが、予譲の行動はそれとはまったく反対のものであった。その予譲の様子に対して述べている台詞なので、「何」は「なんゾ」と読んで「原因・理由」と問い、「自」は「みづかラ」と読んで「自分で・自分から」の意をとるのがふさわしい。

問38　二字熟語の意味

正解は3。「二心」は相反する二通りの心から、「裏切りの心」の意。この場面における「二心」は、次のように整理できる。

・襄子の臣下として仕えること。
・襄子を仇討ちのために殺そうとすること。

予譲の友人は『襄子に仕えれば容易く仇討ちが出来る』ことを勧めているが、予譲は友人の指摘通りにすることは、『二心を抱くことになるので、それは出来ない。』と退けている。予譲が大切にしているのは信義であり、たとえ仇討ちをするためであったとしても、その信義を投げうって行うことは、予譲の本意ではないのだ。

問39　口語訳

正解は1。設問の箇所は、再読文字「将」が使われており、「将《まさ》に以《もっ》て天下《てんか》後世《こうせい》の人臣《じんしん》と為《な》りて二心《にしん》を懐《いだ》く者《もの》を愧《は》ぢしめんとするなり」と訓読する。再読文字の「将」は「今にも～しようとする・～するつもりだ」と口語訳し、意志を表す。問38で確認したように、予譲が重んじるのは信義である。「二心を抱いてはならない」という予譲の信念と合致するものを選択する。2は「天下後世の人によって…教えられた」が不適切。3は「二心を抱く者たちから、恥ずかしいと思われないようにしたい」が不適切。4は予譲の信念とは真逆なので不適切。

問40　内容把握

正解は4。設問箇所「遂殺レ之。（遂に之を殺す）」の主体は、襄子と予譲のどちらであるかを見極めなければならない。最後の一行の流れを整理してみる。

・襄子が外出した。
・予譲は橋の下に潜伏した。
・襄子の馬が驚いた。

右の流れを踏まえてその続きを考えると、「索レ之得二予譲一。」という行動をとったのは襄子となる。設問箇所はこの流れに続く文なので、「遂殺レ之。」の主体は襄子であり、「之」は予譲を指す。襄子が高く評価をしていた予譲を殺すに至ったのは、一度は予譲の忠義心を評価して見逃したが、予譲が再度の襲撃を行ったからであると思われる。

なお、「遂」は「ついニ」と読み、重要語である。意味は「その結果・かくして」という因果関係を示すものと、「そのまま・はてには」という時間の経過を表すものがある。この部分では、どちらの解釈も可能である。参考までにそれぞれの解釈を以下に示す。

・一度目に予譲に命を狙われた時は許したが、再度、予譲は命を狙って来た。こういうわけで、予譲を殺した。（因果関係）
・捜索をした結果、予譲を発見した。（二度と命を狙われないように）すぐに予譲を殺した。（時間の経過）

問41　内容把握

正解は2。選択肢を一つずつ吟味する。1は「最愛の妻を捨てた」が不適切。2は予譲は襄子によって捕縛され殺されてしまったが、その忠誠心が揺るぐことはなかった。この点が指摘されているのでこれが正解。3は「予譲はそれに報いるために襄子に対する復讐をやめ、襄子に忠誠を誓った」が不適切。4は「予譲の友人は、主人知伯への恩義を忘れて宿敵襄子に仕えようとする予譲を強く非難した」が不適切。

国語　4月実施　正解と配点

（60分，100点満点）

問題番号		正解	配点	合計
一	1	2	2	20
	2	3	2	
	3	4	2	
	4	1	2	
	5	3	2	
	6	2	2	
	7	2	2	
	8	4	2	
	9	1	2	
	10	2	2	
二	11	2	2	20
	12	3	2	
	13	2	3	
	14	4	3	
	15	1	3	
	16	3	3	
	17	4	4	
三	18	1	2	20
	19	3	2	
	20	2	2	
	21	2	2	
	22	4	2	
	23	1	2	
	24	3	2	
	25	1	2	
	26	3	2	
	27	4	2	

問題番号		正解	配点	合計
四	28	3	3	20
	29	2	3	
	30	3	2	
	31	3	2	
	32	4	3	
	33	1	3	
	34	3	4	
五	35	2	2	20
	36	4	2	
	37	1	3	
	38	3	3	
	39	1	3	
	40	4	3	
	41	2	4	

九月実施　解答と解説

一　知識問題

〔解説〕

問1　漢字の読み

正解は3。読みが間違っているものを選ぶ問題。「肥沃」は「ひよく」と読み、「土地がよく肥えていて、農作物がよくできること」を表す。誤答1「懸念」は「気にかかって不安に思うこと」。2「媒酌」は「結婚の仲立ちをすること」。4「拙速」は「できはよくないが、仕事が早いこと」。

問2　四字熟語

正解は1。「虚心坦懐」は「きょしんたんかい」と読み、「心になんのわだかまりもなく、気持ちがさっぱりしていること」を表す。「虚心」は、心にわだかまりがないこと。「坦懐」は、あっさりとしたおおらかな気持ち。選択肢はいずれも「カイ」と読む漢字であるが、四字熟語の意味を考えあわせれば、「心」を意味する立心偏《りっしんべん》（忄）を持ち、「胸中に囲んで大切に暖める気持ち」を意味する「懐」を選ぶことができるだろう。

問3　慣用句

正解は2。「悦に入《い》る」は、「物事がうまくいって、心うれしい状態になる」という意味。選択肢2は「良い脚本が書けた」ことに満足して喜んでいるのである。誤答1「手をこまねく」は、「何もしないで見過ごす、傍観する」の意。「仲間に手をこまねく」という表現は不適であり、「建設的な意見を述べる」こととはまるで一致しない。3「色をなす」は、「顔色を変えて怒る」の意。「全国大会進出を決めた喜び」とは相反する。4「思案に余る」は「いくら考えてもよい考えが浮かばない、分別ができない」の意。「短時間で結論を出すことができた」とは完全に矛盾している。

問4　熟語（評論用語）

正解は3。「迎合」は、「自分の考えを曲げてでも、他人の気に入るように調子を合わせること」。批判的な文脈で用いられることが多い。例文では、自分自身の考えや信念よりも「世間の風潮」に合わせてしまうという、恥ずべき状況が記述されている。最も適切な選択肢は3。

問5　カタカナ語

正解は4。「ビジョン」は一般名詞としては「視覚」や「幻影」を意味するが、いわゆるカタカナ語としては、「将来に対する見通し、未来像、理想像、展望、構想」を意味する。例文にある通り、経営等の文脈で用いられることが多い。誤答1「アイロニー」は「皮肉を含んだ逆説的な表現」。2「コモンセンス」は「常識」、すなわち「一般の社会人が共通にもつ、またもつべき普通の知識・意見や判断力」。3「プロローグ」は「物事の始まり」。文学作品においては、本筋の展開に先立つ冒頭の前置きの部分を表し、演劇では前口上や序幕、オペラやバレエなどでは独立した序の部分、多楽章の楽曲では序奏の楽章を指す。

問6　類義語

正解は2。例文の「拘泥《こうでい》」は、「あることを必要以上に気にしてそれにとらわれること、こだわること」を意味する。類義語としてもっとも適切なのは、「自分の考えや意見をかたく守ってまげないこと」を意味する「固執《こしつ》」。誤答1「通暁《つうぎょう》」は「あることに非常にくわしい知識を持っていること」。3「専念」は「一途に思い込むこと、あることに没頭すること」。4「反対」は「物事の位置・順序・方向・あり方などが逆の関係にあること」「対をなしているもの一方」「ある意見などに対して逆らい、同意しないこと」。

問7　文学史

正解は4。『破戒《はかい》』は一九〇六年に発表された長編小説で、明治中期の信州を舞台に、被差別部落出身の小学校教員が社会的偏見と虚偽に抵抗し、父の戒めを破って自らの素性を告白するに至る苦悩を描いた、自然主義文学の代表的作品。二〇二二年に映画化されたことも記憶に新しい。作者の島崎藤村《しまざきとうそん》（一八七二～一九四三）は、長野生まれの詩人・小説家。北村透谷《きたむらとうこく》らの『文学界』創刊に参加。詩集『若菜集《わかなしゅう》』で浪漫《ろうまん》主義詩人としての地位を確立したが、のちに散文に転じ、晩年には大作『夜明け前』を完成させた。誤答1『友情』は、恋愛と友情の絡み合いを心理的に描写した小説で、一九一九年に発表された。作者の武者小路実篤《むしゃのこうじさねあつ》（一八八五～一九七六）は、東京生まれの小説家・劇作家。トルストイに傾倒し、志賀直哉《しがなおや》らと雑誌『白樺《しらかば》』を創刊。人道主義実践の場としての「新しき村」を建設。代表作に『お目出たき人』『真理《しんり》先生』など。2『和解』は、作者自身の父との長い不和とその解消の体験を下敷きにして描かれた小説。一九一七年発表。作者の志賀直哉（一八八三～一九七一）は白樺派の中心作家で、リアリズム文学の大家といわれる。代表作に『網走まで』『城《き》の崎《さき》にて』『小僧の神様』『清兵衛と瓢箪《ひょうたん》』『暗夜行路《あんやこうろ》』など。3『斜陽《しゃよう》』は一九四七年に発表された小説で、第二次世界大戦後の没落貴族の家庭を舞台に、古いものへの反逆の生活と心情を描いている。作者の太宰治《だざいおさむ》（一九〇九～一九四八）は青森県出身の小説家。本名は津島修治。自虐的、反俗的な作品を多く発表し、玉川上水で愛人と情死。代表作に『走れメロス』『津軽』『ヴィヨンの妻』『人間失格』など。

二　評論

〔出典〕外山滋比古《とやましげひこ》『第四人称』（みすず書房、二〇一〇年）

本書の74ページで、著者は「アウトサイダーはインサイダーよりも早く客観的評価を下すことができる。当事者のわからないことが、離れた第三者によりよく、より早くわかるのは一般的である。この第三者というのが、実は、第四人称である」と述べる。アウトサイダー、すなわち、コンテクストから切り離された外側の別の存在。「のぞき見」や「立ち聞き」の主体。非当事者であるからこそ、興味関心がそそられる。ことばの芸術の多くは、このような第四人称の視点において成立しているという。本書は、文化的伝統における「第四人称」の存在とはたらきについて、演劇、伝記・書評、翻訳、書簡・日記、新聞など、さまざまな題材を挙げて明らかにした、著者の読者論・受け手論の一部をなすエッセイ集である。本文は「読者」と題された章の全文。テクスト自体は独立した世界を持っており、読者はそれとは別のコンテクストを持った存在、第四人称である。そうであるからこそ「解釈」が可能であり、知的満足を得ることができるというのである。

著者の外山滋比古（一九二三～二〇二〇）は、愛知県生まれの英文学者、言語学者、評論家、エッセイスト。東京高等師範学校英語科、東京文理科大学文学部英文科卒業。雑誌『英語青年』編集長、東京教育大学助教授、お茶の水女子大学教授、昭和女子大学教授を歴任。お茶の水女子大学名誉教授。文学博士。

文学における読者論の方法を提唱（『修辞的残像』『近代読者論』）。否定的に捉えられてきた「異本」に着目し、その積極的意義を考察した（『異本論』『古典論』）。日本語や俳句についても広く論じ（『日本語の論理』『俳句論』）、広範な分野を研究して多数の評論、エッセイを著している。ロングセラーの『思考の整理学』（筑摩書房、一九八三年）は、東大・京大で一番読まれた本として話題となった。外山の著作は基礎学力到達度テストでも頻出しており、最近では『異本論』（平成二七年度高三（九月）、平成三一年度高二）、『聴覚思考』（平成二八年度高二）、『近代読者論』（平成三〇年度高三（四月））が出題されている。

〔解説〕

問8　漢字

正解は3。波線部ⓐは「請」。「要請」は、「必要な事柄を、その実現のために願い出て求めること」。「第四人称による受容」は、受け手の「解釈」を求めるといっているのである。同じ漢字を使うものは、3の「請求」。意味は、「こうしてほしいと要求すること」。「請《こ》う」とは「求める」ことを意味する。誤答1「精査」は「くわしく調べること」。2「制限」は「ある限度や範囲から出ないようにおさえること」。4「内省」は「自分の思想、言動などを深くかえりみること」。

問9　漢字

正解は3。波線部ⓑは「銘」。「感銘」は、「しっかりと心に刻みこんで忘れないこと」。同じ漢字を使うのは3の「銘柄」で、意味は「商品の商標、ブランド」。「銘」は「金属器などにしるした人名や事柄」の意から転じて、「心に刻みつける」という意味が生じた。誤答1「名誉」は「世間から優れていると高く評判されること」。2「雷鳴」は「かみなりが鳴り響くことやその音」。4「究明」は「物の道理や真理などを徹底的に追究して、はっきりさせること」。

問10　内容把握（理由）

正解は2。傍線部から検討したいことは二点。一つは、「手紙を読む」とはどういうことか。もう一つは、「読者」とはいかなる存在か。この両者が一致しないことを示すことで、「手紙を読むのは普通、読者と云わない」といえるのである。八段落において、手紙における文字コミュニケーションの特徴が述べられている。つまり、S（第一人称、書き手）とH（第二人称、受け手）が「心理的には同一コンテクストに共存していると感じるところでのみ文通は成り立つ」というのである。一方で、「読者は印刷によって生まれた近代的受容者である」と述べられており、「話し手と聞き手といった親近の間柄は消えて、筆者と読者の距離が定まる」という（第一四段落）。すなわち、読者と筆者とは、コンテクストを共有しておらず、距離が離れているという。「読者は自らのコンテクストに立って、表現されたことばを解読する」のである（第二四段落）。これらの内容を充足するのは選択肢の2。誤答1は「手紙は音声言語を文字化した原型的な段階」「一続きの音声のように受け取る」が不一致。音声言語と文字言語は「性格を異にする」（第六段落）ので、「読む側でも、話しを聞くように手紙を読むことはしない」（第七段落）のである。3は「手紙の受け手は書き手に対し優位に立っている」が不適。本文に述べられていない。受け手と書き手は同一コンテクストに属しているのであり、優劣の関係というわけではない。また、読者を「ただ受け取るだけ」というのも不適。読者は解釈の主体となり、「伝えられるものの内質」を「大きく変質」させるのである（第二四段落）。4は「読者も同様」が不適。読者は「共通コンテクストに依存」しない。むしろ、コンテクストを異にするアウトサイダーの立場から「解釈」するのである。

問11　内容把握

正解は2。日記について述べられている第一〇段落を確認しよう。まず、日記は「記録的文字使用」の例として挙げられている。「記録」については、第九段落に次のように述べられている。「第一人称があって、第二人称が不明である点で、異常な表現である。第二人称がはっきりしない以上、第一人称も実ははっきりしていない」と。日記は「書き手、自分以外の読み手を拒んでいる」という。すなわち、日記の読者対象は書き手自身である。それが、「第二人称が否定されている」ということである。書き手がすなわち読み手でもある。読み手である自分に対して、書き手である自分のことをどう呼ぶか。そこに「ためらい」があるという。だから、「第一人称もはっきりしているとは云い難い」のである。日記において第一人称も第二人称もはっきりしないならば、記載の中心は第三人称ということになるだろう。一致する選択肢は2となる。誤答1は、「手紙から一段階先に進むことで、書き手と読み手以外の存在を対象とすることができるようになった」が不適。「日記」を「手紙」の発展した段階だと捉えることはできず、また、「手紙」が第三人称を対象とすることができなかったわけでもない。3は「自分自身と率直に向き合うことを避け」が不適。本文に記載のない内容であり、読み取ることはできない。4はすべてが不適。手紙は「他者に読まれることを前提として」いないし、自分について語る場合にも、ためらいの中で「さまざまな呼び方の第一人称があらわれている」。

問12　内容把握（語彙）

正解は3。「潜在」は「表面に現れないで、内に潜《ひそ》んで存在すること」。本文では、近代初期のヨーロッパにおける「読者の扱い」の変遷という文脈で用いられている。すなわち、①読者のことを第二人称と呼ぶ（「読者に向かって呼びかける」）、②第三人称的「読者」が表現される（「読者に向かって書いているという姿勢をあらわす」）、③読者は表現の表面から姿を消す（「潜在」）。読者は確かに存在するが、二人称でも三人称でもない受容者として表に現れない存在なのである。

問13　構成と内容の説明

正解は4。◆印段落の内容は、読者の存在がどのように変遷してきたかについて述べられており、明らかに前段の内容のまとめである。①「まず、第二人称的存在としてあらわれ」、②「やがて、第三人称的存在と受け取られるようになったが」、③「読者は内面化しなくてはならなくなった」、というプロセスは、問12の解説文にある①〜③と対応している。読者は、第二人称でも第三人称でもない。もしそうであるならば、いかなる存在であるのか。それが、後段の論点となる。◆印段落が、前段を整理して、後段に向けたまとめの役割を担っているのである。誤答1は「別の例」が不適。一般化されたまとめであって、例示ではない。「新たな視点を提起」しているわけでもない。2は「前段の説の反証」が不適。「反証」とは「ある主張が嘘であることを示す証拠」。前段のまとめであるから、反証ではありえない。3は「前段の概念をまとめ」までは良いが、「それらの具体例を示す」が不適。1と同様、具体例は挙げられていない。

問14　内容合致

正解は1。本文全体の内容を踏まえ、特に結論部分に着目して整理したい。読者は、第二人称的に著者とコミュニケーションするのではない。そうではなくて、「演劇の観客に近い」、すなわち、「作品、書物の世界を、外からのぞき見ている」。それは、「立ち聞き」に近い。作品自体に内包された著者からのメッセージを読み取るというよりも、「読者は自らのコンテクストに立って、表現されたことばを解読する」。それは「解釈」であり、「伝えられるものの内質が大きく変質する」。「〝誤解〟しないで、本を読むことはできない」のである。しかしながら、伝統的には、伝えられるものの変化を「極力小さくしよう」としてきたという。選択肢1の説明は矛盾がない。誤答2は、「手紙」が「直接対面して話すのと同じような伝達が可能」というのが不適。「談話と同じように手紙を書くことはできない」し、「話しならわかることも手紙ではよく通じないことは珍しくない」。また、「人と人とをつなぐ絆」のような一見魅力的な表現には注意したい。本文に述べられていない。このようなキラキラポエムに惑わされてはいけない。3は明らかな誤答。「常に」のような断定する表現には要注意。印刷された書物の成立が、「第一人称＝書き手」「第二人称＝読み手」の関係を固定化するという記述は一切ない。むしろ、読者は第二人称ではないのである。また、「記述の質の向上を追求」はキラキラポエム。そのために第三人称・第四人称が生み出されたはずがない。4は、「今後は筆者が自身のコンテクストを明らかにするべきである」が不適。「べき」論には要注意。そのような主張は読み取れない。

三　小説

〔出典〕乙川優三郎《おとかわゆうざぶろう》『冬の標《しるべ》』（中央公論新社）。

二〇〇二年刊行の長編小説。幕末に武家の娘として生まれた明世は絵を志すが、当時の家のしきたりにより結婚し、一度は絵の道を断念する。しかし夫の死をきっかけに再び絵の道を歩むことを決意する。動乱の時代の中、因習に負けず、強い意志で波乱に満ちた生活を貫く女性を描いた作品である。

〔作者〕乙川優三郎（一九五三〜）東京都生まれ。観光業に勤務後、一九九六年『藪燕《やぶつばめ》』でオール讀物《よみもの》新人賞。二〇〇二年『生きる』で直木賞を受賞。他に時代小説大賞、大佛次郎《おさらぎ》賞など各賞を受賞。代表作に『五年の梅』『太陽は気を失う』などがある。時代小説を多く書いているが、近年は現代小説も執筆。

〔解説〕

問15　語句の意味

正解は4。「烙印を押される」は生涯にわたって消えない汚名を着せられること、悪い評価を押し付けられるの意。

問16　語句の意味

正解は2。「暗に」は遠回しな言い方でそれとなく表現するの意。

問17　心情把握

正解は3。「何を見て描いたのか」という葦秋の問いに「庭の牡丹」と答えたところ、「そうは見えない」と否定されたことに対する明世の反応を読み取る。問題文1行目に「葦秋が何と言うか、期待と不安で胸が波立っていた」のに否定されたのだから不安であろう。「血の引く」は恐怖や不安で青ざめること。選択肢で「恐怖・不安」が入っているのは選択肢3のみである。

問18　空欄補充

正解は3。空欄直後に「悔しさに唇が震えて」とある。この表現に当てはまる感情は屈辱である。

問19　心情把握

正解は2。「くぐもる」とは声がこもってはっきりしない様のこと。模写を疑われたことに対し、はっきりと否定をしたかった明世だが、逆にくぐもった声になってしまう。意図せぬ声になった理由は傍線部直後に「緊張と悔しさで声までが思うようにならない」とあることから「悔しさ」である。悔しさの原因は「模写を疑われたこと」であり、両方の要素が入っているのは選択肢2のみである。

問20　内容把握

正解は2。葦秋が考える「本物」の絵に必要なものを指摘する。葦秋が明世の絵に最初に下した評価は「この絵には線がない」であった。さらに傍線部の前に「よい絵を描くためには技がいる」と葦秋は述べており、その技の一つとして「線」を挙げ、「線」を描かない「没骨」でも「見えない線」を見ろと言っている。葦秋に弟子入りした後の明世もまた「自分ならこう描くという線を絵の中に見つけるようになっていった」とあることから、「線」こそが葦秋が重視しているものであると考えられる。選択肢の中で「線」が含まれているのは選択肢2のみである。

問21　内容把握

正解は1。選択肢はいずれも模写に関する記述となっている。葦秋は模写について「模写は模写であって、自分の絵を忘れてはならない」と明世の問いに対して答えながらも、弟子入りした明世に模写をやらせている。ここから葦秋が「自分の絵」に価値を見出しながらも、そこに至る過程に模写が必要だと考えていることが読み取れる。選択肢1はこれらに一致している。2は模写を「不要である」としている点が不適切。3は模写の技術だけで「本物」に至ることになっている説明が不適切。4は模写を学ばないことになっている点が不適切。

問22　内容把握

正解は4。明世の人物像の把握。葦秋に対しても自分の考えを臆せず言う様子から「芯の強さ」「絵に対する情熱」「自分なりの考え」はあるといえるだろう。選択肢1は「自分が描きたいと思う絵しか描かない」という記述はない点が不適切。明世が主張したのは「わたくしの眼に映る蘭ではない」ということである。2は葦秋の指摘に怒ったり不安になったりしていることから「厳しく批判されても平気」が不適切。3は「自分の絵には全く自信がなく」が不適切。ある程度の自信があるからこそ模写を疑われたと思って怒っている。

問23　内容把握と表現の特徴

正解は1。葦秋の言葉に揺れ動く絵を志す明世の心情が細く描かれている。選択肢2は「葦秋の視点から」が明らかに間違い。3の「当時の風物を折りまぜた比喩表現」は特にない。4は「熱のこもった激しい言葉のやりとり」が間違い。葦秋は「穏やかな口調」「厳しく指導することはなかった」とある点から一致しない。

四　古文

〔出典〕『古今著聞集』。鎌倉時代中期の建長六年（一二五四年）成立の説話集。橘《たちばなの》成季《なりすえ》編。説話集は近年、試験問題に取り上げられることが多いので、主な説話集である『今昔物語集』『発心集』『宇治拾遺物語』『十訓抄』『古今著聞集』『沙石集』は成立も含めて確認しておきたい。

〔現代語訳〕

後鳥羽院の時代に、交野八郎という強盗の首領がいた。（交野が）今津に宿泊していることを（後鳥羽院が）お聞きになって、西面の武士を派遣して、捕獲されようとする時、（後鳥羽院は）すぐに行幸をして、御船に乗船されて、交野を捕らえるところをご覧になられていた。この男は武芸に秀でた強者で、捕り手は周囲を囲んで責めるけれども、攻撃が狙い通りにいかず、どのようにも捕らえることはできない。御船より（後鳥羽院）上皇自ら船の櫂をお取りになって、西面の武士にお指図なさった。その時すぐに捕らえられてしまった。

（八郎が）後鳥羽院の離宮である水無瀬へ参上したときに、（後鳥羽院は八郎を）お呼びになり座らせて、「どうしてお前のような者が、これほど簡単に捕らえられてしまったのだ」とお尋ねになったので、八郎が申し上げたことには、「長年、捕り手に抵抗しますこと、その数はわからなくなるほどでございます。山にこもって水に入って、常に人を近づけませんでした。今回も、西面の武士に向かっておりましたところでは、物の数にも入ると思えないほどでございましたが、（後鳥羽院が）行幸におなりになられまして、ご自身で采配なさることがございましたことが、畏れ多く、申し上げるようなことではございませんが、船の櫂はとても重いものでございますのを、扇などを持っていらっしゃいますように、御片手にお取りになられて、簡単にあれこれとお指図なさったのを、少し見申し上げました時より、運が尽き果てまして、自然と力もよわよわしく感じられまして、どうしても逃げようとも思うこともできませんで、捕らえられてしまったのです」と申し上げたので、（後鳥羽院の）ご機嫌も悪くなくて、「お前を召し仕えるのがよいのである」と言って許されて、御中間になさったのであった。

〔解説〕

問24　語句の意味

正解は3。「聞こし召す」は天皇や中宮に対して使う尊敬語で、「①お聞きになる。②関心をお持ちになる。③お治めになる。④召し上がる」の意味となる。直前の部分は「交野八郎が今津に宿泊している事情」の後に続いていることから、①の「お聞きになる」が当てはまる。「宿りたるよし」の「よし」は「由」という漢字を書き、「①理由、②口実、③手段、④事情」などの意味があるので、これも覚えておくとよい。

問25　語句の意味

正解は2。「年ごろ（年頃）」は重要語であるので覚えておこう。意味は、「①長年、数年来、②年かっこう」で、ここでは①の意味。

問26　空欄補充

正解は1。空欄Xの前後の文脈を考えてみる。前の部分は「どうしてお前ほどの奴が」であり、後の部分が「捕らえられたのか」となっている。そこだけから考えても「簡単に」ということが推測される。それを補強するために前の段落の最後にある「その時、すなはちからめられにけり」の部分に注目する。「すなはち」は「すぐに」という意味なので、空欄部分は1の「やすく（安く、易く）」となる。2の「つらく」は薄情だ、3の「めでたく」はすばらしい、4の「かしこく」は畏れ多いなどの意味。

問27　文法

正解は4。傍線部(1)「ちがひて」の直前には、「からめ手四方をまきて攻むるに」とあり、直後には「いかにもからめられず」とあることから、捕り手が周囲を囲んで攻めるけれども、捕らえることができなかったという文脈になる。「からむ」が捕らえると理解するのはやや難しいかもしれないが、「られず」という部分を「可能＋打消」と読み取ることができれば、そこから正解を選ぶこともできる。

問28　語句の意味

正解は3。「おきつ（掟つ）」は重要語で「指図する、あらかじめ決める」の意味。後鳥羽院自ら船の櫂をお取りになって「御おきて」なさったところ、交野八郎が捕らえられることになったとあるところからも推測できる。

問29　内容理解

正解は4。傍線部(3)の「その数を知らず」の「その」の指示対象は直前の「からめ手向かひ候ふこと」である。この部分から訳すと「捕り手が向かってくることは、その数がわからない」となる。これが「すべて人を近づけず候ふ」、つまり「常に人を近づけませんでした」に続くので、交野八郎が捕り手の数など気にしておらず「恐れていない」と解釈でき、4が正解となる。

問30　内容理解

正解は3。「かたじけなし」は重要語で、「畏れ多い、ありがたい」の意味である。傍線部(4)の直前は「西面の武士がものの数とも思えないほどであったが、後鳥羽院がおいでになって、ご自分でお指図なさったこと」とあり、後鳥羽院に手間をかけさせたことを「畏れ多い」と感じている。選択肢4もやや正解に近いと感じるかもしれないが、「わざわざ会いに」の部分が間違い。

問31　敬語

正解は3。敬語が誰から誰への敬意を示しているかを考える場合、まず〈誰から〉の部分は、地の文か会話文かを考える必要がある。地の文であれば〈作者〉からの敬意、会話文であれば〈会話主〉からの敬意となる。波線部Ⓒの「参らせ」は会話文に含まれているので、会話主である交野からの敬意と判断できる。また、「参らす」は「〜し申し上げる」という意味の謙譲の補助動詞で「見参らす」は「見申し上げる。拝見する」という意味になる。直前の「簡単にあれこれとお指示なさった」という後鳥羽院の動作を見ている交野八郎から後鳥羽院への敬意であり、3が正解となる。

問32　文法

正解は3。適切でないものを選ぶ問題。「いかにも逃るべくもおぼえ候はで」を品詞分解すると「いかにも／逃る／べく／も／おぼえ／候は／で」となる。「おぼえ」はヤ行下二段活用の動詞「おぼゆ（覚ゆ）」の連用形なので、選択肢3が誤り。選択肢3にある「ア行下二段活用の動詞」は、「得《う》」と「心得」「所得」の三語のみであることからも判断できる。選択肢1の「いかに」が副詞であること、2の「べし」は下に打消しの意味をともなう時は「可能」の意味になることなどは押さえておきたい。

問33　文法

正解は2。傍線部(5)の「運尽き果て候ひて」の直前の内容は、「（後鳥羽院が）船の櫂はとても重いものでございますのを、扇などを持っていらっしゃいますように、御片手にお取りになられて、簡単にあれこれお指示なさった」とあり、後鳥羽院の尋常でない力を目にして交野八郎は運が尽きたと考えたのである。

問34　内容合致

正解は3。選択肢1は、交野八郎が今津に宿泊していることを後鳥羽院が聞いて捕り手を送り込んでいるので、（交野が）待っていたという部分が不適切。2は捕らえられたのは交野なので不適切。3は「許されて、御中間になされにけり」とあり、交野を奉公人としたとあるので適切。4は後鳥羽院が交野の言い分を聞いた後に「御気色悪しくもなくて」とあることから、「気分を害した」という部分が不適切。

五　漢文

〔出典〕　Aは『世説新語《せせつしんご》』方正第五。Bは『世説新語』徳行第一。

『世説新語』は、南朝宋の劉義慶《りゅうぎけい》（四〇三〜四四四）による逸話集。後漢から東晋までの貴族や僧・学者などの代表的な人物に関する逸話を集めたもので、その内容は徳行・方正・言語・文学など三十六編に分類されている。とくに魏・晋時代を中心として載せられ、清談（世俗を超越した議論）の流行という状況を反映して「竹林の七賢人」に関する記事が多い。

本文Aは陳太丘《ちんたいきゅう》の息子元方《げんぽう》に関する内容である。陳太丘と友人は出掛ける約束をしたが、その友人は自分が遅れたにも関わらず、太丘が先に出発したことを知るや否や、太丘をののしった。それに対して太丘の息子の元方が正論を述べたが、この時元方はわずか七歳であった。この言動が「方正である（行いが正しく厳格であること）」と評されている。

本文Bは、元方の息子長文《ちょうぶん》と、元方の弟季方《きほう》の息子孝先《こうせん》が両者の父の徳行の優劣を争った場面。「兄《けい》たり難《がた》く弟《てい》たり難し」という語はこの逸話に由来する。

〔書き下し文〕（漢字の読み仮名は現代仮名遣いで表記した）

＊Aの文章

陳太丘《ちんたいきゅう》、友《とも》と期《き》して行《ゆ》く。日中《にっちゅう》を期《き》するに、中《ちゅう》を過《す》ぐるも至《いた》らず。太丘《たいきゅう》舎《す》てて去《さ》る。去《さ》りて後《のち》、乃《すなわ》ち至《いた》る。元方《げんぽう》時《とき》に年《とし》七歳《しちさい》、門《もん》外《がい》に戯《たわむ》る。客元方《きゃくげんぽう》に問《と》ふ、「尊君《そんくん》在《あ》りや不《いな》や。」と。答《こた》へて曰《い》はく、「君《きみ》を待《ま》つこと久《ひさ》しきも、至《いた》らざれば已《すで》に去《さ》る。」と。友人《ゆうじん》便《すなわ》ち怒《いか》りて曰《い》はく、「人《ひと》に非《あら》ざるかな。人《ひと》と期《き》して行《ゆ》くに、相委《あいす》てて去《さ》る。」と。元方《げんぽう》曰《い》はく、「君家君《きみかくん》と日中《にっちゅう》を期《き》す。日中《ひちゅう》すれども、至《いた》らざるは、則《すなわ》ち是《こ》れ信《しん》無《な》し。子《こ》に対《たい》して父《ちち》を罵《ののし》るは、則《すなわ》ち是《こ》れ礼《れい》無《な》し。」と。友人《ゆうじん》慙《は》ぢて、車《くるま》を下《お》りて之《これ》を引《ひ》く。元方門《げんぽうもん》に入《い》りて顧《かえり》みず。

＊Bの文章

陳元方《ちんげんぽう》の子《こ》長文《ちょうぶん》、英才有《えいさいあ》り。季方《きほう》の子《こ》孝先《こうせん》と、各《おのおの》其《そ》の父《ちち》の功徳《こうとく》を論《ろん》じ、之《これ》を争《あらそ》ひて決《けっ》する能《あた》はず。太丘《たいきゅう》に咨《はか》る。太丘《たいきゅう》曰《い》はく、「元《げん》方《ぼう》は兄《けい》たり難《がた》く、季方《きほう》は弟《てい》たり難《がた》し。」と。

〔現代語訳〕

＊Aの文章

陳太丘は、友人と約束して出かけることにした。正午を約束していたが、（友人は）正午を過ぎてもやって来ない。太丘は放って出かけた。（太丘が）出かけた後、友人がやっと来た。元方はその時七歳で、門の外で遊んでいた。友人が元方に「父君はおられるか。」と尋ねた。元方が言うには、「長い間あなたをお待ちしておりましたが、お見えにならないので、もう出かけてしまいました。」と。友人はただちに怒って言った、「人でなしだなあ。人と出かける約束をしていながら、捨てて先に行くとは。」と。元方は言った、「あなたは父と正午に約束をされました。（しかし）正午になってもおいでにならないのは、信義を欠くものです。（また）息子に向かって父を悪く言うのは、無礼です。」と。友人は恥じて、車から降りて（元方を）招き寄せようとしたが、元方は門の中に入って振り向きもしなかった。

＊Bの文章

陳元方の息子の長文は、優れた才能をもっていた。季方の子孝先と、それぞれ自分の父の功績や徳行について、（優劣を）争ったが決着がつかなかった。（祖父の）太丘に尋ねた。すると太丘は言った、「元方を兄とすることも難しく、季方を弟とすることも難しい。」と。

〔解説〕

問35　漢字の読みと意味

正解は1。「与」は複数の読みと意味がある重要語である。正解である1は並列・動作の共同者を示し、「与レA」の形で用いられる。問われている箇所は、「与レ友」となっている点と、「期行」が「約束をして出かける」という内容になる点から「友と」と訓読する。選択肢以外の「与」の読みと意味を示す。併せて覚えてほしい。

・あたフ…与える。
・ためニ…～のために
・ともニ〔ス〕…一緒に〔する〕
・より……～と比べて〈比較〉
・か・や……～か／～か、いや～ない〈疑問・反語〉

・かな…～だなあ〈詠嘆〉

問36　書き下し文

正解は3。短い文の読み方を問う問題。訓読の際に注意すべき点は、返読文字の「不」である。加えて訓読した内容が文章の意味に合致している必要があるので、矛盾しないものを探すとよい。

この文は主語が省略されているので、まず主語を補ってみる。

主語①　待　君　久、**主語②**　不　至　**主語③**　已　去。

「待君」から主語①は「父」、「不至」から約束をしていた「君」（＝友＝客）、「已去」とあるので主語③は「父」と考えるのが自然であろう。これを踏まえて口語訳してみると、「（父は）長い間あなたをお待ちしていましたが、（あなたが）お見えにならないので、（父は）もう出かけてしまいました。」という文意になる。父を尋ねてやってきた父の友への返答として、自然であると判断できる。

問37　口語訳の解釈

正解は2。「哉」と「相委」の解釈が重要となる。「哉」は助字である。「か・や」と読んで疑問・反語の意味をとる場合と、「かな」と読んで詠嘆の意味をとる場合がある。該当部分は、友人が約束をしていたのに置いていかれたことに対して「非レ人」と怒る場面なので反語の意味はとりにくい。また、疑問でとるとそれに対する答えが元方よりもたらされていないので、ここは、詠嘆の「かな」と読むのがふさわしい。

「相委」の「委」は、文中において「すテテ」と読んでいることから、「任せる・ゆだねる」という意味ではないと判断できる。なお、「委」は「くはシ」と読むこともあり、「詳しい」という意味をもつ。読み方を問われることもあるので、併せて覚えておきたい。「相」は、「あひ（互いに・共に）」や「しゃう（大臣・宰相）」の意味が基本的なものだが、ここでは動作の対象を表す意味をもつ「あひ」が使われている。次の例文を参考に整理する。

・明月来《タリテ》相照《ラス》。（明月来たりて相照らす。）〈王維「竹里館」〉

この例文では「相」は「照」の動作の及ぶ対象（＝私）がいることを示すので、「明月が差し込んできて私を照らす。」と口語訳する。このように考えると、「委」の動作の及ぶ対象は会話主である友人ということになるので、「私を」と判断するのがよい。

問38　内容解釈

正解は1。「慙」は「はじる・申し訳ないと思う・きまりが悪い」という意味をもつ。ここでは陳太丘の友人が、元方に指摘されて自らの過ちに気付き、恥じ入っていることを指す。

「下車引之」は、父の友人が自らの過ちを恥じて車から降り、元方に謝罪するために呼び寄せようとしたこと。これに対して元方は、謝罪するためとはいえ、自分で動かずに呼び寄せようとした父の友人を無視して、門の中に入ってしまった。元方の厳格な部分がよく表れている点である。

問39　空欄補充

正解は3。空欄のいずれも、元方が父の友人の行いを批判するために用いた言葉である。

①約束の時間に来ないこと→X無シ

②約束相手の息子の前でその父を非難すること→Y無シ

①は約束を守らないことを批判しているので、Xには、選択肢3「信（嘘偽りがないこと・真心）」もしくは選択肢4「義（人としての道にかなっていること・忠誠）」が当てはまりそうである。②では息子の前で父を非難したことを批判しているので、Yには、選択肢3「礼（人として行うべき道・礼儀）」が当てはまる。選択肢4「勇（物事を畏れない心・強く正しい心）」では文意が通らないので、選択肢4は不適切と判断できる。

問40　故事成語

正解は4。「兄たり難く、弟たり難し」は、「二人の能力がどちらも同じくらいで優劣つけがたい状態」という意味。陳太丘は孫たちに対して、『お前たちの父親の功績や行いは甲乙つけがたい』と論じたのである。各選択肢の意味は次の通り。

1「少年老い易く学成り難し」…出典は「偶成」(朱熹)。若者はあっという間に年をとり、学問はすぐに完成しないものである。だから時間を惜しみ励んで学ぶべきであるということ。類義語に「一寸の光陰軽んずべからず」などがある。

2「兄弟は他人の始まり」…兄弟のような近い肉親であっても、それぞれ成人して独立していくと、疎遠になって他人のようになっていくこと。

3「骨肉相食む」…血を分けた親子や兄弟などが激しく争うこと。

4「伯仲《はくちゅう》の間《かん》」…出典は『典論』(魏文帝)。両者の才能などに、優劣の差がないこと。兄弟を上から伯《はく》・仲《ちゅう》・叔《しゅく》・季《き》と分けると、長男の「伯」と一番下の「季」の間は違いが大きいが、長男(伯)と次男(仲)はよく似ていて力がほぼ同じで優劣がつけられないということのたとえ。他に、「勢力伯仲」などが類義語としてある。

問41 内容把握

正解は2。選択肢を一つずつ吟味する。1は「行いの正しくない父親を言い負かした」「元方の子の長文も、元方の弟季方の子の孝先もそろって英明で、評判になっていた」が不適切。2は前半部分はAの内容に該当。後半部分はBの内容に該当するのでこれが正解。3は「元方と季方は、ともに己を曲げぬ人柄で知られていた。」「彼らの息子の長文と孝先は、どちらも学問好きで、その優秀さは互いに匹敵していた」が不適切。前半の季方の人柄に関する記述はなく、また後半の長文と孝先の優秀さについても記述されていない。4は「陳太丘は若い頃から非常識な行動が多く、息子の元方に意見される」、「元方の弟の季方も行いが厳格」が不適切。

国語　9月実施　正解と配点

（60分，100点満点）

問題番号		正解	配点	合計
	1	3	2	
	2	1	2	
	3	2	2	
一	4	3	2	14
	5	4	2	
	6	2	2	
	7	4	2	
	8	3	2	
	9	3	2	
	10	2	4	
二	11	2	4	26
	12	3	4	
	13	4	5	
	14	1	5	
	15	4	2	
	16	2	2	
	17	3	2	
	18	3	2	
三	19	2	2	20
	20	2	2	
	21	1	2	
	22	4	3	
	23	1	3	

問題番号		正解	配点	合計
	24	3	2	
	25	2	2	
	26	1	2	
	27	4	2	
	28	3	2	
四	29	4	2	25
	30	3	3	
	31	3	2	
	32	3	2	
	33	2	3	
	34	3	3	
	35	1	2	
	36	3	2	
	37	2	2	
五	38	1	2	15
	39	3	2	
	40	4	2	
	41	2	3	

令和５年度

基礎学力到達度テスト
問題と詳解

令和五年度　四月実施

一　次の各問いに答えなさい。

問1　傍線部が「逐一」の「逐」と同じ読み方をするものとして、最も適切なものを一つ選びなさい。

1　秩序　　2　採択　　3　家畜　　4　匿名

問2　類義語の組み合わせとして、最も適切なものを一つ選びなさい。

1　便利―適当　　2　肯定―認識
3　巧妙―拙劣　　4　釈明―弁解

問3　次の文の傍線部の四字熟語の空欄部に当てはまる漢字を含むものとして、最も適切なものを一つ選びなさい。

＊大会で優勝するため、一意専□で練習に取り組む。

1　疑心暗鬼　　2　天衣無縫
3　大同小異　　4　意味深長

問4　次の文の傍線部の故事成語の空欄部に当てはまる言葉として、最も適切なものを一つ選びなさい。

＊あの道場の先生には多くの弟子がいる。まさに桃李《とうり》もの言わざれど下《した》自《おの》ずから蹊《けい》を□、だね。

1　課す　　2　成す　　3　期す　　4　指す

問5　次の文の空欄部に当てはまる言葉として、最も適切なものを一つ選びなさい。

＊新しいアイデアを生み出すためには、□な考え方を改めて柔軟な思考で臨む必要がある。

1　エキゾチック　　2　パブリック
3　ステレオタイプ　　4　モチーフ

問6　次の文の空欄部に当てはまる慣用表現として、最も適切なものを一つ選びなさい。

＊体育祭での応援合戦で□乱れず動いた我がチームは、喝采を浴びた。

1　一矢　　2　一子　　3　一指　　4　一糸

問7　次の文の傍線部と似た意味の敬語として、最も適切なものを一つ選びなさい。

＊ピアノの先生から旅行のお土産をいただく。

1　拝察する　　2　頂戴《ちょうだい》する
3　くださる　　4　なさる

問8　『金閣寺』の作者として、最も適切なものを一つ選びなさい。

1　川端康成《かわばたやすなり》　　2　安部公房《あべこうぼう》
3　三島由紀夫《みしまゆきお》　　4　井上靖《いのうえやすし》

問9　古典で「貴族の子弟」のことを表す言葉として、最も適切なものを一つ選びなさい。

1　公達《きんだち》　　2　蔵人《くろうど》　　3　舎人《とねり》　　4　随身《ずいじん》

問10　『新古今和歌集』と関係のない歌人として、最も適切なものを一つ選びなさい。

1　藤原定家《ふじわらのさだいえ》　　2　山部赤人《やまべのあかひと》

3　西行《さいぎょう》　　4　式子内親王《しょくしないしんのう》

二　次の文章を読んで、あとの問いに答えなさい（設問の都合で省略・変更した部分がある。また、本文を大きく三つに分け、1～3の番号を付している）。

1　哲学は、しばしば「前提を疑い、再検討してみること」といった思考法に特徴があると言われている。これは、批判的思考のことに他ならない。批判的思考とは、ある考えや行為の根拠を問いただすことである。哲学は批判的思考を必須とすると思われるが、しかし、そもそもあらゆる創造的な活動は批判的思考を必要とする。真理にいまだに到達できていない、最終的な問題解決に至っていない、最善のものを作るに至っていない、こうした改善の意識が創造的活動の源であり、批判的思考の出どころである。

　しかしながら、思考とは批判的であることに留《とど》まるものではない。批判的思考とは、ある考えや行為の根拠の妥当性を検証するものである。だが、新しい考えを生み出すような創造的思考は、それとはまた別の働きである。創造的思考とは、文字通りに、新しいものを生み出すための活動であり、想像力を働かせ、実験的、発見的、発明的で、他者を刺激する思考である。思考とは、コンピュータにインストールできるような単一の能力ではありえない。思考を演算*や推論と同一視してはならない。思考とは、何かに解答を与えようとして、さまざまなことを試みる総合的な行為である。仮説を立てて、実証をしてみる。思い通りに行かないので発想を変えてみる。とにかく試してみて、ⓐグウ然に成功するまでくりかえす。調べなおして、人ともディスカッションしてみる。思考にはこうしたさまざまな企てが含まれ、試行錯誤をしながら、粘り強く課題を探究することが、「思考」と呼ばれるものである。これ以外の過程に思考などあるだろうか。この定義が思考の意味を拡張しすぎだというのであれば、思考とはそうした問題解決の試みの中で、自分一人で、さまざまな試行をシミュレーションしている状態だと言えばよいだろうか。いずれにせよ、思考とは、自動的になりうる演算などではなく、躓《つまず》きながらのやり直しなのだ。その意味で、(1)思考を根底で支えているのは、問題解決に至ろうとする何かへの粘り強い愛であると言える。

2　それが科学であれ、芸術であれ、産業であれ、創造的な活動をする者は、行き詰まった現状を変えるために、その現状の根底にある一定の前提を探り出し、それとは別の前提に立った考えなり行動なりを生み出そうとする。しかし、哲学はさらに、「深く考えることだ」と言われる。批判的思考を繰り返し、「なぜ」という問いを繰り返すのが哲学と考えられている。ここでの「深く」とは、前提のそのさらに前提を検討する態度であり、いわば、(2)演繹《えんえき》的思考を逆にたどり、自分の思考の「公理*」のようなものに気づき、その妥当性を検討する態度のことである。

　前提の前提を探っていくことは、同時に各分野を分けている壁のようなものを乗り越えることでもある。というのも、演繹を逆に辿《たど》ることは、ある考えや行為をより一般的なものに包摂することだからである。たとえば、「良い自動車を作る」という場合に、「〝良い〟自動車とは何か」「なぜ自動車なのか」「移動の手段とは何か、どうあるべきか」と問うていけば、自動車づくりは、自動車産業だけの枠を超えて、現代社会における移動について、さらにはその生活のあり方についての考えに及んでいくだろう。それは、自動車づくりを、移動手段、現代社会の生活という大きな枠組みの中で位置付けることである。哲学が、一般的・普遍的、あるいは、超領域的・分野横断的であると言われるのは、前提を深く辿っていくその思考のあり方に由来する。「なぜ」と問うごとに演繹のはじまりへと遡っていき、特定の領域を越え出ていく。そうして、混沌《こんとん》とした状態にあるさまざまな物事の関連を、演繹的に整序しようとする。

哲学が、いわば物事を*ズームアウトした視点で見ようとするものであるならば、逆にズームインしていく動きが、技術化である。技術化とは、いくつかの前提を受け入れた上で、ある考えを具体に詰めて実現し、一定の手順や行為の型へと嵌《は》め込んでいくことだろう。これは、その手順の面に着目すればマニュアル化と呼べるだろう。技術として成立した時点で試行錯誤の時期は終わり、多くの人が共有できる制度となって定着していく。科学的探究は技術となって終了する。

技術は、一般的には現実世界に対して効力を持つことが求められているが、たとえば、(3)儀式化は、宗教の「技術化」と呼べるのかもしれない。技術化は、その思考のあり方が、慣習や習慣として生活に組み込まれ、思考の型となっていくことである。先に見たように、思考が複合的な試行的行為であることを考えるならば、思考の型とは試行の型のことであり、手《て》続化《つづきか》して固定した試行である。技術を重んじる態度には、その前提となっているものを疑わず、それに基づいてズームインを進める方向性が含まれている。すなわち、精緻化、具象化、洗練化、様式化、自動化、反復的継承に向かうのである。

制度化され慣習化された生活の技術的側面を、それが拠《よ》って立つ前提をあらためて明らかにし、それが本来の目的に奉仕しているかを問い直し、広い文脈の中で意味付け直そうとする。これが哲学の役割である。であれば、それは、技術化とは反対に、*粗笨化《そほんか》、抽象化、素朴化、無定型化、手動化、初期化と開始へと向かうものである。これは、子どもの行いの特徴であることを覚えておこう。

制度化された技術を継承するということが、何かの専門性を持った職業人として、あるいは、ある社会階層の中で生きることであるとすれば、哲学とは、何かの特定の社会的役割や立場からではなく、ひとりの市民として、ひとりの人間として、ある問題に取り組むことである。ひとりの人間として生きるというのも、子どもの特徴である。哲学が、専門化した科学のようになろうとするのは、自己矛盾を引き起こす誤った危険な方向性である。

3 哲学が思想から区別されるのは、思想が、英語でも「thought（考えられたもの）」と呼ばれ、思考の生産物であると考えられているからである。思想と対置される哲学とは、「哲学する」という「活動の名詞化」であるとか、「動名詞」であるとか言われるのは、哲学が「考えられたもの」さえも不断にその思考の対象とするからであろう。ある思考活動が技術化し、制度化され、慣習化されると、(4)多くの人がそれによって一定の考えや行為をうまく生み出すことができるようになる一方で、その思考の最初の対象との格ⓑトウや試行錯誤は忘れ去られてしまう。多くの人は、対象に苦労して取り組むよりは、誰かの模倣をする方を好むであろう。このような思考の型としての思想は、あらゆる慣習と同じく、それを獲得した者とそうでない者を区別する特徴となることができる。それゆえに、ある思考の型を持つことが、ある集団のアイデンティティになることがある。イデオロギーや宗教的教義はそのような思考の型である。それは、思考を容易にする一方で、思考の自由を奪い、人々をまとめる一方で、他の人々を排除するようになることがある。

思考の型としての思想では、自分の型を構成している根本的な定理のようなものを検討の対象としないと考えられていることもある。たとえば、宗教の聖典やそのグループが拠って立つ著作などは、さまざまに換骨奪胎して解釈されることがあるが、そこに書かれている基本原理と明らかに矛盾するようなことは検討の対象としないだろう。あるグループの思考の型に共有している前提が多いほど、いいかえれば、慣習や習慣をそのまま受け継ぐことの多いグループであればあるほど、そのグループにはタブーが多くなり、外に向かって閉じられる。

思考活動としての哲学は、その文明が共有している思考の型を批判的に検討し、それを変更していくということである。その場合には、その文明における人間関係のあり方の変化、ひいては社会構造の変容をもたらすことも不思議ではない。

（河野哲也『哲学とは何か　子ども性・対話・愛』）

（注）＊演算＝計算すること。
＊公理＝一般に認められ通用する道理。
＊ズームアウト＝ズームレンズを使い、被写体から次第に離れながら撮影すること。ズームインは、被写体に次第に近づいていき撮影すること。
＊粗笨＝大まかで雑なこと。

問11　波線部ⓐのカタカナと同じ漢字を使うものとして、最も適切なものを一つ選びなさい。

1　ここで会うとはキグウだ。
2　部屋のイチグウに花を飾る。
3　神社のグウジを務める。
4　グウゾウを崇拝する。

問12　波線部ⓑのカタカナと同じ漢字を使うものとして、最も適切なものを一つ選びなさい。

1　権力トウソウに明け暮れる。
2　ネントウの挨拶をする。
3　薬剤をトウヨする。
4　ダトウすべき強敵。

問13　傍線部⑴「思考を根底で支えているのは、問題解決に至ろうとする何かへの粘り強い愛である」とは、どういうことか。その説明として、最も適切なものを一つ選びなさい。

1　新しい何かを生み出す思考を形成するのは、コンピュータの演算には見られない、人間の個性だということ。
2　創造的な思考を成り立たせるのは、失敗しなくなるまで諦めずに一つの方法を究める、不屈の意志だということ。
3　哲学者の思考を可能にするのは、物事の正義を徹底的に見極めようとする、強い批判精神だということ。
4　人の思考を促進するのは、思うようにいかなくてもさまざまな試みを続ける、課題への飽くなき探究心だということ。

問14　傍線部⑵「演繹的思考を逆にたどり」とは、どういうことか。その説明として、最も適切なものを一つ選びなさい。

1　創造的活動の原理を捉え直し、自らの思考の枠組みをより詳細にしていくこと。
2　問いの立て方の根本を捉え直し、原始的な哲学の営みに回帰していくこと。
3　考えの前提を捉え直し、扱っている問題の領域を越えてより大きな枠組みで捉えていくこと。
4　批判的思考の枠組みを捉え直し、考える対象の領域を縮小していくこと。

問15　傍線部⑶「儀式化は、宗教の『技術化』と呼べるのかもしれない」とあるが、そのようにいえるのはなぜか。その理由として、最も適切なものを一つ選びなさい。

1　儀式と呼ばれるものの完成は、宗教的思考が単なる慣習の域に留まらず、現実生活と一定の距離をとることによるといえるから。
2　儀式と呼ばれるものの構築は、宗教的思考が、もはや探究を必要としない固定した型として定着することによるといえるから。
3　儀式と呼ばれるものの成立は、宗教的思考が、特定の社会階層にいる人々の手を離れて新たに解釈されることによるといえるから。
4　儀式と呼ばれるものの定着は、宗教的思考を一定の制度に組み込むための手順が複雑化することによるといえるから。

問16　傍線部⑷「多くの人がそれによって一定の考えや行為をうまく生み出すことができるようになる」とあるが、その具体例として、最も適切なものを一つ選びなさい。

1　料理のレシピが公開されると、初めてその料理を作る人でも、ある程度上手に作ることができるようになる。
2　会議の記録が共有されると、当日出席していなかった人でも、会議の展開を把握することができるようになる。
3　新たに発見された古文書が解読されると、遠い時空に生きた人々の姿や生活を想像することができるようになる。
4　未知の定理が発見されると、その是非をめぐって研究者同士がより活発に議論をたたかわせることができるようになる。

問17　本文の［1］～［3］のまとまりの内容や構成についての説明として、最も適切なものを一つ選びなさい。

1　［1］は、その後の論述の展開の土台として、思考にまつわる一般論を否定し、再検討することから始めている。
2　［2］では、哲学がどのように役立つかについて、自動車産業の仕組みという具体例を通して平易に解説している。
3　［2］では、哲学での思考のあり方を例を挙げて説明した上で、哲学と技術とが対比的に位置づけられることを明らかにしている。
4　［3］は、話題を哲学と文明との関係へと展開し、哲学が個人的な営みではなく社会的な活動であると強調している。

問18　筆者は「哲学」をどのようなものと捉えていると考えられるか。その説明として、最も適切なものを一つ選びなさい。

1　哲学は、批判的思考を徹底的に繰り返すことで真理に接近するという点において、科学より優れている。

2　哲学は、人々になじんだ慣習の前提や目的を問い直すという点において、子どもの振る舞いに特徴が重なる。

3　哲学は、科学と同様に常にその思考過程が専門化しかねない点において、大いに危険性をはらんでいる。

4　哲学は、その継承によって集団のアイデンティティを形成する点において、思想と呼ばれるものとは異なる。

三 **十五歳のお留伊《るい》は鼓打ちの名手で、「鼓くらべ」に出場するため、練習に励んでいた。そんなお留伊に、旅の絵師だという「老人」が、かつて鼓くらべで勝った後に、鼓を打つ腕を自分で折って去ったという観世市之亟《かんぜいちのじょう》の話をした。これを読んで、あとの問いに答えなさい（設問の都合で変更した部分がある）。**

金沢城二《に》*の曲輪《くるわ》に設けられた新しい楽殿*では、城主前田侯*をはじめ重臣たち臨席のもとに、*嘉例《かれい》の演能を終わって、すでに、鼓くらべが数番も進んでいた。

これには色々な身分の者が加わるので、城主の席には御簾《みす》*が下ろされている。お留伊は控えの座から、その御簾の奥をすかし見しながら、幾度も総身の顫《ふる》えるような感動を覚えた。……しかしそれは気後れがしたのではない。楽殿の舞台でつぎつぎに披露される鼓くらべは、まだどの一つも彼女を惧《おそ》れさせるほどのものがなかった。彼女の勝ちは確実である。そしてあの御簾の前に進んで賞を受けるのだ。遠くから姿を拝んだこともない大*守の手で、一番の賞を受けるときの自分を考えると、その誇らしさと名誉の輝かしさに身が顫えるのであった。

やがて、ずいぶん長いときが経《た》ってから、遂にお留伊の番がやって来た。

「落ち着いてやるのですよ」

師匠の仁右衛門《にえもん》は自分の方で［　　］しながら繰り返して言った。

「……御簾の方を見ないで、いつも稽古するときと同じ気持ちでおやりなさい、大丈夫、大丈夫、きっと勝ちますから」

お留伊は静かにX微笑しながらうなずいた。

相手はやはり能登屋《のとや》のお宇多《うた》であった。曲は「真の序」で、笛は観世幸《かんぜこう》太夫《だゆう》が勤めた。……拝礼を済ませてお留伊は左に、お宇多は右に、互いの座を占めて鼓を執った。

そして曲がはじまった。お留伊は自信をもって打った。鼓はその自信によく応えてくれた。使い慣れた道具ではあったが、かつてそのときほど快く鳴り響いたことはなかった。……三ノ地*へかかったとき、早くも充分の余裕をもったお留伊は、ちらと相手の顔を見やった。

お宇多の顔は蒼白《あおざ》め、その唇はひきつるように片方へ歪《ゆが》んでいた。それは、どうかして勝とうとする心をそのまま絵にしたような、烈《はげ》しい執念の相であった。

その時である。お留伊の脳裡《のうり》にあの旅絵師の姿がうかびあがって来た。殊に、いつもふところから出したことのない左の腕が！——あの人は観世市之亟さまだった。

(1)お留伊は愕然《がくぜん》として、夢から醒《さ》めたように思った。

老人は、市之亟が鼓くらべに勝ったあとで自分の腕を折り、それも鼓を持つ方の腕を、自ら折って行方をくらましたと言ったではないか。……いつもふところへ隠している腕が、それだ。——市之亟さまだ、それに違いない。

そう思うあとから、眼《め》のまえに老人の顔があざやかな幻となって描きだされた。それからあの温雅な声が、耳元ではっきりこう囁《ささや》くのを聞いた。

……音楽はもっと美しいものでございます。お留伊は振り返った。そしてそこに、お宇多の懸命な顔をみつけた。眸《ひとみ》のうわずった、すでに血の気を喪《うしな》った唇を片方へひき歪めている顔を。

——音楽はもっと美しいものでございます、またと優劣を争うことなどおやめなさいまし、音楽は人の世で最も美しいものでございます。老人の声が再びよみがえって来た。……お留伊の右手がはたと止まった。

お宇多の鼓だけが鳴り続けた。お留伊はその音色と、意外な出来事に驚いている客たちの動揺を聴きながら、鼓をおろしてじっと眼をつむった。老人の顔が笑いかけてくれるように思え、今まで感じたことのない、(2)新しいよろこびが胸へ溢《あふ》れて来た。そして自分の体が眼に見えぬAいましめを解かれて、柔らかい青草の茂っている広い広い野原へでも解放されたような、軽い生き生きとした気持ちでいっぱいになった。

——早く帰って、あの方に鼓を打ってあげよう、この気持ちを話したら、きっとあの方はよろこんで下さるに違いないわ。お留伊はそのことだけしか考えなかった。

「どうしたのです」

舞台から下りて控えの座へ戻ると、師匠はすっかり取り乱した様子で*詰《なじ》った。「……あんなに旨《うま》く行ったのに、なぜやめたのです」

「打ち違えたのです」

「そんな馬鹿なことはない、いやそんな馬鹿なことは断じてありません。あなたはかつてないほどお上手に打った。わたくしは知っています。あなたは打ち違えたりはしなかった」

「わたくし打ち違えましたの」

お留伊はY微笑しながら言った。「……ですからやめましたの、すみませんでした」

「あなたは打ち違えはしなかった、あなたは」

仁右衛門はB躍起《やっき》となって同じことを何十回となく繰り返した。

「……あなたは打ち違えなかった、そんな馬鹿なことはない」と。


父や母や、集まっていた親族や知人たちにも、お留伊はただ自分が失敗したと告げるだけであった。誰が賞を貰《もら》ったかということももう興味がなかった。ただ少しも早く帰って老人に会いたかった。森本へ帰ったのは正月七日の暮れがたであった。疲れてもいたし、粉雪がちらちらと降っていたが、お留伊は誰にも知れぬように裏口から家を出て行った。

「まあお嬢さま！」

松葉屋の少女は、不意に訪ねて来たお留伊を見て驚きの眼を瞠《みは》った。……そしてすぐ、訊《き》かれることはわかっているというふうに、

「あのお客さまは亡くなりました」

とあたりまえ過ぎる口調で言った。「……あれから段々と病気が悪くなるばかりで、とうとうゆうべお亡くなりになりました。今日は日が悪いので、お葬《とむら》いは明日だそうでございます」

お留伊は裏の部屋へ通された。

老人は北枕に寝かされ、逆さにした枕屏風《まくらびょうぶ》と、貧しい*樒《しきみ》の壺《つぼ》と、細い線香の煙にまもられていた。……お留伊は顔の布をとってみた。衰えきった顔であった。つぶさに嘗《な》めて来た世の辛酸が、刻まれている皺《しわ》の一つ一つに浸《し》みこんでいるのであろう。けれどいますべては終わった。もうどんな苦しみもない。困難な長い旅が終わって、老人はいまやすらかな、眼覚めることのない眠りの床に就いているのだ。
(3)——よう《(よく)》なさいました。
お留伊には老人の死顔《しにがお》が、そう言って微笑するように思えた。

——さあ、わたくしにあなたのお手並みを聴かせて下さいまし。

「わたくしお教えで眼が明きましたの」

お留伊は囁くように言った。「……それで色々なことがわかりましたわ。今日まで自分がどんなに醜い心を持っていたか、どんなに思いあがった、*嗜《たしな》みのない娘であったか、ようやくそれがわかりましたわ。それで急いで(4)帰って来ましたの。おめにかかって褒めていただきたかったものですから」

お留伊の頬にはじめて温かいものが滴《したた》った。それから長いあいだ、袂《たもと》で顔を蔽《おお》いながら声を忍ばせて泣いた。……長いあいだ泣いた。

「今日こそ本当に聴いていただきます」

やがて泪《なみだ》を押し拭《ぬぐ》って、お留伊は*袱紗《ふくさ》を解きながら囁いた。「……今までのようにではなく、生まれ変わった気持ちで打ちます、どうぞお聴き下さいまし、お師匠さま」

今はもう、老人が観世市之亟であるかどうか確かめるすべはない。けれどお留伊はかたくそう信じているし、またよしそうでないにしても、その老人こそ彼女にとっては本当の師匠であった。

部屋はもう暗かった。……取り寄せた火で鼓の皮を温めたお留伊は、老人の枕辺に端坐《たんざ》して、心をしずめるように暫《しばら》く眼を閉じていた。……南側の煤《すす》けた障子に仄《ほの》かな黄昏《たそがれ》の光が残っていて、それが彼女の美しい横顔の線を、暗い部屋のなかに幻の如《ごと》く描きだした。

「いイやあ――」

こうとして、鼓は、よく澄んだ、荘厳でさえある音色を部屋いっぱいに反響させた。……お留伊は「男舞」の曲を打ちはじめた。

（山本周五郎『鼓くらべ』）

（注）＊二の曲輪＝「曲輪」は、城の中に築いた石や土の囲い。ここは、二番目の囲いを指す。
＊楽殿＝音楽を演奏するための建物。
＊前田侯＝江戸時代の加賀藩の藩主。
＊嘉例＝めでたい先例。
＊御簾＝貴人との間を隔てるすだれ。
＊大守＝江戸時代の大名。ここでは「前田侯」。
＊三ノ地＝第三の楽句（フレーズ）。
＊詰った＝責めた。問い詰めた。
＊樒＝仏式の葬儀で供えられる植物。
＊嗜み＝慎みや謙虚さ。
＊袱紗＝大事なものを包む小さな風呂敷。

問19　波線部Ａ「いましめ」の本文中の意味として、最も適切なものを一つ選びなさい。

1　教え諭《さと》すもの
2　解放するもの
3　束縛するもの
4　攻撃するもの

問20　波線部Ｂ「躍起となって」の本文中の意味として、最も適切なものを一つ選びなさい。

1　腹を立てて
2　必死になって
3　驚きあきれて
4　跳び上がって

問21　空欄部に入る言葉として、最も適切なものを一つ選びなさい。

1　おろおろ
2　いらいら
3　にこにこ
4　うきうき

問22　二重傍線部X「微笑しながら」、Y「微笑しながら」とあるが、二つの「微笑」の違いは何か。その説明として、最も適切なものを一つ選びなさい。

1　Xの「微笑」は自分を心配してくれる師匠を安心させる表情であり、Yの「微笑」は師匠の思い違いを皮肉をこめて指摘する表情である。

2　Xの「微笑」は勝利への決意を新たにする表情であり、Yの「微笑」は演奏を無事に終えたことで、ほっとしている表情である。

3　Xの「微笑」は栄誉を称《たた》えられる自分を想像して思わずこぼれた表情であり、Yの「微笑」はそんな自分をあわれんでいる表情である。

4　Xの「微笑」は勝利を確信している余裕の表情であり、Yの「微笑」は老人の言葉の意味を理解し、納得して満足している表情である。

問23　傍線部(1)「お留伊は愕然として、夢から醒めたように思った」とあるが、このときのお留伊の心情の説明として、最も適切なものを一つ選びなさい。

1　今まで城主に褒められることを目標に厳しい稽古を重ねてきたが、お宇多の激しい執念の表情を見て同情し、争うことに対するむなしさを感じた。

2　誰よりも上手になりたいと稽古を重ね、遂に城主の前で鼓を披露する舞台に立ったが、相手のお宇多のあまりの緊張ぶりに、かえって気が抜けてしまった。

3　これまで師匠の仁右衛門の指導に何の疑いも持たずに従ってきたが、老人の正体が観世市之亟であることを知って、市之亟こそ真の師匠にふさわしいと思った。

4　鼓の上達のために今まで精進を重ねてきたが、老人の正体に思い当たって彼の言葉を思い返し、勝敗にこだわっている自分のあさましさに気づいた。

問24　傍線部(2)「新しいよろこび」とあるが、どのようなよろこびか。その説明として、最も適切なものを一つ選びなさい。

1　これまでのようにたった一人で精進するのでなく、老人と共に上達をめざすよろこび。

2　これまでのように人と優劣を競うのでなく、純粋に音楽の持つ美しさを求めるよろこび。

3　これまでのように教えられたとおりに演奏するのでなく、自由に演奏するよろこび。

4　これまでのように人々の期待に応えようとするのでなく、老人の期待にだけ応えるよろこび。

問25　傍線部(3)「ようなさいました」とあるが、何に対してそのように言われたとお留伊は感じたのか。その説明として、最も適切なものを一つ選びなさい。

1　「鼓くらべ」で、自ら演奏を止めて勝負を放棄したこと。

2　「鼓くらべ」で、お宇多の気持ちに配慮したこと。

3　「鼓くらべ」で、師匠の仁右衛門をあざむいて失望させたこと。

4　「鼓くらべ」で、老人の言葉を思い出して会いに来たこと。

問26　傍線部(4)「お留伊の頬にはじめて温かいものが滴った」とあるが、このときのお留伊の心情の説明として、最も適切なものを一つ選びなさい。

1　自分の実力を疑われるのを恐れて、老人に本当の気持ちを伝えられなかったことを悔しく思う心情。

2　仁右衛門の気持ちをなだめるのに時間をとられ、老人の最期に立ち会えなかった自分を反省する心情。

3　大切なことに気づかせてくれた老人に、自分の今の思いを伝えられなかったことを切なく思う心情。

4　老人の辛《つら》い人生を思い浮かべ、その気持ちに寄り添うことができなかったことを悲しむ心情。

問27　「老人」は、お留伊にとって、どのような存在として描かれているか。その説明として、最も適切なものを一つ選びなさい。

1　お留伊の鼓の才能に着目し、さらなる技量の向上のために的確な助言をしてくれる師である。

2　お留伊の鼓の才能を発見し、人に勝つことのよろこびを教えてくれる師である。

3　お留伊の鼓の技量にほれこみ、心を安らかに保つ方法を具体的に示してくれる師である。

4　お留伊の鼓の技量を認めながら、真の芸術とは何かを考えさせ、導いてくれる師である。

問28　本文の特徴を説明したものとして、最も適切なものを一つ選びなさい。

1　城で催される「鼓くらべ」を目標に腕を磨いてきた少女が、老人の言葉で勝負のむごさを知り、楽しみのための芸術をめざすまでを、会話文を多用し的確な比喩表現を活用することで、リアルに描いている。

2　城で催される「鼓くらべ」の行事を通して、華やかな芸術の世界が醜い争いの世界に変わってゆく様子を、一人の少女の純粋な気持ちと、老人、師匠の芸に対する考えを比べながら、丁寧に描いている。

3　城で催される「鼓くらべ」で一番になろうと、懸命に腕を磨いていた少女の音楽への向き合い方が、一人の老人の存在により変化する様子を、老人の言葉や回想場面を効果的に織り込みつつ描いている。

4　城で催される「鼓くらべ」で城主に認められようと精進してきた少女が、老人に認められることこそが大事だと気づくまでを、勝負の緊張感やライバルの少女の心理を交えながら、華麗に描いている。

四 次の文章は、『平家物語』の一節である。藤戸《ふじと》の合戦の最中、源氏方の佐々木盛綱《ささきもりつな》は、平家を追討するため、海を渡る手段を知っている者を探していた。これを読んで、あとの問いに答えなさい。

「浦の者ども多う候《さうら》へども、案内知ッたるはまれに候ふ。(1)この男こそよく存知して候へ。たとへば河の＊瀬のやうなる所の候ふが、＊月がしらには東に候ふ。＊月尻には西に候ふ。両方の瀬のあはひ、海のおもて十町ばかりは候ふらむ。(2)この瀬は御馬にてはたやすう渡させ給ふべし」と申しければ、佐々木なのめならず悦《よろこ》びて、わが＊家子郎等《いへのこらうどう》にも知らせず、かの男とただ二人まぎれ出《い》で、裸になり、件《くだん》の瀬のやうなる所を見るに、げにもいたく深うはなかりけり。膝、腰、肩にたつ所もあり、＊鬢《びん》の濡《ぬ》るる所もあり、深き所をば泳いで、浅き所に泳ぎつく。男申しけるは、「これより南は、北よりはるかに浅う候ふ。敵矢先を揃《そろ》へて待つところに、裸にては敵《かな》はせ給ふまじ。(3)帰らせ給へ」と申しければ、佐々木げにもとて帰りけるが、「下臈《げらふ》はどこともなき者なれば、また人にかたらはれて案内をも教へむずらん。我ばかりこそ知ら［　］」と思ひて、(4)かの男を刺し殺し、頸《くび》かき切ッて捨ててンげり。

（注）＊瀬＝浅瀬。
＊月がしら・月尻＝「月がしら」は月の初め、「月尻」は月末のこと。
＊家子郎等＝一門の者や家来。
＊鬢＝左右の耳の上にある髪。

問29　傍線部⑴「この男」とあるが、「この男」はどのような人物で、何をしたか。その説明として、最も適切なものを一つ選びなさい。
1　男は地元の武士で、佐々木に藤戸の海のどこに川が流れ込んでいるかを伝えた。
2　男は地元で案内の仕事をしている者で、佐々木に藤戸の海では馬を使えないと教えた。
3　男は地元の海に詳しい者で、佐々木に藤戸の海のどの辺りが浅いかを教えた。
4　男は地元で馬を渡す仕事をしている者で、佐々木に藤戸の海は馬で渡るとよいと伝えた。

問30　傍線部⑵「この瀬は御馬にてはたやすう渡させ給ふべし」の解釈として、最も適切なものを一つ選びなさい。
1　この瀬は馬で簡単にお渡りになれるでしょう
2　この瀬は馬以外で軽率にお渡りになってはいけません
3　この瀬では馬を安価でお売りします
4　この瀬では気安く馬を休めさせることができます

問31　波線部「なのめならず」の本文中の意味として、最も適切なものを一つ選びなさい。
1　少しだけ
2　久しぶりに
3　落ち着いて
4　格別に

問32　傍線部⑶「帰らせ給へ」とあるが、なぜ男はそのように提案したのか。その理由として、最も適切なものを一つ選びなさい。
1　佐々木が予想していたよりも、敵の軍勢が大規模であったから。
2　敵が警戒している所に、武装せず近づくのは危険だと思ったから。
3　男は敵方とも通じており、それを知られては困ると思ったから。
4　男は敵に命じられて佐々木を案内したが、佐々木に寝返ったから。

問33　空欄部に入る言葉として、最も適切なものを一つ選びなさい。
1　べけれ　　2　る　　3　む　　4　め

問34　傍線部⑷「かの男を刺し殺し、頸かき切ッて捨ててンげり」とあるが、佐々木がこのようにした理由として、最も適切なものを一つ選びなさい。
1　男は出自がわからないので、自分以外の者には敵と思われて殺されてしまうだろうと思ったから。
2　男は自分の部下になったので、生かすも殺すも自分の自由だと思ったから。
3　男は身分が低いので、自分以外の者にも情報を渡してしまうかもしれないと思ったから。
4　男は武士の志がわからないので、敵に捕らわれてしまうかもしれないと思ったから。

問35　本文の内容の説明として、適切でないものを一つ選びなさい。
1　藤戸の海は、月の初めと月末とで浅瀬の位置が変化する。
2　藤戸の浅瀬は深い所で、水面から目が出るほどの深さである。
3　佐々木たちは藤戸の海を南から北に泳いで、浅瀬を確認した。
4　佐々木たちは服を脱いで泳ぎ、敵に出くわす前に戻った。

五

次の漢文を読んで、あとの問いに答えなさい（設問の都合で、返り点・送り仮名等を省略した部分がある）。

曽*《そう》子《し》衣《きテ》二弊*衣《ヲ》一以《テ》耕《ス》。(1)魯*《ろ》君使人往致*邑焉。曰《ハク》、「請《フ》以《テ》レ此《ヲ》修《メヨト》レ衣《ヲ》。」曽子不レ受《ケ》。反《リテ》復《タ》往《ク》。又不レ受《ケ》。使者曰《ハク》、「先生非《ズ》レ求《ムルニ》二於人《ニ》一、人則《チ》献《ズルノミ》レ之《ヲ》。(2)何為不受。」曽子曰《ハク》、「臣聞《ク》レ之《ヲ》、『(3)受《クル》レ人《ニ》者《ハ》畏《レ》レ人《ヲ》、予《あたフル》レ人《ニ》者《ハ》驕《ルト》レ人《ニ》。』(4)縦《たとヒ》子有《リテ》レ賜《フコト》、不《トモ》二我《ニ》驕《ラ》一也、我能《ク》勿《カラン》レ畏《ルルコト》乎《やト》。」終《ニ》不レ受《ケ》。孔子聞《キテ》レ之《ヲ》曰《ハク》、「参*《しん》之言《ハ》、足《ル》三以《テ》全《ウスルニ》二其《ノ》節《ヲ》一也《ト》。」

（『説苑』）

（注）＊曽子＝春秋時代の思想家。孔子の弟子。
＊弊衣＝破れた粗末な衣服。
＊魯君＝魯の君主。
＊致邑＝土地を与える。
＊参＝曽子の名。

問36　傍線部(1)「魯君使人往致邑焉」の書き下し文として、最も適切なものを一つ選びなさい。

1　魯君 人を往かせて邑《ゆう》を致す
2　魯君の使人 往きて邑を致す
3　魯君 人に往きて邑を致さしむ
4　魯君 人をして往きて邑を致さしむ

問37　波線部「復」の読み方と意味の説明として、最も適切なものを一つ選びなさい。

1　「まタ」と読んで、「ならびに」の意味。
2　「まタ」と読んで、「再び」の意味。
3　「ふく」と読んで、「帰る」の意味。
4　「ふく」と読んで、「しかえしをする」の意味。

問38　傍線部(2)「何為不受」の現代語訳として、最も適切なものを一つ選びなさい。

1　どうして受け取らないことがあろうか
2　何のために受け取らないと言ったのか
3　どうして受け取ろうとしないのか
4　誰のために受け取ろうとしないのか

問39　傍線部(3)「受人者畏人、予人者驕人」と関係が深い内容の言葉として、最も適切なものを一つ選びなさい。

1　人に施しては慎みて念《おも》ふこと勿《な》かれ
2　人は足るを知らざるを苦しむ
3　人を疑わば用ゐる勿かれ、人を用ゐては疑ふ勿かれ
4　人を愛する者は人恒《つね》に之を愛す

問40　傍線部(4)「縦子有賜、不我驕也、我能勿畏乎」の説明として、最も適切なものを一つ選びなさい。

1　物を贈る側に相手を見下す気持ちがあるのなら、もらう側は恩義を感じる必要は少しもないということ。
2　人に物を贈る場合は、相手が喜ぶかどうかをしっかり見きわめて、贈り物を選ばなくてはならないということ。
3　物を与える側に威張ろうという気持ちがなくても、受け取る側は卑屈にならざるを得ないということ。
4　人に物を与えるという行為は、相手を増長させるおそれがあるので、決して行ってはならないということ。

問41　本文の内容の説明として、最も適切なものを一つ選びなさい。

1　魯君は、曽子に政治を任せたいと思って土地を与えようとした。しかし、曽子は土地をもらうことは不正に当たると考えて繰り返し辞退した。

2　魯君は曽子に土地を与え、貧窮から救おうと考えた。曽子は貧しい生活をしていたが、敢然として魯君の申し出を退け、自分の信念を守った。

3　魯君は曽子に土地を与え、恩を売っておこうとした。これを知った孔子は、物をもらって自尊心を捨ててはならないと、曽子を厳に戒めた。

4　魯君は、曽子に土地と十分な衣服を与えると言った。曽子は魯君の申し出に心を動かしかけたが、自分の心に問いかけて、結局贈与を断った。

令和五年度　九月実施

一　次の各問いについて、最も適切なものを一つ選びなさい。

問1　次の中から、「統」の送り仮名を含む読み方として、最も適切なものを一つ選びなさい。

1　たばねる　　2　あわせる
3　すべる　　4　はかる

問2　次の文中の傍線部が文意に合う四字熟語になるように、空欄部に当てはまる漢字として、最も適切なものを一つ選びなさい。

＊市営総合競技場は、紆《う》余曲（　　）の末、今年やっと完成した。

1　接　　2　折　　3　節　　4　設

問3　傍線部の慣用句の使い方が正しい文として、最も適切なものを一つ選びなさい。

1　彼は堂に入った演技で観客を魅了し、批評家からも絶賛された。
2　市長が、全国大会で活躍した選手たちを眉をひそめて祝福した。
3　焦ってはうまくいかないと、拍車をかけて心を落ち着かせる。
4　二人からの正反対のアドバイスにとまどい目から鱗《うろこ》が落ちる思いだ。

問4　次の文中の傍線部に近い意味を表す語として、最も適切なものを一つ選びなさい。

＊基本的人権は、国民のすべてに共通して認められる権利である。

1　必然的に　　2　相対的に
3　普遍的に　　4　意図的に

問5　次の文中の空欄部に当てはまる語として、最も適切なものを一つ選びなさい。

＊楽しくスポーツをしたいという思いと、上達するためには苦しい練習をしなければならないという思いとの（　　）に陥る。

1　タブー　　2　ジレンマ
3　メソッド　　4　パラダイム

問6　次の文中の傍線部の対義語として、最も適切なものを一つ選びなさい。

＊彼はいつもより緩慢な動作で立ち上がった。

1　温和　　2　劇的　　3　顕著　　4　機敏

問7　森鷗外《もりおうがい》の作品として、最も適切なものを一つ選びなさい。

1　『雁《がん》』　　2　『蟹工船《かにこうせん》』
3　『山椒魚《さんしょうお》』　　4　『李陵《りりょう》』

二　次の文章を読んで、あとの問いに答えなさい。

食と農からの解放。人類史の達成か、それとも*頽落《たいらく》か。

人間は、自己を束縛から解放し続けてきた。鉄の斧《おの》は獣がうろつく薄暗い森から、蒸気船は季節風と海流から、無痛分娩《ぶんべん》技術は出産の痛みから、航空機は地球の重力から、抗生物質のストレプトマイシンは結核による死から、それぞれ人間を部分的もしくは完全に解放してきた。いまなお、結核による死亡者数は多く、民用軍用ともに航空機事故は絶えないから、完全な解放とはもちろん言いがたいが、自然の束縛から解放されたいという欲望が、この惑星の歴史に満ちていることは否めないだろう。

一九五七年十月四日にソ連が打ち上げた人工衛星スプートニク一号が地球の重力から解放され地球を回る様子を念頭に置き、*ハンナ・アーレントが「人間の条件の本体」である地球から離れたがろうとする人間の性向について論じたことを、ここで思い出してもよい。

さて、スプートニクショックから半世紀が過ぎ、これから述べていくように、私たちはついに重力ばかりか農耕や料理からも解放される日を射程に収めつつある。それらの合理化、機械化、効率化、時短化が進み、人間が人間であることを条件づけるために見逃すことのできない二つの重要な行動を捨て去ろうという動きが、無視できなくなってきたのである。

料理とはすなわち、切る、叩《たた》く、焼く、炙《あぶ》る、煮るといった手段によって、動植物の死骸に物理的ならびに化学的変化を起こさせ、それを消化しやすいものに変える行為である。料理がもたらした良質な栄養の摂取は、脳の発達を促進し、ほかの動物には生み出せなかった文化を人類に構築させた原動力だったはずだ。植物や動物を生育させる農業も同様だ。それらと縁を切ることがどれほど根源的な衝撃を人類史に与えるか。容易には想像がつかない。もちろん、いますぐに解放の日が訪れる、というわけではない。日々の農作業と料理と食事を何よりも大切にしている人が多いことも事実である。それらだけで精一杯、あるいはそれらこそが人生そのものだという人はもっと多いにちがいない。

しかし、最近の食と農をめぐる科学とテクノロジーの進歩のあり方を眺めてみると、(1)農業と料理から人間が解放される道は、多くの人が知らぬあいだに舗装されているように思える。

食と農をめぐる科学とテクノロジーの発展、それは農学という学問が中心となって担ってきたものである。なお、本書で「農学」という語を用いるとき、大学の制度としての農学だけを意味しない。食や農に関連する科学全般という通常より幅広い定義を選びたい。それゆえ、食品工学的な研究開発や農業をめぐる経済学や法学もここに含まれる。また、制度としての農学のなかには、漁業や林業もその対象になるが、本書では基本的に田畑を用いた農業や畜産が中心となる。

農学と医学は、近代世界の人口爆発をもたらした二大科学だ。しかも、どちらも実学である。一八五〇年に十二億人の世界人口は、百年後にはその二倍の二十五億人を超え、それから七十年後を経た現在七十七億人にまで膨れ上がっている。私たちは、仮に農学が現在ほど発達していなかったら、この世に生を享《う》けることはなかった可能性が高い。私たちの存在の有無にさえ関わる学問である。その農学に携わる者たちと、農学の果実を応用した農業従事者や食品関連業者は、一般的に、生物学、栄養学、経済学などの一連の隣接分野の成果を取り込みつつ、まさに、農業と料理をつらぬく一連のプロセスを合理化し、簡素化し、効率化することに(2)精魂を傾けてきた。その結果、農業化学は化学に、農業経済学は経済学に、育種学は分子生物学に、農業機械学は機械学に目的も方法も吸い寄せられつつあり、では、その中心にあった「農の原理」とはいったい何なのか、あやふやになってきている。つまり、工学でも理学でも経済学でもない農学の独自性を探るのが難しくなってきているように思える。

　そもそも農学の発展は、食の工学化という性格を免れなかった。レトルト技術と保存技術の向上によって料理過程は簡素化され、自動化されてきたことは私たちが経験しているとおりだ。通信販売やテイクアウトの普及と、電子レンジと冷凍食品技術の高度化は、各家庭に平均一台設置されたシステムキッチンを食品工場の最終工程に変え、料理時間の短縮と料理作業からの解放をもたらしてきた。

　こうした農学の発展は、料理だけでなく、(3)食べることそのものを面倒な作業だと感じる人を増やしつつある。二〇一八年十二月六日から九日に日本でなされたツイッターでのアンケートで、一三四五名の有効回答のうち、実に三九パーセントが食べることが面倒だと答えている。プロテインバーやシリアルバー、プロセスチーズやレトルト食品の多くは、アメリカ陸軍のネイティック研究所で誕生した糧食の民間転用だが、必須栄養素がバランスよく含まれており、それを朝食や昼食に変えるビジネスパーソンも少なくない。これらの食品を数分でかじれば、仕事や英会話や資格取得の勉強の時間に余った時間を費やすことができる。日本陸軍の初年兵の厳律だった「早食い、早糞《はやぐそ》、早走り」が、もはや現代社会の会社や家庭の規範になりつつあるのかもしれない。食べることをやめるのは、人間の条件どころか動物の条件からの解放を意味する。農学が*先鞭《せんべん》をつけた食と農をめぐるテクノロジーの長足の進歩は、もう人間を動物の一員から引きずり下ろすところまで来ている。

　食べる行為の自動化や無化が、食から喜びや楽しみを奪うという批判も当然ありうる。だが、(4)その批判への応答を技術者たちは検討済みだ。ヴァーチャル・リアリティの技術者は、デジタル映像による食の快感を日夜追求している。ゴーグルを装着すると、食べもののリアルな色や音を体験できるだけではなく、ゴーグルの装置から合成香料が放つ香りが漂い、食べものの匂いを感じさせる。言うまでもなく、人工香料の技術は精度をますます上げており、現在の食品工業の必須アイテムである。嗅覚は味覚よりも細胞数が多く敏感なので、人間の脳はすぐに香りに騙《だま》される。これによって食べたいものを食べたような感覚を持つことができる。

　食文化のⓐタイハイだ、と頭を傾《かし》げたくなる人も多いだろう。私自身がそんな人間の一人だ。だがその前に考えるべきことは少なくない。ヴァーチャル・リアリティの技術が、社会的に弱い立場にある子どもを救う可能性についてである。

　それは何か。まず、小麦や卵や乳製品のアレルギーを持つ子どもに、食べられないものの「味」をⓑギジ体験させることである。食物アレルギーに苦しむ子どもたちが全世界で増えている。アレルギー持ちの子どもにとって、食のヴァーチャル・リアリティの需要は低くない、と開発者たちは考えている。
◆さらに言えば、病気になるほどの過度の肥満に苦しむ子どもたちが世界各地で、とりわけファストフードの中心地であるアメリカで急増している。現在、これらの肥満の責任は、個人の自己管理意識に帰せられるものではなく、社会構造的問題としてとらえられるようになった。労働環境がますます不安定化し、子どもの貧困が増大している現在、安価な食べものは子どもの生命線であるが、それらはしばしば油脂が多く、カロリーが高い。そのような状況下で、ご飯と味噌汁《みそしる》と漬物《つけもの》という「一汁一菜」で十分だ、という料理書が日本でベストセラーになった。この本は、台所で毎日変化に富んだ料理を要求する男と子どもたちに疲れた女性の心に響いた。出汁《だし》を取らなくてもいい。鰹節《かつおぶし》にお湯を入れて、ベーコンや卵など冷蔵庫のあまりものを入れて味噌を溶けば完成、というコンセプトであり、料理研究家の料理書としては革命的と言っても過言ではなかった。ただ、その料理本で丁寧に説明されているお米を炊くことも、味噌を溶くことも、ある程度の経済的・時間的余裕がなければ、難しい。質素な料理は、もはやある一定の層しか味わえないぜいたくになりつつあるかもしれない。

話をもとに戻すと、肥満とそれに伴う病気のリスクにさらされている子どもたちとその親たちにとって、減量療法は生命に関わる重大事である。ヴァーチャル・リアリティで食べものを味わったことにすれば、食事の量が減る、と技術者たちが主張するのも、(5)こうした背景があるからだ。

しかも、ヴァーチャル・リアリティは魅力的な食文化を演出できる。気持ちの良い風の吹く牧場でのバーベキューも、雪に覆われたアルプスを眺めながら湖畔のホテルで食べるディナーも、*マッチ売りの少女の擦る一本のマッチさながらに、ゴーグルは現実よりもきれいな映像で再現してくれる。あの幼気《いたいけ》な少女との根本的な違いは、マッチが無限にあることだ。風も湿気も機器さえそろえば簡単に現前させることができる。食べものは、その土地の香りや風とともにある、というローカルフード擁護者の批判への応答も、けっして完全にではないにせよ、あらかじめ組み込まれているのである。

3Dプリンターで復元された完全栄養食のゼリーを、ヴァーチャル・リアリティが演出する絶景の風景に囲まれ、そよ風に吹かれながら、場合によってはお気に入りの人の映像や声や香りを感じつつ、高級和牛として美《お》味《い》しく食べられる日は目前に迫っている。

（藤原辰史『農の原理の史的研究』）

（注）
*頽落＝どっと崩れ落ちること。
*ハンナ・アーレント＝ドイツ出身の哲学者。
*先鞭をつけた＝他者より先に着手した。
*マッチ売りの少女＝アンデルセンの創作童話。寒空の下でマッチを売る少女が、暖を取るためにマッチに火をつけると、ごちそうなどの幻影が見えたという物語。

問8　**波線部ⓐのカタカナと同じ漢字を使うものとして、最も適切なものを一つ選びなさい。**

1　町がコウハイしている。
2　ただならぬケハイを感じる。
3　迷信をハイセキする。
4　優秀な人材をハイシュツする。

問9　**波線部ⓑのカタカナと同じ漢字を使うものとして、最も適切なものを一つ選びなさい。**

1　セイジ家を目指す。
2　ジヨウのあるものを食べる。
3　大臣をジショクする。
4　外観がコクジしている。

問10　**傍線部(1)「農業と料理から人間が解放される道は、多くの人が知らぬあいだに舗装されている」とあるが、どういうことか。その説明として、最も適切なものを一つ選びなさい。**

1　農業や料理に関する技術を転用することで、農作業のような重労働は機械が担うものになっているということ。
2　人々の意識や生活様式の変化により、人間は無自覚のうちに農業や料理をする能力を向上させているということ。
3　道路が整備されて輸送の費用や時間が短縮されることが、農業や料理の効率化にもつながっているということ。
4　技術の発展で、農業や料理をせずに生きていくことができてしまう方向へ、いつの間にか導かれているということ。

問11　**傍線部(2)「精魂を傾けてきた」の本文中の意味として、最も適切なものを一つ選びなさい。**

1　従来の考えが正しくないことに気づき、改めてきた。
2　目標達成に向けて、集中し全力を尽くしてきた。
3　多くの人が集まって、活発に意見を交換してきた。
4　細かい点も見逃さないよう、慎重に観察してきた。

問12　**傍線部(3)「食べることそのものを面倒な作業だと感じる人を増やしつつある」とあるが、農学の発展によるどのような状況が、「増やしつつある」ことにつながっていると筆者は考えているか。その説明として、最も適切なものを一つ選びなさい。**

1　レトルト食品や冷凍食品の開発によって料理過程の簡素化と自動化が進み、人々の食の好みの違いや国ごとの食文化の差が目立たなくなったという状況。
2　必須栄養素がバランスよく含まれた加工食品によって食事を短時間で済ませることができるため、他の活動に時間をあてられるようになったという状況。
3　軍の糧食を民間転用した食品が安価に流通したことで、一般の人の利用が増加し、早く食べることが現代社会の教育における第一の目標となったという状況。
4　朝食や昼食を食べずに仕事や勉強に時間を費やそうとする人が増加し、食事を通して栄養素を得ることは古い方法だと見なされるようになったという状況。

問13　傍線部⑷「その批判への応答を技術者たちは検討済みだ」とあるが、どういうことか。その説明として、最も適切なものを一つ選びなさい。

1　必須栄養素を数分で摂取できる加工食品は食の多様性を奪うという批判に対し、技術者たちは、人工香料の使用によって様々な色や音、香りを体験できると考えて取り組んでいるということ。

2　加工食品によって食事が簡素化され食の快感が失われるという批判に対し、技術者たちは、ヴァーチャル・リアリティの技術により実際の食事のような感覚を持てると考えて取り組んでいるということ。

3　過度な加工や自動化が食べるという行為を否定しているという批判に対し、技術者たちは、ヴァーチャル・リアリティの進歩のためには仕方のないことであると考えて取り組んでいるということ。

4　人工的な食料が人間の嗅覚や味覚を鈍化させるという批判に対し、技術者たちは、人工香料や技術の活用によって、新たな食文化を生み出すことができると考えて取り組んでいるということ。

問14　傍線部⑸「こうした背景」の説明として、最も適切なものを一つ選びなさい。

1　食の自動化が、食に関する自己管理意識の低下を招き、その結果過食してしまう子どもたちに対して、適切な知識や料理の方法を伝えることが必要とされていること。

2　貧困により、油脂の多い安価な食べものを摂取せざるを得ないことで、過度の肥満に苦しむことになった子どもたちを救うための対策が求められていること。

3　子どもの肥満率の急増は、ファストフードの普及が要因であったことが明らかになり、偏食の傾向のある子どもたちに対する支援が要請されていること。

4　質素な食事ですらぜいたくとされるような社会状況の中で、あらゆる社会階層の子どもたちに適切な食事を届けることが、社会的な目標とされていること。

問15　◆印を付けた段落は、論の展開においてどのような役割を果たしているか。その説明として、最も適切なものを一つ選びなさい。

1　前段の説の反証を示し、後段の主張の根拠とする役割。
2　前段の内容を整理し、後段に向けて問題をまとめる役割。
3　前段とは別の例を挙げるに当たって、状況説明をする役割。
4　前段で示した概念をまとめ、それらの具体例を示す役割。

問16　本文の内容に合致するものとして、最も適切なものを一つ選びなさい。

1　ヴァーチャル・リアリティの技術によって食事から解放されていくことが、人類史に大きな悪影響を与えることが予想されるため、農学の重要性が増してきている。

2　ヴァーチャル・リアリティの技術によってアレルギーを克服することができれば、小麦や乳製品の消費が増え、農業や畜産がますます発展していくと予想される。

3　科学とテクノロジーの発展により料理を作る時間が短縮されるとともに、ヴァーチャル・リアリティの技術を使って魅力的な食事と環境を演出し、提供する未来が近づいている。

4　ヴァーチャル・リアリティの技術が発展すれば、栄養価の高いものを安価で容易に食べられるようになり、それによって肥満や病気に苦しむ人々を救うことも可能になる。

三　次の文章を読んで、あとの問いに答えなさい。（設問の都合上、一部省略・変更した箇所がある。）

◆陽《ひ》はずんずん暮れて行くのだった。灰色から鼠色《ねずみいろ》に、鼠色から墨色にぼかされた大きな紙を眼《め》の前にかけて、上から下へと一気に視線を落としてい行く時に感ずるような速さで、昼の光は夜の闇に変わって行こうとしていた。午後になったと思う間もなく、どんどん暮れかかる北海道の冬を知らないものには、日がいち早く蝕《むしば》まれるこの気味悪い淋《さび》しさは想像がつくまい。*ニセコアンの丘陵の裂け目からまっしぐらにこの高原の畑地を目がけて吹きおろして来る風は、割合に粒の大きい軽やかな初冬の雪片を煽《あお》り立て煽り立て横ざまに舞い飛ばした。雪片は暮れ残った光の迷子のように、ちかちかした印象を見る人の眼に与えながら、悪戯者《いたずらもの》らしく散々飛び回った元気にも似ず、降りたまった積雪の上に落ちるや否や、寒い薄紫の死を死んでしまう。ただ窓に来てあたる雪片だけがさらさらさらさらとささやかに音を立てるばかりで、それは見る人を涙ぐませる。

私は淋しさのあまり筆をとめて窓の外を眺めて見た。そして君の事を思った。

私が君に初めて会ったのは、私がまだ札幌《さっぽろ》に住んでいる頃だった。私の借りた家は札幌の町はずれを流れる豊平川《とよひらがわ》という川の右岸にあった。その家は堤の下の*一町歩《いっちょうぶ》ほどもある大きな林檎《りんご》園の中に建ててあった。

そこにある日の午後君は尋ねて来たのだった。君は少し不機嫌そうな、口の重い、*癇《かん》で背丈が伸び切らないといったような少年だった。汚い中学校の制服の立襟《たてえり》のホックをうるさそうに外したままにしていた、それが妙な事には殊にはっきりと私の記憶に残っている。

君は座につくとぶっきらぼうに自分の描いた画《え》を見てもらいたいと言い出した。君は片手では抱え切れないほど油絵や水彩画を持ちこんで来ていた。君は(1)自分自身を平気で虐げる人のように、風呂敷包みの中から乱暴に幾枚かの画を引き抜いて私の前に置いた。そしてじっと探るように私の顔を見詰めた。明《あか》らさまに言うと、(2)その時私は君をいやに高慢ちきな若者だと思った。そして君の方には顔も向けないで、よんどころなく差し出された画を取り上げて見た。

私は一目見て驚かずにはいられなかった。少しの修練も経てはいないし幼稚な技巧ではあったけれども、その中には不思議に力が籠もっていてそれがすぐ私を襲ったからだ。私は画面から眼を放してもう一度君を見直さないではいられなくなった。で、そうした。その時、君は不安らしいそのくせ意地張りな眼付《めつき》をして、やはり私を見続けていた。

「どうでしょう。それなんかは下らない出来だけれども」

そう君はいかにも自分の仕事を軽蔑するように言った。もう一度明らさまに言うが、私は一方で君の画に喜ばしい驚きを感じながらも、いかにも思いあがったような君の物腰には一種の反感を覚えて、ちょっと皮肉でも言ってみたくなった。

「下らない出来がこれほどなら、会心の作というのは大したものでしょうね」とか何とか。

しかし私は幸いにもとっさにそんな言葉で自分を穢《けが》すことを遁《のが》れたのだった。それは私の心が美しかったからではない。君の画が何と言っても君自身に対する私の反感に打ち勝って私に迫っていたからだ。

君がその時持って来た画の中で今でも私の心の底に［X］残っている一枚がある。それは八号の風景に描かれたもので、軽川《かるがわ》あたりの泥炭地を写したとおぼしい晩秋の風景画だった。荒涼と見渡す限りに連なった地平線の低い葦原《あしはら》を一面に蔽《おお》うた霙雲《みぞれぐも》の隙間から午後の日がかすかに漏れて、それが、草の中からたった二本ひょろひょろと生い伸びた白樺《しらかば》の白い樹皮を力弱く照らしていた。単色を含んで来た筆の穂が不器用に画布にたたきつけられて、そのまけし飛んだような手荒な筆触で、自然の中には決して存在しないと言われる純白の色さえ他の色と練り合わされずに、そのままべとりとなすり付けてあったりしたが、それでもじっと見ていると、そこには作者の鋭敏な色感が存分に窺《うかが》われた。それぱかりか、その画が与える全体の効果にもしっかりとまとまった気分が行き渡っていた。憂鬱——十六、七の少年にははぐくめそうもない重い憂鬱を、見る者はすぐ感ずる事ができた。

(3)「大変いいじゃありませんか」

画に対して素直になった私の心は、私にこう言わさないではおかなかった。

それを聞くと君はⓐ心持ち顔を赤くした——と私は思った。すぐ次の瞬間に来ると、君はしかし私を疑うような、自分を冷笑《あざわら》うような冷ややかな表情をして、しばらくの間私と画とを等分に見比べていたが、ふいと庭の方へ顔を背けてしまった。それは人を馬鹿にした仕打ちとも思えば思われない事はなかった。二人気まずく黙りこくってしまった。私はⓑ所在なさに黙ったまま画を眺めつづけていた。

「そいつはどこんところが悪いんです」

突然また君の無愛想な声がした。私は今までの妙にちぐはぐになった気分から、ちょっと自分の意見をずばずば言い出す気にはなれないでいた。しかし改めて君の顔を見ると、言わさないじゃおかないぞといったような真剣さが現れていた。少しでも間に合わせを言おうものなら軽蔑してやるぞといったような鋭さが見えた。よし、それじゃ存分に言ってやろうと私もとうとう本当に腰を据えてかかるようにされていた。

その時私が口に任せてどんな生意気を言ったかは幸いな事に今は大方忘れてしまっている。しかしとにかく悪口としては技巧が非常に危なっかしい事、自然の見方が不親切な事、*モティヴが*耽情的《たんじょうてき》過ぎる事などを並べたに違いない。君は黙ったまままじまじと眼を光らせながら、私の言う事を聴いていた。私が言いたい事だけをあけすけに言ってしまうと、君はしばらく黙りつづけていたが、やがて口の隅だけに初めて笑いらしいものを漏らした。それがまた普通の微笑とも皮肉な痙攣《けいれん》とも思いなされた。

それから二人はまた二十分ほど黙ったままで向かい合って座りつづけた。

(4)「じゃまた持って来ますから見てください。今度はもっといいものを描いて来ます」

その沈黙の後で、君が腰を浮かせながら言ったこれだけの言葉はまた僕を驚かせた。まるで別な、うぶな、素直な子供でもいったような無邪気な明るい声だったから。

不思議なものは人の心の働きだ。この声一つだった。この声一つが君と私とを堅く結びつけてしまったのだった。私は結局君を色々に*邪推した事を悔いながらやさしく尋ねた。

「君は学校はどこです」

「東京です」

「東京？　それじゃもう始まっているんじゃないか」

「ええ」

「なぜ帰らないんです」

「どうしても落第点しか取れない学科があるんでいやになったんです。……それから少し都合もあって」

「君は画をやる気なんですか」

「やれるでしょうか」

そう言った時、君はまた前と同様な強情らしい、人に迫るような顔付きになった。

私もそれに対して何と答えようもなかった。専門家でもない私が、五、六枚の画を見ただけで、その少年の未来の運命全体をどうして大胆にも決定的に言い切る事ができよう。少年の思い入ったような態度を見るにつけて、私には凡《すべ》てが恐ろしかった。私は黙っていた。

「僕はそのうち郷里に——郷里は*岩内《いわない》です——帰ります。岩内のそばに硫黄を掘り出している所があるんです。その景色を僕は夢にまで見ます。その画を作り上げて送りますから見てください。……画が好きなんだけれども、下手だから駄目です」

私の答えないのを見て、君は自分をたしなめるように堅い淋しい調子でこう言った。そして私の眼の前に取り出した何枚かの作品を目茶苦茶に風呂敷に包みこんで帰って行ってしまった。

君を木戸の所まで送り出してから、私は独りで手広い林檎畑の中を歩きまわった。林檎の枝は熟した果実でたわわになっていた。ある樹《き》などは葉がすっかり散り尽くして、赤々とした果実だけが真っ裸で*累々と日にさらされていた。それは快く空の晴れ渡った小春日和の一日だった。私の庭下《にわげ》駄《た》に踏まれた落葉は乾いた音をたてて微塵《みじん》に押しひしゃがれた。豊満の淋しさというようなものが空気の中にしんみりと漂っていた。ちょうどその頃は、私も生活のある一つの岐路に立って疑い迷っていた時だった。私は冬を眼の前に控えた自然の前に幾度も知らず知らず棒立ちになって、君の事と自分の事とをまぜこぜに考えた。

とにかく君は妙に力強い印象を私に残して、私から姿を消してしまったのだ。

その後君からは一度か二度問い合わせか何かの手紙が来たきりでぱったり消息が途絶えてしまった。岩内から来たという人などに会うと、私はよくその港にこういう名前の青年はいないか、その人を知らないかなぞと尋ねてみたが、更に手がかりは得られなかった。硫黄採掘場の風景画もとうとう私の手元には届いて来なかった。

（有島武郎『生れ出づる悩み』）

（注）
*ニセコアン＝北海道ニセコ町、倶知安《くっちゃん》町の境に位置する山の名前。
*一町歩＝面積の単位。約九千九百平方メートル。
*癇＝怒りっぽい気質。
*モティヴ＝創作の動機となった主要な思想や題材。モチーフ。
*耽情的＝感情的になりすぎている様子。
*邪推＝他人の言動を悪い方向に推量すること。
*岩内＝北海道積丹《しゃこたん》半島の付け根にある港町。
*累々と＝重なり合っている様子。

問17　波線部ⓐ「心持ち」の本文中の意味として、最も適切なものを一つ選びなさい。
1　はっきりと
2　ほんの少し
3　いきなり
4　ゆっくり

問18　波線部ⓑ「所在なさに」の本文中の意味として、最も適切なものを一つ選びなさい。
1　居場所がなくて
2　わけがわからずに
3　我慢できずに
4　することがなくて

問19　◆印を付けた段落の表現の特徴を説明したものとして、最も適切なものを一つ選びなさい。
1　北海道の冬の大自然の脅威を、吹きおろす強風や激しく降る雪の被害の様子によって詳細に描いている。
2　北海道の冬の淋しさに劣らぬ淋しさを抱く作者の孤独な心情を、降る雪が消えていく様子になぞらえて描いている。
3　北海道の冬のたちまち暮れる夕方の、風が吹き雪が舞う情景を、比喩や、擬態語、擬音語などを用いて描いている。
4　北海道の冬の静けさを軸に、厳しい気候の中で力強く暮らす人々の生活の様子を想像させるように描いている。

問20　傍線部(1)「自分自身を平気で虐げる人」とあるが、「君」のどのような様子について言っているのか。その説明として、最も適切なものを一つ選びなさい。
1　自分にとっては大切なはずの作品を、いかにも荒っぽく扱ってしまう様子。
2　自分の持っている才能に強い自信を抱き、その結果、他人を見下している様子。
3　自分の情熱のおもむくまま、ひたすら絵を描き続けて多くの作品を持ちこむ様子。
4　自分の理想を追いながら努力を続けることに、迷いが生じてしまう様子。

問21　傍線部(2)「その時私は君をいやに高慢ちきな若者だと思った」とあるが、「君」のどのような態度について「いやに高慢ちき」だと感じたのか。その説明として、最も適切なものを一つ選びなさい。
1　相手が承諾してもいないのに、画を送りつけて支援してもらおうとする強引な態度。
2　相手に対する愛想も遠慮もなく、一方的に自分の画を見てもらおうとする生意気な態度。
3　他人の助言に耳を貸さず、自分の画の良さをかたくなに主張する尊大な態度。
4　自分の画について、見せれば必ず良い評価を得られるだろうと信じている不遜な態度。

問22　空欄部Xに当てはまる言葉として、最も適切なものを一つ選びなさい。
1　しおしおと
2　まざまざと
3　たかだかと
4　めきめきと

問23　傍線部(3)「画に対して素直になった」とあるが、なぜ「素直になった」のか。その理由として、最も適切なものを一つ選びなさい。
1　「君」の画が持っている人を引きつける力が、「私」の抱いた「君」への反感よりも大きかったから。
2　「君」の画が持っている幼稚な技巧が、かえって「君」自身の純真さを感じさせたから。
3　「君」の画が持っている色感の多彩さが、「私」にとって高揚感を与えるもので興味深かったから。
4　「君」の画が持っている荒涼たる雰囲気が、「君」の境遇への同情を抱かせたから。

問24　傍線部(4)「じゃまた持って来ますから見てください。今度はもっといいものを描いて来ます」とあるが、このときの「君」の心情を表す言葉として、最も適切なものを一つ選びなさい。
1　後悔
2　反発
3　納得
4　優越

問25　本文から読み取れる「君」の人物像の説明として、最も適切なものを一つ選びなさい。
1　北海道の田舎町で画業に精進しており、いつか自分の画を通して、故郷の美しさを人々に伝えたいと思っている。
2　学業を続ける意欲を失い、これからの人生は自分の画の才能にかけるしかないと思い定め、世間に認められようと励んでいる。
3　自分の画を批判されたことにいら立ち、他者から技術的な拙劣さを指摘されても、自分のこだわりを貫きたいと決意している。
4　熱意を持って画に取り組み、独自の鋭い感覚を備えているが、自分に本当に才能があるかどうか、確信が持てないでいる。

四 **次の文章は筆者が祐子《ゆうし》内親王のもとに宮仕えすることになった際のことを記したものである。これを読んで、あとの問いに答えなさい。（設問の都合上、一部表記を変更した箇所がある。）**

まづ一夜《ひとよ》参る。*菊の、濃くうすき八つばかりに、濃き*掻練《かいねり》を上に着たり。さこそ(1)物語にのみ心を入れて、それを見るよりほかに、*行き通ふ類、親族《しぞく》などだにことになく、*古代の親どものかげばかりにて、月をも花をも見るよりほかのことはなきならひに、立ち出《い》づるほどの心地、(2)あれかにもあらず、うつつともおぼえで、暁《あかつき》にはまかでぬ。

*里びたる心地には、なかなか、定まりたらむ里住みよりは、をかしきことをも見聞きて、心もなぐさみやせむと思ふ折々ありしを、ⓐいとはしたなく悲しかるべきことにこそあべかめれと思へど、(3)いかがせむ。

師走《しはす》になりて、また参る。*局《つぼね》してこのたびは日ごろⓑさぶらふ。*上には時々、夜々も上りて、知らぬ人の中にうち臥《ふ》して、 X 、恥づかしう、もののつつましきままに、忍びてうち泣かれつつ、暁には夜深く下りて、日ぐらし、父の老いおとろへて、われをことしも頼もしからむかげのやうに思ひ頼み、向かひゐたるに、ⓒ恋しくおぼつかなくのみおぼゆ。ⓓ母亡くなりにし姪《めひ》ども、(4)生《むま》れしよりひとつにて、夜は左右に臥し起きするも、あはれに思ひ出でられなどして、心もそらにながめ暮らさる。立ち聞き、*かいまむ人のけはひして、いといみじくものつつまし。

（『更級日記』）

（注）
*菊の、濃くうすき八つばかり＝女房たちの秋の装束である「菊襲《きくがさね》」のこと。濃淡のある深紅色の袿《うちき》を五枚、その下に白の袿を三枚重ねる。

*掻練＝練り絹。練って（灰汁《あく》で煮て）柔らかくした絹の上衣。

*行き通ふ類＝行き来する間柄の人。仲間。

*古代の＝古風な。

*里びたる＝実家暮らしになじんだ。

*局して＝女房として部屋を頂いて。

＊上＝祐子内親王の御前。
＊かいまむ＝のぞき見をする。

問26　**波線部ⓐ「はしたなく」の本文中の意味として、最も適切なものを一つ選びなさい。**

1　驚きあきれ
2　退屈で
3　きまり悪く
4　つつしみなく

問27　**波線部ⓒ「おぼつかなく」の本文中の意味として、最も適切なものを一つ選びなさい。**

1　気がかりに
2　悲しく
3　残念に
4　すばらしく

問28　**傍線部⑴「物語にのみ心を入れて」とあるが、どういうことか。最も適切なものを一つ選びなさい。**

1　宮中で物語を作ることが流行しているということ。
2　周囲のうわさ話が気になっているということ。
3　物語を読むことにばかり熱中しているということ。
4　友人や親族と昔話だけをしているということ。

問29　**傍線部⑵「あれかにもあらず、うつつともおぼえで」とあるが、ここから筆者がどのような心情でいることが読み取れるか。その説明として、最も適切なものを一つ選びなさい。**

1　宮仕えできることが、言葉にできないほどうれしいという心情。
2　宮仕え中は月や花を楽しむこともできず、つまらないという心情。
3　自分は宮仕えに向かないので、誰かに代わってほしいという心情。
4　自分が宮仕えすることが、まるで夢のように思えるという心情。

問30　**傍線部⑶「いかがせむ」とあるが、ここから筆者がどのような心情でいることが読み取れるか。その説明として、最も適切なものを一つ選びなさい。**

1　宮仕えすることに不安はあるが、今さらやめられないという心情。
2　実家で過ごしたいので、宮中に戻らないことにしようという心情。
3　宮中で起こる楽しい出来事への興奮が、抑えられないという心情。
4　同僚の女房と比べ、自分には教養がないのではないかという心情。

問31　波線部ⓑ「さぶらふ」の文法的説明として、最も適切なものを一つ選びなさい。

1　尊敬の補助動詞
2　謙譲の本動詞
3　謙譲の補助動詞
4　丁寧の本動詞

問32　空欄部Xに当てはまる言葉として、最も適切なものを一つ選びなさい。

1　あたかもまどろむがごとし
2　つゆまどろまれず
3　まさにまどろむべし
4　ゆめまどろむな

問33　波線部ⓓ「亡くなりにし」の品詞分解として、最も適切なものを一つ選びなさい。

1　動詞＋助動詞＋助動詞
2　動詞＋助詞＋助動詞
3　形容動詞＋助詞＋助詞
4　形容動詞＋助動詞＋助動詞

問34　傍線部(4)「生れしよりひとつにて」とあるが、どういうことか。最も適切なものを一つ選びなさい。

1　姪たちが生まれてからもう一年がたっていたということ。
2　姪たちとは生まれたときから一緒に過ごしてきたということ。
3　姪たちは生まれたときから自分によく似ていたということ。
4　姪たちが生まれたときから一人だけで世話をしてきたということ。

問35　本文の内容に合致するものとして、最も適切なものを一つ選びなさい。

1　筆者は宮仕えに出るまでは、実家でひっそりと月や花を眺めるような暮らしをしていた。
2　筆者にとって宮仕えは物語のように華やかで、そのことを文章に書きたいと思うようになった。
3　十二月になって再度宮仕えした際は、筆者はすっかり慣れて楽しく過ごすことができた。
4　宮仕え中は人がいつもそばにいて、筆者は実家にいるときより寂しさを感じずにいられた。

問36　『更級《さらしな》日記』より後の時代に著された作品として、最も適切なものを一つ選びなさい。

1　『十六夜《いざよい》日記』
2　『万葉集』
3　『源氏物語』
4　『古事記』

五　次の漢文を読んで、あとの問いに答えなさい。（設問の都合上、返り点・送り仮名を省略、また変更した部分がある。）

*臧《ざうト》与レ*穀《こく》、二人相与《ともニ》牧《シ》レ羊《ヲ》、而倶《ともニ》(1)亡二其《その》羊《ヲ》一。問《ヘバ》二臧《ニ》一奚《なにヲカ》事《トセシト》一、則《チ》*挟《さしはさミテ》レ筴《さくヲ》読《メリト》レ書《ヲ》。問《ヘバ》二穀《ニ》一奚《ヲカ》事《トセシト》一、則《チ》*博《はく》塞《さいシテ》以《テ》遊《ベリト》。二人(2)者、事業不《ルモ》レ同《ジカラ》、其《ノ》於《イテハ》レ亡レ羊《ヲ》、均《ひとシキ》也。

*伯《はく》夷《いハ》死《シ》二名《ニ》*於*首陽之下《ふもとニ》一、*盗《たう》跖《せきハ》死《ス》二利《ニ》於*東陵之上《ほとりニ》一。二人者、所レ死《スル》不《ルモ》レ同《ジカラ》、其《ノ》於《イテハ》二残《そこなヒ》レ生《ヲ》傷《やぶルニ》レ*性《ヲ》、均《シキ》也。(3)奚《なんゾ》必《ズシモ》伯夷之是《ニシテ》、而盗跖之非《ナラン》乎。

天下《ハ》尽《ことごとク》*殉也。彼其《ノ》所レ殉《ズル》 X ナレバ也、則《チ》*俗謂《ヒ》二之《ヲ》君子《ト》一、其《ノ》所レ殉《ズル》 Y ナレバ也、則《チ》俗謂《フ》二之《ヲ》小人《ト》一。其《ノ》殉《ハ》一《ナルモ》也、則《チ》有《リ》二君子一焉、有《リ》二小人一焉。(4)若《キハ》二其《ノ》残《ヒ》レ生《ヲ》損《そこなフガ》レ性《ヲ》、則《チ》盗跖《モ》亦《また》伯夷《ナル》已《のみ》。(5)又悪*取君子小人於其間哉。

（『荘子』）

（注）

＊臧＝使用人の名。
＊穀＝使用人の名。
＊挟筴＝竹の札（を編んで書物にしたもの）を小脇に抱え持つ。
＊博塞＝遊技の一種。すごろくの類い。
＊伯夷＝殷《いん》代末の人。殷の紂王《ちゅうおう》を伐《う》とうとしていた周の武王を、人の道に反するとして諫《いさ》めたが受け入れられず、首陽山で餓死した。
＊名＝名節を立てること。
＊首陽＝山の名。
＊盗跖＝古代の大盗賊の名。数千人もの手下を従えて天下に横行し、悪逆の限りを尽くしたと言われる。
＊東陵＝山の名。
＊性＝生まれながらの本性。
＊殉＝（何かのために）身を犠牲にする。従う。
＊俗＝世間。
＊取＝区別をする。

問37　傍線部(1)「亡」と同じ意味で「亡」が用いられている語として、最も適切なものを一つ選びなさい。

1　亡国　　2　亡失　　3　亡霊　　4　亡者

問38　傍線部(2)「者」のここでの読み方として、最も適切なものを一つ選びなさい。

1　こと　　2　しゃ　　3　と（同格）　　4　は（主格）

問39　傍線部(3)「奚必伯夷之是、而盗跖之非乎」の解釈として、最も適切なものを一つ選びなさい。

1　どうして伯夷が是で、盗跖が非だと言い切れようか。
2　伯夷が是で、盗跖が非だと言い切れないのはなぜだろうか。
3　誰のために伯夷が是で、盗跖が非だと言い切るのか。
4　伯夷が是で、盗跖が非だと言い切らなくてはならない。

問40　傍線部(4)「若其残生損性、則盗跖亦伯夷已」とほぼ同じ内容の文として、最も適切なものを一つ選びなさい。

1　臧与レ穀、二人相与牧レ羊、而倶亡二其羊一。
2　伯夷死二名於首陽之下一、盗跖死二利於東陵之上一。
3　二人者、所レ死不レ同、其於二残レ生傷一レ性、均也。
4　其殉一也、則有二君子一焉、有二小人一焉。

問41　傍線部(5)「又悪取君子小人於其間哉」の書き下し文として、最も適切なものを一つ選びなさい。

1　又悪《あ》しき君子小人に其の間を取らんや
2　又君子小人を取りて其の間に悪《にく》まんや
3　又悪《いづ》くんぞ君子小人を其の間に取らんや
4　又君子小人を其の間に悪しく取るかな

問42　空欄部X・Yに当てはまる語の組み合わせとして、最も適切なものを一つ選びなさい。

1　X　金銀　Y　孝心　　2　X　仁義　Y　貨財
3　X　天下　Y　人間　　4　X　丈夫　Y　故人

問43　本文の内容に合致するものとして、最も適切なものを一つ選びなさい。

1　羊飼いの二人は、やっていたことは違うが、結果に変わりはない。また、伯夷と盗跖も死んだ理由こそ異なるものの、人間の生命と本性を損なったという点からすれば同じだ。
2　羊飼いの二人の責任の重さに違いがないように、伯夷と盗跖もその罪を責められてしかるべきである。しかし伯夷は盗跖に比べると罪が軽く、君子として評価される余地を残している。
3　羊飼いの二人の行為による結果は同じであっても、その理由には歴然とした違いがある。これと同様に、伯夷と盗跖の二人が行ったことについては、その理由によって是非を判断すべきだ。
4　羊飼いの二人のしたことは、何かに熱中していた結果であるから、致しかたない。しかし、伯夷と盗跖の場合は、人間の生命に関わるという点で罪が重いと言えるだろう。

四月実施　解答と解説

一　知識問題

〔解説〕

問1　漢字の読み

正解は3。「逐一」は「ちくいち」と読み、「一つ一つ順を追うこと」また「何から何までみんな」の意。正答3「家畜」は「かちく」と読み、「産業または愛玩の目的で、人間が飼育する動物」のこと。誤答1「秩序」は「ちつじょ」で「物事の正しい順序。特に社会での望ましい順序やきまり」。2「採択」は「さいたく」で「いくつかの中から選んで採り上げること」。4「匿名」は「とくめい」で「自分の姓名をかくすこと」。

問2　類義語

正解は4。「釈明」は「誤解や非難などに対して、事情を説明して了解を求めること」。「弁解」は「言いわけをすること」なので、類義語の関係といえる。誤答1「便利」は「都合がよいこと、うまく役に立つこと」。「適当」は「ある状態・目的・要求などにうまくあうこと。また、うまくその場を取り繕い、しのぐこと。いいかげんなこと」。2「肯定」は「いかにももっともだと思って認めること。また、積極的に物事の意義を認めること」。「認識」は「認め知ること。物事をはっきり知り、その意義を正しく理解・弁別すること」。3は対義語関係。「巧妙」は「非常に巧みなこと」、「拙劣」は「へたで幼稚なこと、程度が低く悪いこと」。

問3　四字熟語

正解は1。例文の四字熟語は「一意専心」で、意味は「ひたすら一つのことに心を集中すること」。空欄に当てはまるのは「心」なので、同じ漢字を含むものは1の「疑心暗鬼」。「疑心暗鬼を生ず」の略で、意味は「疑う心があると、何でもないことまで恐ろしく思えたり、疑わしく思えたりすること」。誤答2「天衣無縫」は、天人の着物に縫い目のような人工の跡がないことから転じて、「文章、詩歌などに技巧のあとが見えず、ごく自然にできあがっていてしかも完全で美しいこと」を意味する。3「大同小異」は、「大体は同じで、少しだけ違っていること。こまかな部分は異なっているが、全体としては似たり寄ったりであること」。4「意味深長」は「ある表現の示している内容や趣が深く、含蓄があること。表面の意味の裏に別な意味が隠されていること」。

問4　故事成語

正解は2。例文の故事成語は、「桃李《とうり》もの言わざれど下自《したおの》ずから蹊《けい》を成《な》す」。「桃李」は桃やすもも。「蹊」は道。桃やすももは、何も言わなくても、花の美しさや果実にひかれて多くの人が集まってくるので、自然に木の下に道ができる。そこから転じて、徳望のある人は、みずから求めなくても、人々が自然とその徳を慕い寄ってくることをたとえている。例文では、道場の先生には徳望があるので、多くの弟子が慕って集まっていることを示している。

問5　カタカナ語

正解は3。「ステレオタイプ」は「行動や考え方が固定的・画一的であり、新鮮みがないこと。紋切り型」。ステロタイプとも。例文では、ありふれた、きまりきった考え方ではなく、柔軟な思考によって新しいアイデアが生み出されると言っているのである。誤答1「エキゾチック」は「異国の情緒や雰囲気のあるさま」。2「パブリック」は「公衆、大衆」また「公であるさま、公的」。4「モチーフ」は「文学・美術などの芸術で、創作の動機となった主要な思想や題材」また「音楽で、固有の特徴・表現力をもち、楽曲を構成する最小単位となる音型」。

問6　慣用句

正解は4。選択肢はいずれも「いっし」と読ませるものだが、例文に当てはまる慣用表現は「一糸乱れず」。意味は「秩序正しく整然としているさま」。

問7　敬語

正解は2。例文では主語が省略されているが、「先生からもらう」主体（「わたし」等）が主語と想定されるので、へりくだる意味で謙譲語が使われる。例文の「いただく」は、「もらう」の謙譲語。身分の高い人からものをもらうとき、高くささげて受けるところからきている。同じように「もらう」の謙譲語となるのは、2の「頂《ちょう》戴《だい》する」。「敬意を表して、いただき物などを目より高くささげ、頭を低くさげること」を意味する漢語「頂戴」にサ変「する」が付いて複合サ変となっている。誤答1「拝察する」は「推察する」の謙譲語。「お土産を推察する」では文脈に合わない。3「くださる」は「与える」「くれる」の尊敬語。先生が主語であればよいが（「先生がお土産をくださる」）、ここでは当たらない。4「なさる」は「する」の尊敬語。意味も敬意も不適切。

問8　文学史（近現代）

正解は3。『金閣寺』は、一九五六年に雑誌『新潮』に発表された三島由紀夫の長編小説。実際の放火事件を基に構想され、金閣寺の美の魅力にとりつかれた主人公が、その美を独占するために金閣寺に放火するという悲劇として描かれている。三島由紀夫は東京出身の小説家、劇作家。古典主義的な緻密な構成と華麗な文体で独自の様式美を備えた文学世界を展開。自衛隊市ヶ谷駐屯地で割腹自殺。主な作品に、『仮面の告白』『鹿鳴館』『豊穣の海』等。誤答1「川端康成」は大阪出身の小説家。雑誌『文芸時代』を創刊し、新感覚は文学運動を推進。日本の伝統美を虚無的抒情的筆致で描いた。ノーベル文学賞受賞。ガス自殺。主な作品に『伊豆の踊子』『雪国』等。2「安部公房」は東京出身の小説家、劇作家。前衛的な手法で戦後文学に新生面を開いた。主な作品に『砂の女』『他人の顔』等。4「井上靖」は北海道出身の小説家。新聞記者出身で、新聞小説・歴史小説に新境地を開いた。主な作品に『闘牛』『敦煌』等。

問9　古典常識

正解は1。「公達《きんだち》」は、設問の通り「貴族の子弟」や「親王、諸王など皇族の人々」を表す。誤答2「蔵人《くろうど》」は「蔵人所の職員」。文書の保管や詔勅の伝達、宮中の行事・事務を扱った。3「舎人《とねり》」は「天皇、皇族などに仕えて雑事にたずさわった下級役人」。4「随身《ずいじん》」は「上皇・摂政・関白などの身辺を警護する役人」。

問10　文学史（古典文学）

問題不成立。対応措置は「全員正解」。公式コメントは以下の通り。《『新古今和歌集』と関係のない歌人として」という問いは、何を解答するのかが不明瞭であり、新古今和歌集の成立時代と大きく異なる時代の歌人であるのか、入集されていない歌人であるのか、問いかけからは出題の意図が読み取れず、活動した時代は異なるものの入集している山部赤人が関係のある歌人とも考えられるため。》

二　評論

〔出典〕河野哲也《こうのてつや》「哲学とは何か——子ども性・対話・愛」（『現代思想』二〇二二年八月号（第五〇巻第一〇号）、青土社、二〇二二所収）

「特集＊哲学のつくり方——もう一つの哲学入門」と題された特集号のうち、**【哲学をつくる場をつくる】**というセクションの冒頭に位置づけられた論考。「哲学とは何か」という問いに対して、著者は次のように述べる。「生産物としての哲学とは、賢い人間そのものであり、それを生み出すのは問いのある人生である。賢い人間とは、自らにおいて子ども性を養い、それを拡張する者である」と。「哲学とは真理の探究である。それは、世界をもう一度、いや、何度でも作り上げようとする気持ち、すなわち、世界への愛から問いを生み出し、その問いへの答えを追求する態度である。こうして哲学者とは、どこまでも無知でありつづける子どもなのであり、自らを幼児へと生まれ変わらせる者のことである」。

本文は、本論の中盤にあたる、「4　哲学と思考と愛」「5　技術と子ども」「6　思考の型としての思想」のほぼ全文であり、それぞれ1～3段落と対応している。

著者の河野哲也（一九六三～）は、日本の哲学者。慶應義塾大学、同大学院修了。立教大学文学部教育学科教授。専門は現代哲学と倫理学。近年は環境の問題を扱った哲学を展開している。また、教育の問題にも関心を持っており、対話によって思考とコミュニケーション力を養う教育を実践している。主な著書に『意識は実在しない：心・知覚・自由』（講談社選書メチエ、二〇一一）、『こども哲学」で対話力と思考力を育てる』（河出書房新社、二〇一四）、『いつかはみんな野生にもどる　環境の現象学』（水声社、二〇一六）ほか多数。

〔解説〕

問11　漢字

正解は4。波線部ⓐは「偶」。「偶然」は「他のものとの因果関係もつながりもはっきりせず、予期しないことが起きること。また、そのさま」。同じ漢字を使うものは、4の「偶像」。意味は「木・石・土・金属などで作った像」。特に神仏をかたどった信仰の対象となる像を指す場合が多く、そこから転じて、あたかも神仏のように崇拝の対象となっているものを比喩的に表すこともある。誤答1「奇遇」は、「思いがけなく出会うこと。不思議なめぐり合わせ」。2「一隅」は「一方のすみ、かたすみ」。3「宮司」は「神社に仕え、祭司・造営・庶務などをつかさどる者の長」。

問12　漢字

正解は1。波線部ⓑは「闘」。「格闘」は、「互いに組み合ったり打ち合ったりして争うこと」から転じて、「一生懸命物事に取り組むこと」を比喩的に表す。同じ漢字を使うものは1の「闘争」で、意味は「相手を倒そうとして争うこと」。誤答2「年頭」は「年のはじめ」。3「投与」は「患者に薬剤を与えること」。4「打倒」は「うちたおすこと。うちまかすこと」。

問13　内容把握（説明）

正解は4。傍線部(1)の「思考を根底で支えているのは、問題解決に至ろうとする何かへの粘り強い愛である」とはどういうことかが問われている。傍線部の直前には「その意味で」という語句があるので、傍線部の内容は直前の内容と対応していることがわかる。「思考とは、（中略）躓きながらのやり直しなのだ」。これはどういうことか考えてみよう。まず、本文において「思考」とは「何かに解答を与えようとして、さまざまなことを試みる総合的な行為」と述べられ、次のように定義されている。「試行錯誤をしながら、粘り強く課題を探究すること」と。これは次に「問題解決の試みの中で、自分一人で、さまざまな試行をシミュレーションしている状態」と言い換えられ、さらに「いずれにせよ」という語で結ばれて、「思考とは、自動的になりうる演算などではなく、躓きながらのやり直しなのだ」と述べられる。つまり、思考は、どれだけうまくいかなかったとしても、それでもなお問題解決を求めて試行錯誤を続けようとする意志（＝「粘り強い愛」）によって支えられているといってよい。合致する選択肢は4。誤答1は、「思考を形成するのは、（中略）人間の個性だ」が不適。本文には「思考とは、コンピュータにインストールできるような単一の能力ではありえない」と述べられているが、これは例えに過ぎないのであって「コンピュータ」と「人間」を対比して、思考を人間の個性であるとするような視点では描かれていない。傍線部直前に「自動的になりうる演算などではなく」とあることも、同様のミスリーディング。2は「一つの方法を究める」が明らかに不適。むしろ逆で、「さまざまなことを試みる」ことが大切である。3は、一見いかにも正しいことを述べていそうな風味を醸したキラキラポエム。たしかに「哲学は批判的思考を必須とすると思われる」と述べられているが、一方で、「思考とは批判的であることに留まるものではない」といって「創造的思考」についても述べられている。「批判精神」を思考の根拠とするのは矮小化。また、批判的思考は、物事の「正義」を見極めることではなく、「根拠」や「前提」の妥当性を検証することである。

問14　内容把握（説明）

正解は3。演繹とは、普遍的な前提から個別の結論を推論すること。たとえば、三段論法が代表例（大前提「人は必ず死ぬ」、小前提「ソクラテスは人である」→結論「ソクラテスは必ず死ぬ」）。演繹的思考においては、まず「普遍的な前提」を想定する。しかし、その前提は本当に妥当といえるのだろうか？　哲学は、前提を問い直す。「『なぜ』という問いを繰り返す」ことによって、「前提のさらに前提を検討」するのである。この、「前提の前提を探っていくこと」が、「演繹的思考を逆にたどる」ということである。そうすると、自動車の例が挙げられているように、「ある考えや行為をより一般的なものに包摂すること」につながる。「『なぜ』と問うごとに演繹のはじまりへと遡っていき、特定の領域を越え出ていく」のである。合致する選択肢は3。誤答1は「自らの思考の枠組みをより詳細にしていく」が不適。むしろ枠組みを越えて「超領域的・分野横断的」に考えることが必要である。2は「原始的な哲学の営みに回帰」が不適。本文に述べられていない。4は「考える対象の領域を縮小」が不適。むしろ逆で、特定の領域を越え出て「一般的・普遍的」に拡大していくのである。

問15　内容把握（理由）

正解は2。「技術化」とは、「いくつかの前提を受け入れた上で、ある考えを具体に詰めて実現し、一定の手順や行為の型へと嵌め込んでいくこと」とされ、「マニュアル化」とも言い換えられている。つまり、技術化によって「試行錯誤の時期は終わり、多くの人が共有できる制度となって定着」するのである。傍線部直後には、次のように述べられている。「技術化は、その思考のあり方が、慣習や習慣として生活に組み込まれ、思考の型となっていくこと」と。つまり、本来は複雑で複合的な試行的行為であったはずの宗教的思考を、「儀式」という固定的な型とすることで、試行的探究を必要としない「多くの人が共有できる制度となって定着」するのである。そういう意味で、儀式化は、宗教的思考のマニュアル化＝技術化といえるだろう。合致する選択肢は2。誤答1は、「単なる慣習の域に留まらず、現実生活と一定の距離をとることによる」が不適。むしろ、慣習として現実生活の中に組み込まれることで型となるのである。3は「特定の社会階層にいる人々の手を離れて新たに解釈されることによる」が不適。本文には、「制度化された技術を継承するということが、（中略）ある社会階層の中で生きることである」とあり、制度化・儀式化は、特定の社会階層に固定化する方向に向かう。また、「新たに解釈」というよりは、一つの解釈の固定化である。4は「手順が複雑化する」が不適。そもそも「宗教的思考を一定の制度に組み込むための手順」については述べられておらず、もしも儀式化がそうであったとしても、それは複雑化ではなく、むしろシンプルになることで、様式化、自動化、反復的継承に向かうはずである。

問16　内容把握（具体例）

正解は1。傍線部(4)の「それ」は、直前の「ある思考活動が技術化し、制度化され、慣習化されると」を受けており、つまり「技術化、制度化、慣習化された思考活動」すなわち「思考の型」を指している。「思考の型」があることによって、試行錯誤せずとも、容易に思考を模倣できるのである。具体例として適切なものは1。「料理のレシピ」が「思考の型」に対応している。型を模倣することで「うまく生み出すことができるようになる」のである。誤答2〜4はいずれも論理的には正しい文であるが、「思考の型」と対応する要素がない。

問17　構成と内容の説明

正解は3。[2]では、問14でも確認したように、自動車の例が挙げられて「前提の前提を探る」という哲学的思考のあり方が説明されており、さらに「哲学が、いわば物事をズームアウトした視点で見ようとするものであるならば、逆にズームインしていく動きが、技術化である」として、哲学と技術を対比的に述べている。選択肢3と合致している。誤答1は、「思考にまつわる一般論を否定」が不適。[1]では「批判的思考」という「思考にまつわる一般論」について述べられており、否定しているわけではない。2は「哲学がどのように役立つか」が不適。本文では哲学がどのようなものであるのかが述べられており、「役立つか」という観点は見られない。むしろ、「『役立つ』とはどういうことか」、「何をもって『役立つ』といえるのか」等という前提について無自覚に「平易に解説」することは、「哲学的」とはいえないだろう。4は「哲学が個人的な営みではなく社会的な活動である」が不適。たしかに、最終段落において、哲学が文明に共有されている思考の型を批判的に検討することで社会構造の変容をもたらしうることが指摘されているが、哲学が個人的な営みでないことが強調されているとはいえない。

問18　内容合致

正解は2。筆者が「哲学」をどのようなものと捉えているかを問う問題。本文全体を把握し、該当箇所と照らし合わせて検討したい。選択肢2には、哲学が「子どもの振る舞いに特徴が重なる」とあるが、子どもについて言及されているのは[2]の後半。「これは、子どもの行いの特徴である」。「これ」は「哲学の役割」であり、「粗笨化、抽象化、素朴化、無定型化、手動化、初期化と開始へと向かう」という。私たちが当たり前の前提として疑いなく受け入れていることを、幼い子どもから「なぜ？」「どうして？」と問われて答えに窮することがあるだろう。哲学とは、子どもの問いと同じように、まさに「人々になじんだ慣習の前提や目的を問い直す」営みなのである。誤答1は、「科学より優れている」が不適。優劣は論じられていない。3は「大いに危険性をはらんでいる」が不適。「思考の型」による弊害の可能性は述べられているが、哲学はむしろその危険性を乗り越えるものとして肯定的に捉えられている。また、「常に」の語にも要注意。過度に限定的・断定的な表現は誤答を疑うとよい。4は「哲学は、その継承によって集団のアイデンティティを形成する」が不適。[3]において哲学と思想の区別については述べられているが、集団のアイデンティティを形成するのは「思考の型」すなわち「思想」なのであって、哲学ではない。

三　小説

〔出典〕 山本周《やまもとしゅう》五郎《ごろう》「鼓くらべ」（新潮社『山本周五郎全集第一八巻』所収。

〔作者〕 山本周五郎（一九〇三〜一九六七）、本名、清水三十六《さとむ》。

質店の山本周五郎商店に勤め、長く援助をしてくれた店主の山本周五郎の名をのちにペンネームとした。雑誌「文藝《ぶんげい》春秋」の懸賞小説に応募した『須磨寺《すまでら》附近』が掲載、出世作となる。その後も苦戦が続いたが、時代小説で売れっ子となり、その後の活躍につながった。代表作に「赤ひげ診療譚《たん》」「さぶ」「樅の木はのこった」などがある。

〔解説〕

問19　語句の意味

正解は3。「いましめ」は「①前もって注意すること。②過ちを犯さないようにこらしめること。③しばること」の意味があり、ここでは「しばること」の意なので束縛するが適切。

問20　語句の意味

正解は2。「躍起」とは「焦ってむきになること」。ここは、お留伊の打ち違えたという行動が理解できず、仁右衛門が「躍起となって同じことを何十回となく繰り返した」という場面なので、「必死になって」が適切。

問21　空欄補充

正解は1。鼓くらべ本番直前の場面。空欄の前に「自分の方で」という言葉があること、繰り返し同じことを言っていることを考えると、自分が出演するわけでもない師匠がむしろ緊張し、落ち着かない様子であることが読み取れる。空欄にはそうした師匠の様子を表す「おろおろ」が入ることが適切。

問22　心情表現の理解

正解は4。第二段落で「彼女の勝ちは確実である」とあり、Xの直前で師匠は弟子であるお留伊に「きっと勝ちますから」と励ましの言葉をかけている。Xの微笑みは勝利を確信した自信の表れである。Yは「音楽はもっと美しいものでございます、またと優劣を争うことなどおやめなさいまし、音楽は人の世で最も美しいものでございます」という老人の言葉を思い出し、鼓くらべをやめ、そのことを責め立てる師匠をよそに自分に満足している微笑みである。よって4が適切。選択肢1は、Xについては適切であるが、Yの「皮肉をこめて」が不適切。そうした描写はない。2はYの「演奏を無事に終えた」が事実に反する。3はYの「そんな自分をあわれんでいる」という部分が不適切。

問23　心情の理解

正解は4。傍線部⑴の直前に「あの人は観世市之亟さまだった」とあり、そのことに気づいたお留伊は「愕然として、夢から醒めたように思った」のである。選択肢1・2はそのことに触れていないので不適切。3の「市之亟こそ真の師匠にふさわしい」という描写は文中にないため不適切。老人の教えは「優劣を争うことなどおやめなさいまし」であり、4はその教えに合致している。

問24　心情の理解

正解は2。旅絵師の言葉は「優劣を争うことなどおやめなさい」と「音楽は人の世で最も美しいもの」の二点であり、それに合うのは2である。選択肢1は「老人と共に上達をめざす」が不適切。3「自由に演奏する」が不適切。老人はそのことには触れていない。4は「老人の期待だけに応える」が不適切。

問25　内容把握

正解は1。勝敗を放棄したお留伊が老人と対面した場面である。お留伊は老人の勝ち負けではなく、音楽そのものの美しさを大切にするという教えに気づき、勝敗を放棄した。その行為に対する褒めの言葉が傍線部の「ようなさいました」であり、1が適切。選択肢2は「お宇多の気持ちに配慮した」が不適切。3は「あざむいて失望させた」が不適切。4は少し迷うところだが「会いに来たこと」について言っているのではないので不適切。

問26　理由説明

正解は3。老人の教えに気づき、その思いを伝えるためにやって来たのに、すでに老人は亡くなったあとで思いを伝えることはできなかった。そのことを切なく思い涙を流したのである。選択肢1は「実力を疑われるのを恐れて」が不適切。2は「仁右衛門の気持ちをなだめるのに時間をとられ」が不適切。4は「老人の辛い人生を思い浮かべ、その気持ちに寄り添うことができなかった」が不適切。

問27　理由説明

正解は4。老人の言葉に合致するかどうかを吟味していく。選択肢1は「技量向上のために的確な助言」が不適切。2は「人に勝つことのよろこびを教えてくれる」が不適切。逆に「優劣を争うことなどおやめなさい」と言っている。3は「心を安らかに保つ方法」が不適切。そのことは示していない。4は「真の芸術とは何かを考えさせ」の部分が「音楽は人の世で最も美しいもの」という老人の言葉と一致しており、正解となる。

問28　内容把握と表現理解

正解は3。選択肢1は「勝負のむごさを知り、楽しみのための芸術をめざす」が不適切。勝負と音楽の美しさが無関係であることに気づいたのである。2は「華やかな芸術の世界が醜い争いの世界に変わっていく様子」が不適切。その「醜さ」に気づき、音楽の美しさに目覚めたのである。3は「音楽への向き合い方」の内容こそ書かれていないが、「老人の存在により変化する」といったこの物語の主題に合致している。4はお留伊の気づきの内容が「老人に認められること」になっている点が不適切。

四　古文

〔出典〕『平家物語』。鎌倉時代に成立した軍記物語。平清盛《たいらのきよもり》の活躍を中心に平家の台頭と没落について書かれている。軍記物語には『保元物語』『平治物語』『承久記』などがある。冒頭の「祇園精舎の鐘の声……」は有名であり、作品は仏教的な無常観を背景に記してあるとされる。

〔現代語訳〕

（海を渡る手段を知っている男）「浦の者たちがたくさんいますけれども、事情をよく知っている者はあまりおりません。この男こそがよく知っています。たとえば、浅瀬のようなところですが、月のはじめには東にあります。月末には西にあります。両方の瀬の間、海上に十町くらいはありますでしょう。この瀬はあなたの馬で簡単にお渡りになれるでしょう」と申し上げたので、佐々木は格別に喜んで、自分の一門の者や家来にも知らせないで、その男とただ二人でわからないように出て、裸になり、先ほど話に出た瀬のようなところを見てみると、本当にかなり深くはなかった。膝、腰、肩にまで、波がたつところもあり、左右の耳の上にある髪も濡れるところもあって、深いところを泳いで、浅いところに泳ぎ着く。男が申し上げることには、「これより南は、北よりはるかに浅うございます。敵が矢先を揃えて待つところに、裸では（戦いになったら）敵《かな》うようにおなりになることはないでしょう。お帰りください」と申し上げたところ、佐々木は本当にそうだと思って帰ったが、「身分の低いどこのものともわからない者であるので、またほかの人にじっくりと話されては（浅瀬の）事情を教えるだろう（と思い）。私だけが知っているようにしたい」と思って、この男を刺し殺し、首を掻《か》き切って殺して捨ててしまった。

〔解説〕

問29　指示対象の内容

正解は3。「この男」の指示内容が何かを確認する問題。ヒントになるのは問題の冒頭の説明文にある「平家を追討するため、海を渡る手段を知っている者を探していた」という部分である。そして文章冒頭から「『浦の者ども…、この男こそ…』」と言って、それを聞いた佐々木が喜んで、その男と二人だけで、話題の瀬に行ったので、「この男」は自分自身のことを指しているのだとわかる。「この男」が月初めと月末で瀬の深さについて説明していることから3が適切である。

問30　解釈

正解は1。「御馬にてはたやすう渡させ給ふべし」の部分を考える。「たやすう」は「たやすし」のウ音便化したものであるが、現代語でも「簡単に」「やさしく」という意味で使っているので理解できるだろう。次に「渡させ給ふべし」の部分は、移動させるという意味の「渡す」に、尊敬の助動詞「す」の連用形と尊敬の補助動詞「給ふ」がつき、さらに推量の助動詞「べし」の終止形がついているので、「移動させなさるでしょう」という意味になり、これらをつなげて考えると1が適切である。

問31　語句の意味

正解は4。「なのめなり」は重要語で「並み一通りだ」という意味から、「なのめならず」は「並み一通りではない」「格別だ」という意味になる。

問32　内容理解

正解は2。傍線部(3)の直前に男が言っているのは、「ここから南は、北よりはるかに浅く、敵が矢先を揃えているところに、裸ではかなうこともおできにならないでしょう」という内容であった。つまり、浅瀬に渡る手段を得たものの、裸で行ったのでは敵に打たれてしまうので、「帰らせ給へ」（「お帰りください」）と言ったのである。したがって、2が適切。

問33　文法

正解は4。空欄の直後は鍵かっこで閉じられており、本来は終止形が入るはずであるが、直前に「こそ」があるので、已然《いぜん》形が入ることとなる。ここで選択肢は1と4のいずれかになるが、推量の助動詞「べし」は活用語の終止形からラ変型活用の連体形接続であり、「む」は活用語の未然形接続である。空欄の直前はラ行四段活用「知る」の未然形であるから、「む」の已然形の「め」が入ることになる。この問題では、〈係り結び〉と〈助動詞の接続〉の二つの文法事項が問われている。動詞は活用を、助動詞は意味・接続・活用の部分をしっかりと学習しておきたい。

問34　内容理解

正解は3。傍線部(4)の直前の「下﨟は…案内をも教へむずらん、我ばかりこそ知ら…」を参考にして考えると、身分の低い者は信用のおけないものであるので、誰かに浅瀬などの事情を教えてしまうでしょう、私だけが知って…」となるので、佐々木盛綱は、身分の低い者が他の者に教えてしまうことを恐れて殺したのである。

問35　内容合致

正解は3。適切でないものを選ぶ問題の場合は、選択肢を一つずつ吟味していく必要がある。1は、文の冒頭に「瀬のやうなる所は「月がしらには東に候ふ。月尻には西に候ふ」とあって、浅瀬が月のはじめと終わりで位置が変化していると述べているので適切である。2は、「鬢の濡るる所もあり」とあり、鬢は左右の耳の上にある髪をさす。目と耳はほぼ同じ位置にあるので、ギリギリ目が海面から出ていることがわかるので、適切。3は「これより南は、北よりはるかに浅う候ふ」とあるので、佐々木たちは北から南へと移動してきたことがわかり、選択肢には「南から北に」とあるので不適切。4は、本文に「かの男とただ二人まぎれ出て、裸になり」「佐々木げにもとて帰りける」とあり適切。したがって適切でない3が正解となる。

五　漢文

〔出典〕『説苑《ぜいえん》』立節。『説苑』は、前漢の劉向《りゅうきょう》（前七七〜前六）による編集。先秦から漢代にかけての書物から、儒家の思想を基本にまとめられている。当時の乱れた政治を憂え、皇帝を諫めるために編集され、七百ほどの説話が収録されている。説話の内容に従って、君道《くんどう》（君主の心構えを説いたもの）、政理《せいり》（政治について説いたもの）、臣術《しんじゅつ》（臣下の在り方を説いたもの）などに分けられる。書名は、人を説得するための話（＝「説」）を集めた（＝「苑」）ものという意。平安時代に渡来し、盛んに読まれた。劉向は漢の宮中の蔵書の整理作業に従事した学者。『戦国策』の編纂《へんさん》や『列女伝』『新序』を記すなど、多くの業績を残した。

本文は、孔子の高弟である曽子が、魯の君主が土地を与えようと言ったのに対し、「ものをくれる相手には卑屈にならざるを得ない」と述べて断ったという話。毅然と誘惑を退けた曽子を、孔子は「節を全うした」と高く評価した。

〔書き下し文〕　※漢字の読み仮名は現代仮名遣いで表記。

曽子《そうし》弊衣《へいい》を衣《き》て以《もっ》て耕《たがや》す。魯君《ろくん》人《ひと》をして往《ゆ》きて邑《ゆう》を致《いた》さしむ。曰《い》はく、「請《こ》ふ此《これ》を以《もっ》て衣《ころも》を修《おさ》めよ。」と。曽子《そうし》受《う》けず。反《かえ》りて復《ま》た往《ゆ》く。又《また》受《う》けず。使者《ししゃ》曰《い》はく、「先生《せんせい》人《ひと》に求《もと》むるに非《あら》ず、人《ひと》則《すなわ》ち之《これ》を献《けん》ずるのみ。何為《なんす》れぞ受《う》けざる。」と。曽子《そうし》曰《い》はく、「臣之《しんこれ》を聞《き》く、『人《ひと》に受《う》くる者《もの》は人《ひと》を畏《おそ》れ、人《ひと》に予《あた》ふる者《もの》は人《ひと》に驕《おご》る』と。縦《たと》ひ子《し》賜《たま》ふこと有《あ》りて、我《われ》に驕《おご》らずとも、我《われ》能《よ》く畏《おそ》るること勿《な》からんや。」と。終《つい》に受《う》けず。孔子之《こうしこれ》を聞《き》きて曰《い》はく、「参《しん》の言《げん》は、以《もっ》て其《そ》の節《せつ》を全《まっと》うするに足《た》るなり。」と。

〔現代語訳〕

曽子は破れた粗末な服を着て田を耕していた。（そこへ）魯の君主は使者に向かわせ（曽子に）土地を与えさせようとした。（使者は）「どうかこの土地を受け取り（その収入で）衣類を修繕してください。」と言った。曽子は受け取らなかった。（使者は）戻っていったが、再び（曽子のところへ）行った。（曽子は）また受け取らなかった。使者は「先生は人に（土地を）求めたのではありません、人がこれ（＝土地）を献上したいというのです。どうして受け取らないのですか。」と言った。曽子は「私はこのように聞いています、『人から（ものを）受け取った者はその人を畏れ敬い、人に（ものを）与える者はその人に驕る』と。たとえあなたが（私に土地を）お与えになって、（君主が）私に驕らなくても、私が畏れ敬わず、卑屈にならないことがあるでしょうか、いやそんなことはありません。」と言った。（そして）ついに（土地を）受けとることはなかった。孔子はこれを聞いて、「参の言葉は、彼の礼節を全うするに充分なものである。」と言った。

〔解説〕

問36　書き下し文

正解は4。書き下し文を選ぶ問題では、どの句形で読解すると話の筋が通るのかにも注目する必要がある。今回は主語「魯君」のすぐあとに「使」が配置されており、さらに対象を表す「人」、動作を表す「往」「致」と続く。これらを踏まえ、使役形と判断する。使役形は二種あるが、ここでは基本の形を解説する。

A 使《ム》二 B《ヲシテ》 C《〔セ〕》一。

書き下し文は「A BをしてC〔せ〕しむ。」となり、「AはBにCさせる。」と口語訳する。Aは主語、Bは使役する対象、Cは使役する行為を表す。問題の文をこの句形に当てはめてみる。

A魯君 [使] B人 C往致邑焉。

A「魯君」（主語）が、B「人」（対象）に、C「往致邑」（動作）させるのである。使役形で対象の位置に「人」がある場合、部下や家臣など、特に名前を明記する必要のない人物であることが多い。この場面においても、「人」は魯君の家臣を指す。

また、C「往致邑」には二つの動詞が使われている。「往」「致」である。魯君が家臣にさせた動作を示すため、使役形の助字「使」は、この二つの動作にかかる。よって口語訳する際は「往かせ、与えさせた」となる。なお、最後の「焉」は文末の置き字なので訓読はしない。

以上から、「魯君人をして往きて邑を致さしむ」と訓読する。返り点を施すと「魯君使二人往致一レ邑焉」となる。

問37　漢字の読みと意味

正解は2。「復」は重要語の一つで副詞として使われ、読み方は「また」である。副詞は用言を修飾するので、この文字のあとに動詞がある場合は副詞としての用法であることが多い。問題文は「反りて復往きて」とある。曾子が土地を与えるという魯君の申し出を受けなかったので、家臣は一度帰ったが、再び曾子のもとを訪れたという場面である。「復」は「かさねて。ふたたび」という意味をもつ。

問38　口語訳

正解は3。「何為」は「なんすレゾ」と訓読する場合は、疑問形・反語形の二つの句形となる。ここは、土地を受け取ろうとしない曾子に対して家臣がその理由を聞く場面なので、疑問形となる。疑問形の場合は「なんすレゾ～〔スル〕」となり、反語形の場合は「なんすレゾ～〔セ〕ん〔ヤ〕」となる。なお、「何為者」は人物を表し、「なんすルものゾ」と訓読し「何者か」という意味になる。

問39　内容理解

正解は1。問題文は「人から（ものを）受け取った者はその人を畏れ敬い、人に（ものを）与える者はその人に驕る」という内容であり、「恩恵を与えたり受けたりすると、心に何かしらの良くない影響が出る」とまとめることができる。1はこのようにならないことを戒めているので適切である。各選択肢の意味は次の通り。

1　人に恩恵を与えたことは、恩着せがましくならないように早くそのことを忘れるように心がけよ。

2　人の欲には際限がなく、満足できずにいつまでも苦しむ。

3　人を不審に思うならばその人を用いてはならない。また、人を用いるならばその人を信用し疑ってはならない。

4　人を愛する人は、常にその人も人から愛される。

問40　内容読解

正解は3。問題文に使われている句形は、仮定形（前半部分）と反語形（後半部分）である。まず前半部分から整理しよう。「縦」は「たとヒ～トモ」と訓読し、「たとえ～としても」という仮定の意味を表す。よって前半は「たとえあなたが（私に土地を）お与えになって、（君主が）私に驕らなくても」となる。後半部分では、前半の仮定の内容についての曽子の意志が強調されるので反語で解釈するため、「私が畏れ敬わず、卑屈にならないことがあるでしょうか、いやそんなことはありません。」となる。各選択肢の解釈は次の通り。

1 「相手を見下す気持ちがあるのなら」「恩義を感じる必要は少しもない」が不適切。

2 贈り物の選び方に関する内容は本文では触れられていないので不適切。

4 「相手を増長させるおそれがある」が不適切。

問41 内容合致

正解は2。各選択肢の解釈は次の通り。

1 「曽子に政治を任せたいと思って土地を与えようとした」と「不正に当たると考え」の部分が不適切。魯君は、曽子の破れた衣服を見かねて土地を与えようとした。また曽子は「不正に当たる」と思ったから辞退したわけではない。

3 「恩を売っておこう」と「孔子は、物をもらって自尊心を捨ててはならないと、曽子を厳に戒めた」という部分が不適切。魯君に恩を売ろうという意図はない。また、孔子は戒めたのではなく、申し出を断った曽子を高く評価している。

4 「土地と十分な衣服を与える」と「心を動かしかけた」が不適切。魯君が与えようとしたのは土地のみであるし、曽子は申し出に対して心を動かすことなく辞退している。

国語　4月実施　正解と配点

（60分，100点満点）

問題番号		正解	配点	合計
一	1	3	2	20
	2	4	2	
	3	1	2	
	4	2	2	
	5	3	2	
	6	4	2	
	7	2	2	
	8	3	2	
	9	1	2	
	10	*	2	
二	11	4	2	20
	12	1	2	
	13	4	3	
	14	3	2	
	15	2	3	
	16	1	2	
	17	3	3	
	18	2	3	
三	19	3	2	20
	20	2	2	
	21	1	2	
	22	4	2	
	23	4	2	
	24	2	2	
	25	1	2	
	26	3	2	
	27	4	2	
	28	3	2	

問題番号		正解	配点	合計
四	29	3	3	20
	30	1	3	
	31	4	3	
	32	2	3	
	33	4	2	
	34	3	3	
	35	3	3	
五	36	4	3	20
	37	2	3	
	38	3	3	
	39	1	3	
	40	3	4	
	41	2	4	

＊10番は全員正解

九月実施　解答と解説

一　知識問題

〔解説〕

問1　漢字の読み

正解は3。「統」の訓読みは「すべる」で、意味は「多くのものを一つに集めまとめる」「一つにまとめて支配・統轄・統治する」。誤答1「たばねる」は「束ねる」。2「あわせる」は「合わせる」「併せる」など。4「はかる」は「計る」「量る」「測る」「図る」「謀る」「諮る」など。

問2　四字熟語

正解は2。「紆余曲折」は「うよきょくせつ」と読み、選択肢はいずれも「せつ」と読める漢字であるが、正解は「折」。「紆余」も「曲折」もともに「曲がりくねる」の意で、「紆余曲折」は「事情が複雑で、こみいった経過をたどること」を意味する。

問3　慣用句

正解は1。「堂に入る」は「学問・技芸、その他修練を必要とする事柄について、よく身についてその深奥に達している」「すっかりなれて身につく」の意。例文では、「彼」が「演技」という技芸に長けているわけであるから、慣用句の使い方として正しいといえる。誤答2「眉をひそめる」は「心の中に心配事や憂いごとがあったり、他人のいまわしい言動に不快を感じたりして、顔をしかめる」こと。例文では、「祝福した」という文脈と一致しない。3「拍車をかける」は「物事の進行を一段とはやめる」こと。例文では、焦らないように心を落ち着かせようとする方向性と逆行する。4「目から鱗が落ちる」は「何かがきっかけとなって、急に物事の事態がよく見え、理解できるようになるというような場合のたとえ」。例文では、二人からの相反する助言にとまどっており、「理解」できていない。

問4　語句の意味

正解は3。「普遍的」は「すべてのものにあてはまるさま」。例文の「すべてに共通して」と一致する。「この憲法が国民に保障する基本的人権は、侵《おか》すことのできない永久の権利として、現在及び将来の国民に与へられる」という日本国憲法第十一条は、基本的人権の普遍性をあらわしており、例文の内容と合致している。誤答1「必然的」は「必ずそうなるさま」。2「相対的」は「物事が他との比較関係において存在しているさま」。対義語は「絶対的」。4「意図的」は「何かの目的があってわざとそうするさま」。

問5　カタカナ語

正解は2。「ジレンマ（dilemma）」は、「二つの相反する事柄の板挟みになること」。例文では、「スポーツを楽しむ」ことと「苦しい練習に耐える」こととが相反しており、その板挟みに苦悩しているのである。誤答1「タブー（taboo）」は「社会や特定の集団の中で、法的に禁止されているわけではないが、それに言及したり、それを行ったりするのは良くないと見なされていることがら」。3「メソッド（method）」は「研究・訓練・表現などにおける組織的、体系的な方法・方式」。4「パラダイム（paradigm）」は「ある時代に支配的なものの考え方・認識の枠組み。規範」。

問6　対義語

正解は4。例文の「緩慢」は「動作や性質がゆったりしていること」。対義語として適切なのは「機敏」で、意味は「時機に応じて、心や身体をすばやく働かせるさま。すばしこいさま」。誤答1「温和」は「（性質、態度などが）おとなしくやさしいさま。穏やかで落ち着いたさま」。2「劇的」は「劇を見ているように緊張や感動を覚えるさま。ドラマチック」。3「顕著」は「際立って目につくさま。著しいさま」。

問7　文学史（近現代）

正解は1。森鷗外は島根生まれの作家・軍医。本名は林太郎。ドイツ留学を経て、軍医として昇進する一方、翻訳・評論・創作など、多彩な文学活動を展開。代表作に『舞姫《まいひめ》』『青年』『雁』『阿部《あべ》一族』『高瀬舟《たかせぶね》』『澁江抽斎《しぶえちゅうさい》』など。誤答2『蟹工船』はプロレタリア文学の代表的な作品で、作者は小林多喜二《こばやしたきじ》。3『山椒魚』の作者は井伏鱒二《いぶせますじ》。4『李陵』の作者は中島敦《なかじまあつし》。

二　評論

〔出典〕藤原辰史《ふじはらたつし》『農の原理の史的研究：「農学栄えて農業亡《ほろ》ぶ」再考』創元社、二〇二一。

「工学に従属しない『農学』はどのようにして存在可能なのか」という問題意識に貫かれた農学思想書。日本の代表的な農学者である横井時敬を軸に、明治以降の農学者らの思想を中心に検証。きわめて個性的な農に関わる思想と実践を、限界と可能性の視点から詳述している。医・食・心・政・技を統合する、未来の農学を目指す史的試論。本文は、序章「科学はなぜ農業の死を夢見るのか」、1「食と農の死」冒頭の一節「食べることの省略」の全文。

著者の藤原辰史（一九七六〜）は、日本の農業史・環境史研究者。京都大学人文科学研究所准教授。二〇世紀の食と農の歴史について研究しており、これまで戦争、技術、飢餓、ナチズム、給食などについて論じる。分析概念として「分解」（ものを壊して、属性をはぎとり、別の構成要素に変えていくこと）と「縁食」（孤食ほど孤立してなく、共食ほど強い結びつきのない食の形態）を用いて、自然界と人間界とを同時に叙述する歴史の方法を考察。主な著書に『ナチスのキッチン：「食べること」の環境史』（水声社、二〇一二、第一回河合隼雄学芸賞）、『分解の哲学：腐敗と発酵をめぐる思考』（青土社、二〇一九、第四一回サントリー学芸賞）、『縁食論：孤食と共食のあいだ』（ミシマ社、二〇二〇）、『植物考』（生きのびるブックス、二〇二二）等がある。

〔解説〕

問8　漢字

正解は1。波線部ⓐは「廃」。「退廃・頽廃」は「道徳、気風などがくずれ、不健全になること」。同じ漢字を使うものは、1の「荒廃」。意味は「建物や土地などが荒れて役に立たなくなること。荒れ果てること」。誤答2「気配」は「はっきりとは見えないが、漠然と感じられるようす」。3「排斥」は「押しのけること。しりぞけること」。4「輩出」は「すぐれた人物が続いて世に出ること。人材を多く送り出すこと」。

問9　漢字

正解は4。波線部ⓑは「似」。「疑似・擬似」は、「よく似ていること。紛らわしいこと」。同じ漢字を使うものは、4の「酷似」。意味は「はなはだしく似ていること。きわめてよく似ていること」。誤答1「政治」は「主権者が領土・人民を治めること」。2「滋養」は「からだの栄養となること。動植物が成長する糧となること。また、そのもの」。3「辞職」は「勤めている職をやめること」。

問10　内容把握（説明）

正解は4。傍線部(1)における「『道』が『舗装されている』」という表現は、メタファーである。実際の道路について述べているわけではない。そうではなくて、「農業と料理から人間が解放される」方向に向かっているといっているのである。それは、第四段落に「私たちは（中略）農耕や料理からも解放される日を射程に収めつつある」と述べられている通りであり、（農耕や料理の）「合理化、機械化、効率化、時短化」が進んだことの延長にあるという。そのような事態をもたらした要因は何か。傍線部直前では「最近の食と農をめぐる科学とテクノロジーの進歩のあり方」と関連づけられており、第七～十段落には、農学の発展によって農業と料理が簡素化されてきたことが述べられている。合致する選択肢は4。誤答1にある「技術の転用」は本文に述べられていない。さらに、「農作業の機械化」について言及するだけでは「料理からの解放」にはつながらず、片手落ち。2は「農業や料理をする能力を向上させている」が不適。そうではなくて、農業や料理をしなくてよい方向に進んでいるわけであるから、むしろ人間の能力としては損なわれてゆくはずである。3は明らかな誤答。先述のように、傍線部は実際の道路について述べられたものではない。

問11　語句の意味

正解は2。「精魂」は「たましい、精神」を意味し、ここでは「物事をなしとげようとする心の働き」を表す。また、「傾ける」は「ある物事に、力や精神などを集中させる」ことを表す。本文では、農学関係者が「農業と料理をつらぬく一連のプロセスを合理化し、簡素化し、効率化すること」に集中し、成果を挙げてきた様子が述べられている。合致する選択肢は2。誤答1は「正しくないことに気づき、改めてきた」が不適。むしろ逆で、正しいと信じて全力を尽くしてきたのである。3は事実としてはそういうこともあったのかもしれないが、語義と異なる。4も同様。

問12　内容把握（根拠説明）

正解は2。設問が長いので注意深く読み込みたい。傍線部(3)につながる状況が問われている。それは、「農学の発展」によって実現された状況であるという。では、「食べることそのものを面倒な作業だと感じる人を増やしつつある」ことにつながっている状況とは何か。第十一段落の内容を整理したい。「必須栄養素がバランス良く含まれて」いる手軽な食品をかじって食事に替えることで、「仕事や英会話や資格取得の勉強の時間に余った時間を費やすことができる」という。食事の時間を極めて短時間に縮小することで、そのぶん他の生産的な活動に時間を充てられるようになったというのである。そのことが、「食べることそのもの」への関心を低減させていると考えられる。合致する選択肢は2。誤答1は後半「人々の食の好みの違いや国ごとの食文化の差が目立たなくなった」が不適。本文に述べられていないし、設問に対する解答として無関係である。3は、前半は良いが、後半「早く食べることが現代社会の教育における第一の目標となった」が不適。「教育」の目標は本文に言及がない。4も前半は良いが、後半「食事を通して栄養素を得ることは古い方法だと見なされるようになった」が不適。ではどのように栄養素を得るというのか。本文では、あくまで「短時間の食事」を通して栄養を得るようになった状況が述べられている。

問13　内容把握（説明）

正解は2。傍線部(4)にある「その批判」と、それへの「応答」についてそれぞれ確認しよう。まず「その批判」とは、直前にある「食べる行為の自動化や無化が、食から喜びや楽しみを奪うという批判」である。この批判に対する反証、すなわち「食から喜びや楽しみを奪うということはない」という主張が、「応答」の主旨となるだろう。具体的には、傍線部直後に「ヴァーチャル・リアリティの技術者は、デジタル映像による食の快感を日夜追求している」とある通り、ヴァーチャル・リアリティ技術によって食の喜びや楽しみを提供できるというのである。合致する選択肢は2。誤答1は、「食の多様性を奪う」ということが批判の内容として不一致。また、後半は「人工香料の使用」にしか言及がなく、不足。香料だけで「色や音」を体験できるはずがない。3は、「食べるという行為を否定している」というのが批判内容として不一致。また、「ヴァーチャル・リアリティの進歩のためには仕方のないこと」とするのも不適。これでは開き直りであり、反証になっていない。4は、「人間の嗅覚や味覚を鈍化させる」というのが、批判内容として不一致。一般論としては事実であるように思われるが、本文には言及がない。

問14　内容把握（指示内容）

正解は2。「こうした背景」の内容が問われている。それは、「ヴァーチャル・リアリティで食べものを味わったことにすれば、食事の量が減る」という技術者の主張の根拠となる背景である。第十六段落には「肥満とそれに伴う病気のリスクにさらされている子どもたちとその親たちにとって、減量療法は生命に関わる重大事である」と述べられており、「子どもの肥満」が問題であることがわかる。その背景は第十五段落前半に具体的に述べられている。子どもの貧困が増大しており、安価な食べものが子どもの命を支える一方、それらは油脂が多く、カロリーが高い。「病気になるほどの過度の肥満に苦しむ子どもたち」の急増は「社会構造的問題」であり、したがって、社会問題として対策が必要であるといえる。合致する選択肢は2。誤答1は、過食による肥満を「自己管理意識の低下」の帰結として捉える構造が不適。「肥満の責任は、個人の自己管理意識に帰せられるものではなく、社会構造的問題」なのである。3は、問題の原因を矮小化している。問題は「ファストフードの普及」ではなく、ファストフードに頼らざるを得ないほどの「貧困」という社会構造である。4はキラキラポエム。一般論として「良いこと」を言っているように思われるが、本文に記載はない。問題を「あらゆる社会階層の子どもたち」に拡大して大風呂敷を広げているが、そのことによって焦点がずれている。本文で焦点化されているのは「貧困」であり、「肥満」である。

問15　構成（論の展開）

正解は3。◆段落（第十五段落）の、論の展開における役割が問われている。前後の段落との関係を確認してみよう。前段では、「ヴァーチャル・リアリティの技術が、社会的に弱い立場にある子どもを救う可能性について」言及されており、その具体例として、「食物アレルギー」対策が挙げられている。続く第十五段落（◆段落）では、「さらに言えば」という書き出しで、「アレルギー対策」とは別の具体例として「肥満対策」が挙げられている。「一汁一菜」の話題が挿入されたのち、第十六段落において「話をもとに戻すと」といって「肥満」の問題が改めて整理されている。問14の解説でも述べたように、第十六段落に明示される問題の背景が、第十五段落（◆段落）に説明されているのである。したがって、合致する選択肢は3となる。誤答1は、「反証」が不適。「アレルギー」と「肥満」とで例は異なるが、いずれも「ヴァーチャル・リアリティの技術が子どもを救う可能性」についての例であることは共通している。2は「整理」「まとめ」が不一致。別の例を挙げたり、話題が多少拡散したりしており、整理されているとはいえない。4は「前段で示した概念をまとめ」が不適。前段では概念でなく具体例が示されており、◆段落では別の具体例が示されている。なお、◆段落では、「一汁一菜」といった質素な料理でさえぜいたくとされるほど、「貧困」が深刻な社会構造であることが示されていたが、ここで紹介されている料理書は、土井善晴『一汁一菜でよいという提案』（グラフィック社、二〇一六／新潮文庫、二〇二一）である。著者の土井善晴（一九五七〜）は、ヨーロッパでフランス料理を学んで帰国後、日本料理店、料理学校勤務を経て、「おいしいもの研究所」設立、家庭料理研究に従事。日本の伝統生活文化を現代に生かす術を提案、その射程は単なる「料理」を越えているといってよい。著書多数、一読して損はない。

問16　内容合致

正解は3。本文の大きな流れを整理しよう。「科学とテクノロジーの発展」によって、「食と農」の「合理化、簡素化、効率化」が進み、さらに「ヴァーチャル・リアリティの技術」によって、これまで同様の「食の喜びや楽しみ」ばかりでなく、「アレルギー」や「肥満」対策の可能性に拓かれ、さらに「魅力的な食文化の演出」さえ可能とする未来が目前に迫っているという。合致する選択肢は3。誤答1は、価値判断の誤謬。「食事からの解放」が「人類史に大きな悪影響を与える」という認識は本文に示されておらず、不適。2は明らかな誤答。「アレルギーの克服」→「小麦・乳製品の消費増」→「農業・畜産の発展」という話題は一切述べられておらず、不適。4は「栄養価の高いものを安価で容易に食べられるようになる」ことの根拠を「ヴァーチャル・リアリティ技術の発展」に求めていることが不適。「ヴァーチャル・リアリティ」はあくまで美味しさの「演出」なのであって、その技術によって「栄養価の高いものを安価で容易に食べられるようになる」わけではない。また、そのことと「肥満や病気に苦しむ人々を救う」こととの因果関係も不適。

三　小説

〔出典〕　有島武郎《ありしまたけお》『生《うま》れ出《い》づる悩み』（筑摩書房「現代日本文学全集21　有島武郎集」一九五四年。

〔作者〕　有島武郎（一八七八～一九二三）東京生まれ。学習院中等科卒業後、札幌農学校に進学。一九〇三年にはアメリカに留学。帰国後、志賀直哉《しがなおや》、武者小路実篤《むしゃのこうじさねあつ》らと出会い、同人誌『白樺《しらかば》』に参加、中心的な人物として小説や評論を執筆した。代表作に『小さき者へ』『或る女』『カインの末裔《まつえい》』『一房の葡萄』などがある。『生れ出づる悩み』は一九一八年に新聞に連載され、後に改稿が行われ単行本に収められた。

〔解説〕

問17　語句の意味

正解は2。「心持ち」という語は名詞と副詞があるが、ここでは「顔を赤くした」にかかるので副詞。「わずかにそれを感じ取ることができる」の意である。

問18　語句の意味

正解は4。「所在ない」は「することがない」「身の置き所がない」の意であり、その意味を含む選択肢は1か4となる。ここでは「私」から「君」が顔を背けてしまい、黙って画を眺めていた場面なので「することがない」の意となる。

問19　表現の把握

正解は3。選択肢1は「北海道の冬」ではあるが「脅威」や「被害の様子」の描写はないため不適切。2は「作者の孤独な心情を、降る雪が消えていく様子になぞらえ」が不適切。3は「ずんずん」「さらさらさらさら」など擬音語、擬態語が用いられ、「光の迷子のように」「悪戯者らしく」などの比喩表現もあり説明と合致する。4は「力強く暮らす人々の生活の様子」を描いた描写はなく不適切。

問20　表現の理解

正解は1。「君」の持ち込んだ画を「乱暴に」「引き抜いて」いる様子に対する表現である。「君」は自分の画を見せにきているのだから、持っている画が大切なものであることは自明であるのに、乱暴に扱っている。その様子を説明しているのは1である。選択肢2は「他人を見下している」様子もなく、「才能に強い自信を抱き」という部分も他の描写と矛盾している。3は「多くの作品を持ちこむ様子」は確かに持ちこんでいるが、その行為は「虐げる」ことには繋がらない。４は「努力を続けることに、迷いが生じてしまう」が不適切。

問21　心情の根拠の把握

正解は２。「私」が「君」を「高慢ちき」だと感じた根拠を問う問題。「君」は「ぶっきらぼうに自分の描いた画を見てもらいたい」と言って大量の画を持ちこみ、探るように「私」を見つめている。「私」はその様子に「高慢ちき」と感じている。選択肢１は「支援してもらおう」という記述はなく不適切。２は「愛想も遠慮もなく」といった部分が合致する。３は「自分の画の良さをかたくなに主張する」が本文と不一致。４は「良い評価を得られるだろうと信じている」が不適切。

問22　空欄補充

正解は２。空欄以降の文を読むと「私」が一枚の画についてとても鮮明に記憶していることが読み取れる。鮮明さを表している言葉が「まざまざと」となり、２が適切である。選択肢１の「しおしおと」はがっかり・しょんぼりした様子を表す表現。３の「たかだかと」は目立って高いの意、４の「めきめきと」は目に見えて成長するさまを表す言葉であり、それぞれ不適切。

問23　心情の把握

正解は１。「君」の「高慢ちき」な様子に反感を覚えていた「私」が、画に対しては「喜ばしい驚き」を感じ「君自身に対する私の反感に打ち勝って私に迫っていた」と述べているので、そのことをまとめた１が正解となる。選択肢２は「幼稚な技巧が〜純真さを感じさせた」が誤り。３は「高揚感」の原因を「色感の多彩さ」としている点が不適切。４は「境遇への同情」が不適切。

問24　心情の把握

正解は３。傍線部のセリフを「まるで別な、うぶな、素直な子供とでもいったような無邪気な明るい声」で発していることから、「君」が「私」の評価を受け入れていることがわかる。すなわち３の「納得」が適切である。選択肢１の「後悔」、２の「反発」では「明るい声」という表現と一致しない。４の「優越」を読み取ることができる描写はない。

問25　内容把握

正解は４。本文全体を俯瞰しながら、本文の「君」の様子の描写と選択肢を比較していく。選択肢１は「故郷の美しさを人々に伝えたい」が不適切。「君」は東京の学校に通っており、「岩内の景色」への思いを述べるのに止まっていて、「美しさを伝えたい」とまでは書かれていない。２は「世間に認められようと」という描写はない。また「自分の画の才能にかけるしかない」という説明も「画が好きなんだけれども、下手だから駄目です」という言葉と矛盾してしまう。３は「自分の画を批判されたことにいら立ち」が不適切。作中「私」は「大変いいじゃありませんか」と褒めている。４は「熱意を持って」「独自の鋭い感覚」は画を持ちこんで批評を乞うている様子や「作者の鋭敏な色感が存分に窺われた」といった描写と合致している。また（画を）「やれるでしょうか」と問う様子や、「下手だから駄目です」と言ったセリフからは「才能があるかどうか、確信が持てないでいる」という説明と一致する。

四　古文

〔出典〕『更級《さらしな》日記』。平安時代中期に成立。作者は菅原孝標女《すがわらたかすえのむすめ》。少女時代に『源氏物語』に憧れていたこと、また父の赴任に伴い暮らしていた上総《かずさ》から帰京したこと、その後、三十歳過ぎに祐子内親王家への出仕し、橘俊通との結婚と出産、五十歳過ぎに夫との死別したことなど、十三歳から五十二歳までの人生を晩年に回顧した自伝的日記である。

『土佐日記』をはじめとする、『蜻蛉日記』『紫式部日記』など日記文学の系譜は一度押さえておきたい。

〔現代語訳〕

「とりあえず一晩（宮中に）参上する。菊襲で、濃いのと薄いのとを合わせて八枚ほど着て、濃い色の上衣を上に着ている。あれほど物語（を読むこと）にだけ心を寄せて、それ以外に見るよりほかに、行き来する間柄の人、親族さえもいなくて、古風な親たちの後ろにいるばかりで、月も花も見るよりほかにすることはない習慣となっていたので、（祐子内親王のもとに）出仕する時の気持ちは、夢見心地であって、現実のこととも思われなくて、明け方には退出してしまった。

　実家暮らしになじんだ気持ちには、かえって、決まりきっているような実家暮らしよりは、（宮仕えのほうが）趣深いことも見聞きして、心も慰めになるだろうかと思う時々もあったけれども、とてもきまり悪く悲しいようなこともあるだろうと思うけれども、（今さら出仕をやめることもできず）どのようにしたらよいだろうか、いやどうしようもない。

　十二月になって、また（宮中に）参上する。女房として部屋を頂いて今回は数日お仕え申し上げる。親王の御前には時々、夜ごとに参上して、知らない人（女房）の間に横になって、少しも軽く眠ることさえもできなくて、気恥ずかしく、気づまりでこっそりと泣きながら、明け方まだ夜が深いうちに部屋に下がり、（実家にいるときは）一日中、父が老い衰えて、私を子どもとして頼りになるよりどころのように思い頼んで、向かい合って座っている時には、（その様子が）慕わしく気がかりにばかり思われる。母が亡くなった姪《めい》たちも、生まれた時から一緒に過ごし、夜は左右に並んで寝起きしたことも、感慨深く思い出されなどして、ぼんやりと物思いにふけて暮らす。（御殿の中では）立ち聞きをしたり、のぞき見をする人の気配がして、とても気づまりである。

〔解説〕

問26　語句の意味

　正解は3。「はしたなし」は重要語の一つで、「①不似合いだ。②きまりが悪い。③そっけない。④失礼である。⑤激しい」などの意味がある。ここでは「実家暮らしよりも宮仕えの方が興味深いこともあるだろうが、とてもきまり悪く悲しいようなこともあるだろう」という文脈なので、②の「きまりが悪い」が当てはまり、3が正解となる。

問27　語句の意味

　正解は1。「おぼつかなし」も重要語の一つで、意味は「①ぼんやりしている・②気がかりだ。③待ち遠しい」などである。年老いた父が自分を頼りとして向かい合って座っている状態で、直前に「恋し」（＝慕わしい）とある。年老いた父を思う文脈なので、選択肢1の「気がかりに」が当てはまる。

問28　内容理解

　正解は3。「のみ心を入れて」は、「それだけに心を入れて」という程度にしか訳することはできないので、直後の「それを見るよりほかに」の部分で正解を判断する。選択肢1は、「物語を作ること」とあるので、不適切である。2は、「うわさ話」であり、「見る」には該当しないのでこれも不適切である。3は、「物語を読むことにばかり」とあり、「見る」動作につながるので適切。4は、「昔話だけをしている」とあるので「見る」ことに関係がないから不適切。『更級日記』の作者が源氏物語を読みふけり、その物語の世界の中に憧れていたことが有名であるので、覚えておくとよい。

問29　内容理解

　正解は4。傍線部(2)の「あれかにもあらず、うつつともおぼえで」の「あれかにもあらず」に漢字をあてると「吾《あ》れかにもあらず」となる。訳すと「自分かどうかもわからない」となるが、これは少し難しすぎて、選択肢の判断材料にはならない。後半の「うつつともおぼえで」では、「うつつ」が「現実」、「おぼえで」が「思われないで」となるので、その部分から正解を選択する。「現実のように思われない」ということが、「まるで夢のように思える」の部分に相当するので、4が正解となる。なお、現代でも「うつつ」は「夢かうつつか」つまり「夢か現実か」という使われ方をするので覚えておくとよい。

問30　内容理解

正解は1。「いかがせむ」は疑問、反語のいずれにもとれるが、選択肢を見ると、疑問にとるような選択肢がないので、ここでは反語として読んでよいということになる。直前の部分では、宮仕えは興味深いこともあるが、悲しむようなこともあるかもしれないという揺れる気持ちを述べている。宮仕えが始まっていて気持ちが揺れ動いているが、「どうしようか、どうしようもない」と考えることができる。その文脈からすると、結局、宮仕えを続けるしかないということが言いたいとわかるので、1が正解となる。

問31　文法

正解は2。「さぶらふ」は補助動詞の時は丁寧の意味を表すが、本動詞の時は、謙譲と丁寧の意味を見分けなければならない。丁寧の場合は、「あります」「ございます」となる。また謙譲の場合は「お仕え申し上げる」「参上する」のいずれかの意味にとるとよい。「さぶらふ」の直前は「女房として部屋を頂いて」であるので、祐子内親王のところに部屋をもらったということになり、「お仕え申し上げる」の意味がふさわしく、正解は2となる。

問32　適語補充

正解は2。宮仕えした筆者が、夜に参上して、知らない人の間で横になって、空欄Xの直後に、恥ずかしく、気づまりがするというところにつながることを考えると、なかなか寝付くことかできなかったのだろうと考えられる。選択肢2の「つゆまどろまれず」は、「まったくうとうとすることもできず」という意味で、これが正解。選択肢1の「あたかもまどろむがごとし」は、「まるでうとうとしているようだ」、3の「まさにまどろむべし」は、「当然うとうとするべきだ」、4の「ゆめまどろむな」は、「決してうとうとするな」という意味。

問33　文法

正解は1。「亡くなりにし」を品詞分解すると、動詞「亡くなる」と完了の助動詞「ぬ」の連用形と過去の助動詞「き」の連体形となる。直接体験の過去の助動詞「き」の活用は「せ／○／き／し／しか／○」と不規則に変化するので、暗記しておくとよい。また「にき」「にけり」「てき」「てけり」の「に」と「て」は完了ということも覚えておくとよい。

問34　解釈

正解は2。傍線部(4)の直後は「夜は左右に寝起きすることも、しみじみと思い出されて」とあるので、生まれてから幼い時の姪たちと一緒に過ごしてきたという2が正解となる。選択肢1は、年月と寝起きがつながらない。3は似ていたという話題で、「ひとつ」に該当する部分がない。4は「世話をして」が直後の「寝起きした」につながらない。

問35　内容合致

正解は1。合致の問題は消去法で考えるのがよい。選択肢1は、第一段落に往来する人も親族もいなくて、月や花をぼんやり見て暮らしていたとあるので正解。2は「そのことを文章に書きたい」とは本文にないので不適切。3は再度宮仕えした時には、眠れずにそっと泣いていたと本文にあるので不適切。4は本文の最後に「立ち聞き、かいまむ人のけはひ」が気づまりだったとあるので不適切。

問36　文学史

正解は1。設問は『更級日記』（平安時代中期に成立）より後に著された作品を選ぶ問題である。『古事記』『万葉集』はいずれも奈良時代の成立であり、『源氏物語』は『更級日記』の筆者が憧れていた物語なので、成立は『更級日記』以前である。このことから、『十六夜日記』を選ぶ。ちなみに、『十六夜日記』は鎌倉時代の成立である。また、文学史を考えるときに『源氏物語』の成立がほぼ一〇〇〇年頃の作品であることがわかっていると、その前後が整理しやすい。

五　漢文

〔出典〕『荘子《そうじ》』外篇駢拇《べんぼ》。『荘子』三十三編は、戦国時代の荘子《そうし》（前三六九？～？）によるもの。そのうち、内編七編だけが荘子の自著といわれる。荘子は戦国時代の宋の国の人。名は周。老子と同じく道家の思想家である。「道」や「無為自然」を説き、「道」に従うことによって善悪や貴賤・生死などの価値観を超越し、世俗の名利にとらわれない至高の存在「至人」の境地に達することを説いた。本文は、天賦の本性を全うしていくべきであると主張した『荘子』駢拇の一部である。

〔書き下し文〕　※漢字の読み仮名は現代仮名遣いで表記。

臧《ぞう》と穀《こく》と、二人相与《ににんあいとも》に羊《ひつじ》を牧《ぼく》し、倶《とも》に其《そ》の羊《ひつじ》を亡《うしな》ふ。臧《ぞう》に奚《なに》をか事《こと》とせしと問《と》へば、則《すなわ》ち筴《さく》を挟《さしはさ》みて書《しょ》を読《よ》めりと。穀《こく》に奚《なに》をか事《こと》とせしと問《と》へば、則《すなわ》ち博塞《はくさい》して以《もっ》て遊《あそ》べりと。二人《ににん》は事業同《じぎょうおな》じからざるも、其《そ》の羊《ひつじ》を亡《うしな》ふに於《お》いては、均《ひと》しきなり。

伯夷《はくい》は名《な》に首陽《しゅよう》の下《ふもと》に死《し》し、盗跖《とうせき》は利《り》に東陵《とうりょう》の上《ほとり》に死《し》す。二人《ににん》は、死《し》する所同《ところおな》じからざるも、其《そ》の生《せい》を残《そこな》ひ性《せい》を傷《やぶ》るに於《お》いては、均《ひと》しきなり。奚《なん》ぞ必《かなら》ずしも伯夷《はくい》の是《ぜ》にして、盗跖《とうせき》の非《ひ》ならんや。

天下《てんか》は尽《ことごと》く殉《じゅん》なり。彼其《かれそ》の殉《じゅん》ずる所仁義《ところじんぎ》なれば、則《すなわ》ち俗之《ぞくこれ》を君子《くんし》と謂《い》ひ、其《そ》の殉《じゅん》ずる所貨財《ところかざい》なれば、則《すなわ》ち俗之《ぞくこれ》を小人《しょうじん》と謂《い》ふ。其《そ》の殉《じゅん》は一《いつ》なるも、則《すなわ》ち君子《くんし》有《あ》り、小人《しょうじん》有《あ》り。其《そ》の生《せい》を残《そこな》ひ性《せい》を損《そこな》ふがごときは、則《すなわ》ち盗跖《とうせき》も亦《ま》た伯夷《はくい》なるのみ。又悪《またいず》くんぞ君子《くんし》小人《しょうじん》を其《そ》の間《かん》に取《と》らんや。

〔口語訳〕

（使用人の）臧と穀の二人が一緒に羊の世話をしていたが、二人とも（世話をしていた）羊（に逃げられてその羊）を失ってしまった。臧に「一体何をしていたのか。」と問うと、（臧は）「竹の札（を編んで書物にしたもの。竹簡という）を脇に挟んで、勉強していた。」ということだった。（また、）穀に「一体何をしていたのか。」と問うと、「すごろくで遊んでいた。」とのことだった。この二人のやっていたことは同じではないが、羊を失ったという点では、同じである。

伯夷は名節を立てるために首陽山の麓で死に、盗跖は利益を求めたために東陵のほとりで死んだ。二人は、死んだ場所（や理由）は同じではないが、生命や「（生まれながらの）」本性を損なったという点では、同じである。どうして伯夷が正しく、盗跖は間違っていると言いきれるだろうか（、いや、言いきれない）。

世の人々は皆（何かの目的のために）身を犠牲にしている。身を犠牲にする目的が仁義ならば、世間からは君子といわれ、身を犠牲にする目的が貨財であるならば、世間はこれを小人という。（何かのために）身を犠牲にしているという点では同じであるが、（目的によっては）君子とされる場合と、小人とされる場合がある。（しかし）生命や生まれながらの本性を損なう点からいえば、盗跖も伯夷も同じである。そして、どうして両者の間に、君子と小人の区別をすることができるだろうか（、いや、できない）。

〔解説〕

問37　漢字の意味

正解は2。「亡」は複数の読みと意味をもつ重要語である。その主なものを挙げる。

①ほろブ、ほろボス＝滅びる、滅ぼす。「亡国」「滅亡」
②にグ＝逃げる、避ける。「亡命」「逃亡」
③うしなフ＝失う。「亡失」
④なシ＝死ぬ、いない、ない。「亡者」「死亡」

傍線部⑴の「亡」は、「亡＋目的語」の形をとっているので、「にグ」「ほろブ」もしくは「うしなフ」のいずれかである。ここは、「羊から逃げる・羊を避ける」「羊を滅ぼす」では文意が通らない。臧と穀の二人が勉強やすごろくに熱中していたために「羊を失う」と解釈するのがよい。

問38　漢字の読み

正解は4。「者」の読みは「もの・こと」、「～は、ものハ」の二種。「もの・こと」は「人物・事物・場所」を示す。中でも「もの」と読んで人物を指す用法が多い。「～は、ものハ」は、「～は・～とは（主格・強調）」を表す。ここは「は」と読んで、「二人は事業同じからざるも…」という文になる。

問39　句形による内容解釈

正解は1。「奚」は内容によって、疑問・反語のいずれの形もとれる。今回は疑問の場合の口語訳を挙げておく。

①なんゾ（原因・理由）＝どうして～か。
②なにヲカ（事物）＝何を～か。
③いづレカ（比較・選択）＝どちらが～か。
④いづク（場所）＝どこ～か。

また、「奚」は「何」と同じ働きをすることも併せて覚えておきたい。傍線部⑶の文末には「乎」が使われており、疑問・反語のいずれかで読む。相手からの返答を望む際に用いられるのが疑問形、自身の主張をより強調したい場合に用いられるのが反語形である。この直前で、筆者は「伯夷と盗跖は、命を失い生まれながらの本性を亡くした点では同じだ」と主張している。傍線部はこれに続くので、筆者の主張をより強調している「反語形」で解釈しているものを選ぶのがよい。

問40　内容解釈

正解は3。傍線部⑷は「生命や生まれながらの本性を損なう点では、（盗跖も伯夷も）同じである。」と解釈する。「若」は複数の読みと意味がある重要語なので注意したい。ここでは、返読して上に否定語がない点から、「ごとシ」と訓読。否定語の「不」がある場合は「不若（しかず）」となる。読みには「しク（動詞・及ぶ、匹敵する。）」「もシ（副詞・もし～ならば）」「なんぢ（名詞・あなた、お前）」がある。各選択肢の意味は次の通り。

1…臧と穀の二人が一緒に羊の世話をしていたが、二人とも羊を失ってしまった。

2…伯夷は名節を立てるために首陽山の麓で死に、盗跖は利益を求めたために東陵のほとりで死んだ。

3…二人は、死んだ場所（や理由）は同じではないが、生命や（生まれながらの）本性を損なったという点では、同じである。

4…身を犠牲にしているという点では同じであるが、（目的によっては）君子とされる場合と、小人とされる場合がある。

問41　書き下し文

正解は3。「悪」は複数の読みと意味をもつ重要語である。その主なものを挙げる。

①いづクンゾ（原因・理由）＝どうして〜か。
②いづクニ〔カ〕（場所）＝どこに・どこで〜か。
③にくム（動詞）＝憎む、嫌う。
④あく・あシ（名詞・形容詞）＝悪いこと・不正、醜い、悪い。

傍線部(5)の「取」には、注釈で「区別する」とあることから、「取《ル》二君子小人《ヲ》於其《ノ》間《ニ》一」と訓読し、「君子と小人の区別をする」と解釈する。筆者は「（何かのために）身を犠牲にしている」と述べているので、「悪」は「いづクンゾ」と訓読し、疑問・反語で解釈するのが妥当である。

問42　空欄補充

正解は2。空欄部分を含む段落の内容をまとめる。

世の人々は皆（何かの目的のために）身を犠牲にしている。

これを踏まえ、次のように整理する。

身を犠牲にする目的

〔　X　〕ならば　＝　世間から君子といわれる。

〔　Y　〕ならば　＝　世間から小人といわれる。

ここでは、「名」すなわち名節を立てるために死んだ伯夷が「君子」として、「利」すなわち利益のために死んだ盗跖が「小人」として対比されている。「仁義」とは人への思いやりや人として成すべき正しい道を意味し、儒家の根本思想である。「貨財」とは金銭と財物を意味する。伯夷・盗跖それぞれの身を犠牲にした目的と、選択肢を照らし合わせればよい。

問43　内容解釈

正解は1。選択肢1は、本文の内容を過不足なく要約しているので正解。2は「伯夷は盗跖に比べると罪が軽く、君子として評価される余地を残している」が不適切。3は「その理由によって是非を判断すべきだ」が不適切。4は「人間の生命に関わるという点で罪が重いと言える」が不適切。

国語　9月実施　正解と配点

（60分，100点満点）

問題番号		正解	配点	合計
一	1	3	2	14
	2	2	2	
	3	1	2	
	4	3	2	
	5	2	2	
	6	4	2	
	7	1	2	
二	8	1	2	26
	9	4	2	
	10	4	3	
	11	2	3	
	12	2	3	
	13	2	3	
	14	2	3	
	15	3	3	
	16	3	4	
三	17	2	2	20
	18	4	2	
	19	3	3	
	20	1	2	
	21	2	2	
	22	2	2	
	23	1	2	
	24	3	2	
	25	4	3	

問題番号		正解	配点	合計
四	26	3	2	25
	27	1	2	
	28	3	2	
	29	4	3	
	30	1	3	
	31	2	2	
	32	2	2	
	33	1	2	
	34	2	2	
	35	1	3	
	36	1	2	
五	37	2	2	15
	38	4	2	
	39	1	2	
	40	3	2	
	41	3	2	
	42	2	2	
	43	1	3	